湖南省科技厅项目（05FJ3017）系列成果之一

网络化农业文献信息资源建设的研究与实践

苏帕莎　主编

中国农业科学技术出版社

图书在版编目（CIP）数据

网络化农业文献信息资源建设的研究与实践/苏帕莎主编.—北京：中国农业科学技术出版社，2007.7

ISBN 978-7-80233-334-5

Ⅰ.网…　Ⅱ.苏…　Ⅲ.计算机网络-应用-农业-信息资源-资源管理-研究　Ⅳ.F302.4-39

中国版本图书馆 CIP 数据核字（2007）第 103948 号

责任编辑　鲁卫泉　冯凌云
责任校对　贾晓红

出 版 者　中国农业科学技术出版社
北京市中关村南大街 12 号　邮编：100081
电　　话　(010)68919704(发行部)(010)62189012(编辑室)
(010)68919703(读者服务部)
传　　真　(010)62189012
网　　址　http://www.castp.cn
经 销 者　新华书店北京发行所
印 刷 者　北京华正印刷有限公司
开　　本　787 mm×960 mm　1/16
印　　张　13.625
字　　数　230 千字
版　　次　2007 年 7 月第 1 版　2007 年 7 月第 1 次印刷
定　　价　30.00 元

《网络化农业文献信息资源建设的研究与实践》

编　委　会

前　言

网络环境下农业文献信息资源建设是一项复杂的系统工程，也是一项长期的战略性任务，编写此书是我多年的愿望。本人从事农业图书情报工作20多年，1989年参加过“全国文献资源调查”，1992年参加过“全国农业文献资源调查与布局”，从实践中体会到，农业文献信息资源是振兴农业经济、发展农业生产的宝贵财富和重要的支撑条件。随着农业信息化的推进，农业文献信息资源成了科技创新、科技兴农和农业现代化的一个基本要素，成为农业和农村经济发展的一项重要的战略资源。而农业文献信息资源建设又是一个长期和不断发展的过程，在当今网络环境下更加展示出其新的特点和发展趋势。目前，农业文献信息资源建设网络化，带动全国农业文献资源的有效使用，促进我国农业现代化的前景已初露端倪。但是，我国农业文献信息资源建设至今仍然是整体滞后与低效利用并存的状况。虽然长期以来，文献资源建设乃是国内外文献情报领域的重要研究课题，研究者众多，撰写的学术专著颇多。但迄今为止，对网络时代的农业文献信息资源建设进行全面研究的著作却是寥寥无几，我们撰写这本《网络化农业文献信息资源建设的研究与实践》，在吸收农业文献信息资源建设基本理论的基础上做了进一步深化、探索、总结、分析与思考，旨在为农业文献信息资源建设尽些微薄之力。

本书的写作主要从广义和狭义的角度论证和理解农业文献信息资源的概念及网络化建设的基本涵义与内容，对网络环境下农业文献信息资源的分布状况、建设中存在的问题、相关对策、基本原则及发展趋势等进行详细叙述和研究。并阐述了农业文献信息资源建设的主要内容和方法，包括：农业文献信息资源开发利用的意义与作用、目前现状、面临问题、影响因素、机制分析、战略目标、基本模式及条件、原则等。资源共建共享历史、现状、问题、发展模式、战略与指导原则、目标任务及其实施措施、发展前景等。农业文献信息资源保障体系建设的历史进程、现状分析、存在问题及建设原则、结构模式、运行机制、有效举措等。并介绍了网络化农业文献信息资源建设实践中比较成功的案例和典型。全书理论结合实际，对网络环境下农业文献信息资源建设做了系统的归纳和比较深入的研究，希望能起到引玉之砖和为读者提供帮助的作用。

本书的四位作者中有图书情报专业硕士研究生，有研究馆员，多为从事农业图书情报工作20年以上，并分别主持过省级以上有关科研项目人员，对农业文献信息资源建设有一定的理论研究和实践体会，本书饱含了作者创造性的辛勤劳动。同时，本书在编写过程中，参考、引用了不少业内同仁的专著和论文，在此向这些书籍的作者表示衷心的感谢，我们在书中所附参考文献中作了注释，若有遗漏，深表歉意。本书的出版由湖南省科技厅项目基金资助，谨此一并致谢。

本书的第一章和第五章由苏帕莎撰写，第二章由周带娣撰写，第三章由常青撰写，第四章由蔡志华撰写，全书由苏帕莎统稿、修改与审定。苏帕莎主持、策划和组织了该书编写工作并负责编写该书大纲等。

由于编者水平有限，书中难免存在疏漏欠妥之处，诚挚地希望读者批评指正。

苏帕莎

2007年夏于湖南农业大学

目　录

第一章
网络化农业文献信息资源建设概述

农业文献信息资源是当今社会的一种重要资源，是关系到国计民生的一种基础性资源，是发展现代农业的一种战略性资源，也是世界各国农业发展的重要资源和条件。加强农业文献信息资源建设意义十分重大，它对农业科技进步与农村经济发展起着不可替代的支撑与保障作用。

随着网络环境的形成和进一步发展，传统的文献资源建设的内容发生了深刻的变化，网络环境赋予文献信息资源建设以新的内涵，文献信息资源建设的对象不再局限于传统的文献概念，而是包括传统的印刷型文献、电子出版物和网络信息在内的涵盖范围较广的信息资源，文献信息资源建设的手段也发生了深刻的变化，网络技术成了信息资源不可或缺的重要载体和传递渠道。农业文献信息资源建设在网络环境下展示了它新的特点和发展趋势，21 世纪是信息技术快速发展的时代，21 世纪农业也是信息农业的时代，农业呼唤网络，农民已走进网络，农业生产与农产品加工、建设流通、农业生产资料供应部门等的信息联系都需要网络。加强农业文献信息资源网络化建设是建设现代农业、加快农业和农村经济发展的重要手段和策略，对实现农村经济社会协调发展和农业科技创新及推动社会主义新农村建设具有重要的作用与意义。

第一节　网络环境下农业文献信息资源建设的重要意义

一、能有效地拓展农业信息的来源，实现农业信息资源的深层次开发和利用

互联网上大量的农业信息源提供的海量信息是人类开发利用的新型资源。应运用现代信息技术实现网络农业信息资源的深度开发和利用，全面提高互联网上我国农业信息资源建设的水平和质量。网络农业信息资源是农业科技工作者获取科技信息的重要资源。网络农业文献信息资源建设有效地拓展了农业信

息的来源，可实现农业信息资源建设的深层次开发和利用。网络环境下加强农业文献信息资源建设是进行高质量信息服务的基础，是促进农业发展、农业增产、农民增收、实现农业现代化的重要途径。对我国农业科学技术进步、农村社会经济的发展以及农民生活水平的提高都起着不可低估的作用。

二、能最大限度地满足农产品市场需求，是实现农业文献信息广泛共享的有效途径

加强网络环境下农业文献信息资源建设，给农民、农产品经销商和广大消费者提供了广泛的信息共享环境。人们可以足不出户，在家轻点鼠标就能了解各种农产品的市场价格和供应信息，掌握世界农产品市场的变化情况，出现商机，依靠获取的信息作各种生产和市场决策。通过网络可以在更广泛的区域内寻找到较多的供应商或客户，农民可以在网上寻求“订单农业”的合作伙伴，也可随时通过网上市场决定生产资料的购买或农产品的销售。此外，网络服务可以缩短买卖双方的距离，减少流通环节，加快农产品的流通速度，节省交易费用，提高农业的经济效益。

三、将推动我国农业产业化发展

以计算机网络和现代通讯技术为主的信息技术在农业上的广泛应用，能促进农业产业化过程实现自动化、信息化和高效化。过去，我国农民增产不增收，其根本原因是农业产业结构不合理，利用网络在生产和市场需求之间构筑一条信息通道，充分利用网络农业信息资源，让农民掌握足够的市场信息，促进农业产业结构的调整，推动农业产业化发展。

四、将进一步促进现代农村远程教育工程建设

搭建农村信息网络服务平台既是农业文献信息资源建设的基础设施建设，也是开展农村远程教育、发展现代农业、建设现代农村、培育现代农民的必要的基础条件。如：“北京农业信息网”及“北京农村远程教育及信息服务示范工程”系统化的信息网络体系，就是在北京市农林科学院丰富的农业科技资源和专家智力资源的基础上，利用远程信息服务网络，开展农业远程教育及信息服务，让科技进村入户。农民通过上网，可以同步或异步地以文本、图形、图像、音频或视频等形式进行交互式学习，不再受城乡距离的局限，也不受时间、环境条件的限制，即使远居山沟里的农户也可以方便地受到教育和获得信息。系统化的信息网络体系为农户找到了市场，为农户请到了“长期不走”

的专家，为农民建造了“学习实用技术的大课堂”。

五、极大地促进我国农业科研成果的转化和农业技术的推广

据测算，我国农业全部科技成果的年均推广率约为20%，平均推广率约为35%，也就是说，有80%的地方没得到推广，还有65%即近5 000项成果没有得到推广，与欧美国家推广率60%～80%相比差之甚远。

由于农产品的生产周期长，我国许多农业科研成果效果不明显，农业科研成果和农业技术在农村的局部地区推广难、费用高。现代农业智能化信息技术是利用智能技术、多媒体和计算机技术、汇集各类农业专家的知识和经验、农业模型和各类信息，具体指导农业生产，使得农业科技成果能广泛、迅速地推广开来，大大节省费用。随着网络的发展及网上智能化专家系统的建设，农民不出家门在网上便可得到专家指导，增加生产效益，极大地促进了农业科研成果的转化。同时农业科技人员也可不受时间和空间的限制，共享科研设备和科技信息资源，有利于农业科技人员研究工作的顺利开展。此外，还有利于农业生产者及时获取农业科技、农业政策、产品销售、市场行情等信息，推广和使用农业科技最新成果和实用技术，以便逐步提高农业生产水平。

六、将进一步促进农村经济繁荣和农民增收

网络农业信息服务与农民的切身利益相关，农民从获取的信息中受益，得到实惠，通过农业信息网络服务，普通农民也可以在国际市场上销售农产品，市场交易突破了时间、空间因素的限制，网络服务拉近了我国农民与国际市场的距离，开拓了中国农副产品的国际市场，加快了农村经济的发展。通过农业信息网络服务，广大农民在参与国际市场竞争中，在农业结构调整中，在农业增收增效中发挥了作用，农民收入稳步增加，农村经济走向繁荣昌盛。

第二节　农业文献信息资源的概念及分类

农业文献是记录农业生产经验、科技成果和方法等农业活动的知识载体，是指导我国农业生产实践和农业科学研究不可缺少的参考依据。农业文献按其被记录的载体可分为以下几种类型。

一、印刷型农业文献信息资源

（一）图书

图书是一种传统的、历史悠久的主要的文献类型，装帧完整定型，内容全面系统，通常由封面、书名页、版权页、目次、正文等组成。图书按使用范围可分为阅读类图书和工具类图书两大类，阅读类图书包括单行本、多卷书和丛书；工具书包括字典、辞典、百科全书、年鉴、大全、手册、指南、名录等。我国每年出版图书22万种以上。

农业类图书一般都主题突出、观点成熟、具有一定的学术性、知识性、可读性。中国农业图书有悠久的历史。王毓瑚教授著《中国农学书录》一书收录我国古农书580种。根据《民国时期总书目》统计，1911～1949年我国共出版农业图书2 450种。根据《全国总书目》和《全国新书目》统计，1949～1994年，我国出版农业和生物学图书约3.5万种。20世纪90年代以来，我国每年出版农业新书1 000余种。

（二）期刊

期刊又称杂志。其特点是：定期或不定期连续出版，有固定的名称、版式和篇幅，有连续出版序号，有庞大的作者群，文章内容丰富、新颖，时效性强，是一种由专门编辑机构出版的连续出版物。

1. 学术性期刊

主要刊载学术论文、会议论文、研究报告和实验报告等，通常由学术性团体如学会、协会、科研机构、高等院校等以学报、会志、汇刊、通报等作刊名编辑出版，例如：《中国农业科学》、《中国农业大学学报》、《中国农学通报》、《日本农业学会志》等均为农业类期刊，这类期刊是指导农业生产、交流农业技术、普及农业知识、报道农业科研、教学成果的主要的农业文献信息资源之一。

2. 检索性期刊

是指依一定的方法对文献进行整理加工，使之有序化而形成的文献并以期刊的形式出版，供人们查找文献线索的一类刊物。如：目录、索引、文摘，检索性期刊具有系统性、集中性、有序性等特点，农业科学信息资源检索刊物有：《中国农业文摘》、《国外农学文摘》、国际英联邦农业局（CABI）文摘、联合国粮农组织《农业索引》（FAO《AgrIndex》）等。

①国际英联邦农业局（CABI）文摘

CAB（原名为英联邦农业局）各局、所从40多个语种的1万多种期刊、

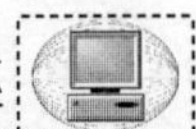

图书和其他出版物中，选编文摘约 18 万条，出版 46 种文摘杂志。据统计，CABI 出版的各种文摘刊物，年报道量为 15 万条以上，大约占全世界农业文献总量的 80%。因此，它为从事农业及相关专业方面的科技工作者查阅文献资料，选择文献提供了线索，对于掌握各国农业技术信息、经济政策、技术政策、生产水平及科研动态的发展方面具有非常重要的意义和参考价值。

CABI 除提供印刷型文摘杂志外，还发行 CABI 文摘磁带版和光盘数据库。

②联合国粮农组织《农业索引》（FAO《AgrIndex》）

《AgrIndex》（农业索引）是联合国粮农组织下属的国际农业科技信息系统（简称 AGRIS）编辑出版，它是一种报道世界农业信息的题录。

《AgrIndex》1975 年收录了世界 70 多个国家的文献，到 1993 年初，AGRIS 已发展到 170 多个国家和地区，报道文献量已过 200 万条。所报道的文献约占全世界农业文献的 50%。现在 AGRIS 除出版书本式检索工具外，还发行磁带、光盘等。

3. 其他期刊

包括通俗性刊物、指导性刊物、评述性刊物、资料性刊物等。如：《互联网天地》、《农村实用技术》、《农业知识（科学养殖）》、《农家致富》等。

我国最早的农业期刊是 1897 年创刊的《农学报》。根据《全国中文期刊联合目录》（1981 年增订本），1833～1949 年我国曾出版过农业及与农业相关的期刊 791 种。另据统计，1949～1966 年出版农业期刊 1 196种，1966～1978 年出版农业期刊 2 291种（含内部交流期刊），20 世纪 80 年代比较规律出版的地市级以上农业期刊约 1 000种。1992 年全国正式出版的农业和生物学期刊 679 种。据统计：我国现有公开出版的农业期刊约 1 400种，占全国期刊总数的 16%。根据目前的资料，世界较早的农业期刊是英国于 1692 年创刊的《A Collection of the Husbandry and Trade》。

（三）报纸

报纸是期刊的一种类型，是每日、每周或每隔一定时间发行的一种连续出版物。其出版周期短，版面大，多以单张散页的形式出版。有国际性报纸、全国性报纸、地方性报纸、综合性报纸、专业性报纸等。报纸也是一种发行速度最快、时效性最强、信息含量较大的重要的情报信息资源。我国公开发行的农业报纸有 70 多种，如：面向全国农业、农村和农民的“农民日报”以及“南方农村报”、“中国畜牧报”等。

（四）年鉴

年鉴是一种系统汇编一年内各方面或某方面的情况、资料、数据等的资料性工具书，逐年编辑并连续出版。其资料多取材于政府公报、政府文件及重要报刊。因此，具有新颖、可靠、全面、客观、准确的特点，是人们了解国内外大事及查阅各种数据的主要工具书。有关农业方面的年鉴有：我国出版的《中国农业年鉴》、联合国粮农组织（FAO）出版的《生产年鉴》、《贸易年鉴》、《发展中国家的农业研究》等。

（五）科技报告

又称研究报告或技术报告。是科研课题进展情况的实际记录和研究成果的系统总结，其主要内容是尖端学科的重大课题，代表一个国家有关专业的科研水平，论述专深具体，资料精确可靠，情报价值很高，有一定的保密性。科技报告以其编辑出版机构名称作总的固定名称，每一报告为一册，冠以总名称及流水号，各分册汇集成为科技报告丛刊，是重要的信息源之一。世界每年发表的科技报告有 70 多万篇，我国每年发表约 5 万篇，集中收藏于中国科技信息研究所。

（六）会议文献

是指在各种学术会议上宣读和交流的论文、报告和编辑的有关文献资料。因为会议论文一般都经过专家的评审与挑选，反映了国内外某一学科或专业最新研究成果、研究水平和发展趋势，具有较高的学术参考价值，是科研人员重要的情报源。

（七）学位论文

指高等学校或研究机构的学生为获取一定的学位资格而撰写提交的论文，如学士论文、硕士论文、博士论文。由于经过导师的指导、作者的刻苦钻研并经过专家评审和答辩，因而学位论文多具有较高的水平，尤其是硕士论文和博士论文，往往对某一专题有独特见解和系统论述，学术性很强，对科研、生产工作有一定的参考价值，但学位论文属非卖品，全部保存在授予学位的单位，在收集、利用上有一定的困难。近年来，各高校图书馆都在努力建设硕士、博士论文数据库，为开发利用学位论文资源提供了很好的平台。

（八）专利文献

是记录有关发明、创造信息的文献。它包括专利申请说明书、批准公报及有关索引等。

专利文献具有内容广泛、情报含量大、实用性强等特点，全世界最新技术成果 90% 左右首先记载在专利文献中。因此，专利文献是一种十分重要的文献资源。据统计：我国有农业专利文献 2 万多件，农业部专利事物所收藏有中国专利局历年的专利公报。

（九）标准文献

又称技术标准，是有关组织、机构对工农业产品、原材料、工程建设等的质量、规格、生产过程、计量单位及检验方法等所制定的技术规定，标准文献种类很多，按其作用与性质可分为技术标准和管理标准；按其使用范围可分为国际标准、区域性标准、国家标准、部颁标准、行业标准等。每一种标准都是独立、完整的资料，统一编号，各种标准一旦审批公布，即具有法律约束力。技术标准可以反映一个国家的经济政策、技术政策、生产水平、工艺水平和标准化程度，能提供重要的情报依据。因为技术标准的不断更新，查阅标准应以最新标准为准。我国国家农业标准有5 000多种。

（十）政府出版物

指各国政府及所属机构编辑出版的文献资料。联合国教科文组织对政府出版物的表述是："根据国家机关的命令，由国家负担经费而出版的一切记录、图书、刊物等"。政府出版物可分为行政性和科技性两大类，其中科技性政府出版物包括科技报告、技术标准、技术政策、产品规格等，约占政府出版物的30%～40%，政府出版物是了解各国政治、经济、文化和科技发展各方面情况的重要资料，美国农业部及其所属机构的出版物占美国政府出版物的10%左右，受到各国农业界的重视。

（十一）产品资料

指企业为宣传推销其产品而制作的有关资料。按其内容可分为三类：①产品样本；②企业介绍；③企业产品介绍。该种文献是一种重要的信息来源，对研究分析各种产品技术发展情况等具有重要参考价值。

中国科技信息所从1957年即开始收集各国产品样本，并正式建立了样本馆。

产品资料属宣传品，企业一般都免费赠送，但产品样本资料随产品的更新换代而更新。

（十二）特殊类型出版物

指一些规格不同、形状各异的零散资料，包括档案资料、地图、图片、照片等，这些资料中不少具有重要的参考价值和收藏价值。如：技术档案是生产和科研中用以积累经验，吸取教训和提高产品质量的重要依据。特别是农业技术档案信息量和参考价值都很大，被有关科研、设计、开发和试制人员广为利用。

二、电子型农业文献信息资源

电子文献是指以数字代码方式将文字、图像、图形、声音等多种形式的信息存储在磁、光、电介质上，通过计算机等设备阅读使用，并可复制发行的文献。它主要包括电子图书、电子期刊、电子报纸、电子新闻、电子名录、电子地图、光盘数据库、联机出版物等。在载体上，电子文献主要有磁盘型、光盘型、网络型。

电子文献有以下几个显著特点：

①信息容量大，体积小，一张磁盘的容量为5MB~5GB，一张光盘的容量高达400~800MB，可存储一部大英百科全书或一年的每日20页的日报，二张直径为30厘米的光盘就可容纳世界名著300部。

②高品质存储能力与快捷、方便、灵活的检索功能。存储10万页文献的单光盘系统，只需0.15秒，即可取出指定的图像，检索速度可达0.15~0.4MB/秒。

③服务界面的多媒体化，极大地丰富了知识的表现力。

④能高速度、远距离传送，极大地方便了读者的需求。

⑤根据需要能及时将光盘上的数据打印转换成印刷型文献。

（一）电子图书

电子图书是电子出版物的主要类型之一，其文献载体主要为磁盘和CD-ROM光盘。电子图书中存储的信息与印刷型图书类似，但其结构和功能比印刷型图书复杂得多，信息是动态的，收录了图像的电子图书更是如此。例如：超星电子图书，为目前世界最大的中文在线数字图书馆。超星电子图书馆拥有丰富的电子图书资源，收录文学、经济、计算机等五十余大类，电子图书100万册。

方正电子图书，系统收集教材教辅、工业技术、自动化技术、计算机技术、文化、科学、教育、体育、数理科学和化学、综合性图书、外语各类电子图书。

金图国际外文数字图书馆，是一个以全外文图书数字资源为基础的网络平台。收录文学、经济、计算机、哲学、历史、环境保护、法律、信息科学、工商管理等各类，目前数据库含有7 000种英文电子图书、249种日文电子图书。

天方有声图书馆，是中国第一座汇集古今中外文学的“有声数字图书馆”，内容囊括古典文学等近20个大类，现有总篇目近20 000部，其中所有文学作品都是原声播音，真正实现中外文学用耳听。

目前，电子图书正处于发展阶段，但其信息发布迅速、获取直接、价格低廉以及它所带来的优质高效的信息服务，将在当今数字化时代的社会生活中起到越来越重要的作用。

（二）电子期刊

电子期刊是一种新型出版物，具有传播迅速、检索方便、成本低廉、有利于资源共享，可以不受时间空间的限制等特点，是近几年来电子出版物领域中研究的一个热门，尤其在Internet网上发展较快。目前电子期刊主要有两种类型，即印刷型杂志的电子版和全新的电子期刊（网络电子期刊），尤其是网络电子期刊，它抛弃了以传统印刷型期刊为基础的模式，文章的输入、编辑、审稿、排版、检索和阅读都通过网络由计算机来完成。它使读者可以方便快捷地通过网络获得自己想要的文献。如，新加坡世界科技出版公司的WSN电子期刊，涵盖数学、物理、化学、生物、医学、材料、环境、计算机、工程、经济、社会科学等领域58种全文电子期刊。电子期刊虽然目前还处于初期发展阶段，但由于从因特网可以很方便和廉价地获取，加上它们的及时性和共享性等优点，使得这种信息传播方式具有广阔的发展前景。目前在发达国家和地区，电子期刊已成为各大图书馆的首要之选。我国诸多高校图书馆也开始重视订购电子期刊。

（三）电子报纸

电子版报纸最常见于联机数据库中。至1994年，我国共建各类报纸信息数据库19个。1990年底，《经济日报》建立了我国第一个报纸全文信息数据库，已建成并投入使用的全文报纸信息库还有《人民日报》全文集、《文汇报》全文库、金报兴图《报纸全文数据库》等。我国引进的第一个外文报纸数据库News Bank世界各国报纸全文库。目前提供1 500余种世界各地主要报纸，内容十分广泛，涉及收录报纸所涵盖的各个领域，100%全文。以电子形式读取的报纸还有ProQuest全文报纸回溯版，收录了自1849年以来的美国主流报纸从封面到封底的全文本和全图像内容，还可以提供每期报纸的任何一页内容的PDF格式的电子副本。

（四）联机出版物（即联机数据库）

联机数据库是目前发展最成熟的电子出版物之一，联机型出版物的信息提供，要通过主机和联机网络及检索终端。联机系统的发展，始于20世纪50年代末，60年代初，发展于70年代，成熟于80年代。进入80年代后，世界上一些著名的联机系统把过去为提供书目、索引等二次文献数据库服务为主转变为全文数据库、数值数据库为主。

三、网络农业信息资源

（一）网络农业信息资源的特点

网络农业信息资源是指以数字形式存储于网络中，通过网络进行传递、利用的农业信息及农业信息系统的集合体。网络农业信息资源有一般信息源所具有的知识性、效用性、传递性三大特征，而作为一种新型的信息源，又具有自身独特的特点，与传统农业信息资源相比的根本区别在于。

1. 数字化、网络化

网络农业信息是以计算机可识别处理的数字形式存储于网络中，并通过计算机及通讯技术传播。网络信息资源存储的数字化和传播的网络化，打造了一个让世人瞩目与共享的"无墙图书馆"。

2. 多样性、丰富性

网络农业信息既有文本式文件，又有多媒体音像资料，形式多样，内容丰富。如：图像、声音、软件、数据库等。

3. 数量大、增长快

据统计：因特网每天发布 14 万件新的信息，总量约 450MB。

4. 虚拟性、离散性

农业信息资源由网络虚拟信息资源和实体信息资源组成。网络信息资源十分丰富，但内容繁杂，极不规范，由于网络信息发布有较大的自由度和随意性，导致网络上的资源信息处于无序和不确定状态，而且垃圾信息也比比皆是。

5. 开放性、共享性

因特网上农业信息资源的传递与交流不受时间、空间的限制，任何信息机构都能在网上发布和获取信息，都可成为全开放的为全社会服务的网络信息中心和知识中心，网上农业信息资源全球共享。

6. 便捷性、高效性

利用信息网络检索的途径方便灵活、快速便捷，利用网络信息资源已成为现代农业发展和农业教育科研中不可或缺的"精神食粮"。从网上获取具有较高学术价值和实用价值的农业信息资源，给人们带来了较大的经济效益。

（二）网络农业信息资源的类型

网络农业信息资源类型极为丰富，包括各种层次的、正式的和非正式的、动态的和静态的、数字化的和虚拟的各种信息模式和类型。农业网络信息可分为网上出版物（电子报刊、电子工具书等）、动态信息（新闻、会议、公告

等)、书目数据库、联机数据库及其他信息（个人主页、BBS、E-mail 等），这些信息既有文本的，也有数据、图形、图像、声频、视频、存储的多媒体文件。主要的中、外文农业信息资源大致可分为以下几种类型。

1. 电子邮件型信息

即能用 E-mail 发送的农业信息，如：农业科技报告、论文、文献目录等。

2. 网络化的文献型信息资源

Internet 上的农业文献类型很多，有图书馆目录、书目、期刊索引、而且还有全文电子出版物，如：超星电子图书，其中的农业信息资源也相当丰富。方正 ApQbi 电子图书中农业、农机类图书都已经具备一定的规模。

3. 网络数据库信息资源

(1) 农业专业数据库

如：美国农业部研究数据库 USDA Research Database（http://apps.fao.org）。

还有国际著名的三大农业数据库：CABI 国际农业和生物学中心数据库（http://www.cabi.org/irfolib/cabadb.htm）。

CABI 文献选自 130 多个国家和地区的 1.4 万余种期刊、图书、专业报告以及会议录等，语种涉及 75 种，库中拥有 450 万条记录，均来自 11 000种期刊、书籍、学会、报告以及其他国际上出版的各种专著，年增文摘约 15 万条。主题侧重于农学、林业、园艺、畜牧、兽医、植保、生物技术等方面。CABI 是世界农业科学交流的重要机构之一，堪称为世界一流的农业数据库。目前，我国部分农业高等院校和农业科研单位都订购了 CABI 光盘数据库，并面向本系统、本单位和社会信息用户开展光盘检索服务。

Agricola 美国农业文摘联机存取书目数据库（http://www.nal.usda.gov/ag98/）由美国农业图书馆编制，主要以美国农业部国家农业图书馆馆藏文献为基础，兼收美国政府出版物、会议文献、专利文献等约 8 000多种与农业相关的文献。主题范围包括农业、林业、畜牧、兽医、园艺、土壤及动物、植物、微生物、昆虫、环境科学、食品科学等学科。现有文献记录约 340 万条，年增记录约 12 万条，该库目前被视为世界上报道农业文献最多的目录型数据库。

Agris 联合国粮农组织数据库（http://www.fao.org/agris）是由 FAO 下属的 136 个国家中心和 23 个地区及国际组织的农业文献目录数据库。库中文献量约 320 万条，年增 12 万条记录。主题包括农业经济、植物科学与植物保护、林业、动物科学、农业机械与工程、农产品加工等。

此外，还有 ProQuest 农业、生物数据库等。

（2）联机综合数据库

如：Dialog 系统（http://www.dialog.com）

（3）专利数据库

国外生物技术与农业专刊（http://www.nal.usda.gov/bic/iotech-Patents/），如美国专利与商标局 USPTO 专利数据库（http://patens.uspto.gov），农业专利文献数据库（http://www.ylagrin.com; www.ylagrin.net）是我国第一个农业专利数据库，有 91 万件中国专利和 50 多万件国外专利，收集了我国从 1985～2001 年，及美、日、德等国家自 20 世纪 70 年代以来的涉农专利文献。

在农业信息数据库建设方面，我国成功开发并投入使用的数据库有“中国农业科技文献数据库”、“中国农牧渔业获奖成果数据库”、“中国自然资源数据库”、“农业合作经济数据库”、“农业科技信息和实用技术数据库”、“中国农业科技基础数据信息系统”、“农产品集市贸易价格行情数据库”等，其中“中国农作物种质资源数据库”收录了 111 种以上的作物，27 万多份种植信息，近 1 300万个数据项。“畜禽品种数据库”存储了 258 个以上不同畜禽品种的资料。

4. 网络电子期刊

如：USDA/Publication，美国农业部出版物（http://www.usda.gov/news/pubs/index.htm）ProQuest biological journal（http://global.umi.com/pqdweb）提供生物学方面的全文期刊 100 余种。

Agricola Plus Text（http://proquest.umi.com/pqdweb）是以美国国家农业图书馆的 Agricola 文摘索引为基础的数据库，收录全文期刊 140 种。涉及水产业和渔业、动物科学、农业经济、农作物管理、食品与营养学、地球及环境科学等领域。

中国期刊全文数据库（http://www.cnki.net）是清华同方知网（北京）技术有限公司等机构建立的网络信息服务系统。该库是目前世界上最大的连续动态更新的中国期刊全文数据库，目前收录国内 1994 年至今 7 600多种重要期刊与专业特色期刊的全文，分为理工 A、B、C、农业、医药卫生、文史哲、政治、军事与法律、教育与社会科学综合、电子技术与信息科学、经济与管理等 10 个专辑，168 个专题。全文文献总量 1 750多万篇，据统计：农业专辑收录文献 228.6 万篇。除期刊文献资源外，优秀博士、硕士论文、重要会议论文、重要报纸、年鉴等诸多文献资源的相继加入，直至《中国知识资源总库》的动工建设，目前已建成系列资源数据库和专业知识仓库，并整合了国内外

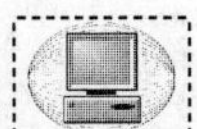

1 200多个各类数据库，文献总量达到了5 000多万篇，通过“中国知网”和分布在全球的2 600多个镜像站点，为中国和全球各类用户提供一站式中文知识资源数据库服务。

中文科技期刊数据库（http://www.cavip.com/）是科技部西南信息中心重庆维普资讯有限公司建立的综合性中文电子期刊数据库。收录了1989年以来我国社会科学、自然科学、工程技术、农业、医药卫生、经济管理、教育科学和图书情报等学科9 000余种期刊的1 700余万篇文章的全文，并以每年250万篇的速度递增。其中农业文献69.77万余篇。

5. 涉农院校、研究机构、协会及学会的网站

如：著名的英国皇家农学院（http://www.royagcol.ac.uk）、中国·欧洲联盟农业研究技术中心（http://www.cecat.org）、加拿大农业信息网（http://cgilnt.aps.uoguelph.ca）、遗传资源系统信息网（http://singer.cgiar.org）。

国内常见的农业信息网：

（1）中国农业信息网（http://www.agri.gov.cn）

由农业部信息中心主办，该网已实现与国际和国内各省、市的网上信息交换，共开设16个栏目：部令公告、行政通知、政策法规、信息发布、供求热线、分析预测、价格行情、科技推广、经济评述、国内动态、国际动态、外经外贸、劳力转移、农业网站导航等内容。每天向全国发布信息快讯、市场动态分析和农业气象等重要信息。已成为我国农业业务化的服务系统。

（2）中国农业科技信息网（http://www.cass.net.cn）

由中国农业科学院文献信息中心主办，该网站主要栏目有：科技新闻、实用技术、科技咨询、科技资源库、政策法规、农业标准、市场信息、商务平台和农情气象等。

（3）中国农业在线（http://www.agrionline.net.cn）

由中国农业大学主办，开设以下10个栏目：综合新闻、农业科技、农业教育、专题论坛（邀请专家教授阐述农业重大问题）、农业经济、企业之家、法律政策、生活频道、人才频道、农业专题。

（4）中国农学会信息网（http://www.caass.org.cn）

设有学会动态、三农在线、学术交流、科学普及、人才培养、表彰奖励、科技新闻、学术读物、两院院士等栏目。

（5）中国农业网（http://www.zgny.com.cn/）

主要提供电子期刊、新版图书、专利服务、投资项目等服务。此外，还有部分推荐文章可免费浏览。

(6) 大农业网 (http://www.agrich.com)

主要介绍各种农业实用技术、新技术、经验交流等。用户可便捷地获悉各类最新的农业相关报道及科技成果。

(7) 中国兴农网 (http://cnan.com.cn/)

主要提供农时、农情、农业生产、农业科技、天气实况、气象防灾减灾、农产品和农业生产资料供需等信息。设有网上专家咨询、网上交易平台，是政府为广大农民提供公益服务的信息网络。

(8) 中国农业资源网 (http://www.enong.com.cn/)

设有农业新闻、供求信息、市场动态、农业政策、科技推广、技术手册、产品金库、企业金库、土特产库、专家论坛、招商引资、市场行情等栏目。

(9) 九亿网——中国农村科技信息服务网 (http://www.9e.net.cn)

主要提供农业经济、粮食、饲料、种业、林果、畜牧、水利等农业技术。是为九亿农民介绍家居生活、医疗保健知识；为企业介绍西部开发、国家科技计划的大型农业网站。

此外，还有中国农业专家热线 (www.agric138.com.cn) 以及“中国家禽业信息网”、“中国园艺网”、“中国食品网”、“中国农业经济信息网”、“中国种植信息网”、“中国养殖信息网”、“中国农机网”、“中国畜牧兽医信息网”、“中国畜牧兽医网”、“中国牧业网”等各种专业信息网。还有地区、各省市农业信息网站。

6. 企、事业网站

如：上海益农信息技术公司建立的饲料及畜牧业门户网站——益农网 (http://www.efeedlink.com.cn)、爱农网 (http://www.ainfo.com.cn)、中国农网 (http://www.aweb.cim.cn) 等。

7. 虚拟图书馆

如：W3C 的农业虚拟图书馆，又如：The visuail library：A griculture (http://www.vlib.org/Agriculture.html)。

第三节　网络化农业文献信息资源建设概况

一、“九五”期间

1996 年科技部、财政部、农业部以及中国农业科学院正式批准支持建立第一个“中国农业科技信息网”，1997 年 10 月正式开通运行。1998 年中国农业科学院文献信息中心在全国农业科研机构中第一个实现了全体科技人员 250

人人均一台计算机。同时，一部分省、市、自治区农业科学院和农业高等院校先后建设了院内和校内局域网，并与省内外联网。

1994 年农业部建立了“中国农业信息网”，1995 年联通国际互联网。之后，大部分省、市自治区建立了农业信息中心，县级农业信息中心也在逐步建立。

“九五”期间，国家支持力度加强，启动了国家科技文献保障系统的改革和建设，连年成倍地增加文献购置经费，国家农业图书馆的文献资源基本满足需求。

中国农业科学院文献信息中心拥有中外文数据库 11 个，其中，中国农业科技文献数据库已有 45 万条数据，并生产出相应数据库光盘、数据总量达 900 万条，可快速检索到世界 85% 左右的农业科技文献信息，农业科技数据库建设取得较大的发展，电子信息资源得到不断加强。

“九五”期间我国农业文献信息资源建设取得了较大规模的发展，中国农业科技信息网络化和数字化也处于高速发展时期，中国的农业信息科学技术的主要领域走到了发展中国家的领先地位，有些重要领域接近发达国家的水平。

二、“十五”期间

“十五”期间农业科技信息的战略目标：在全国农业科技机构和农业高等院校基本实现农业科技信息的网络化和数字化，以农业信息化带动农业现代化，为实现农业跨越式发展提供信息技术支撑。

目前，开发应用了一批有代表性的大型农业科技数据库。如《中国农业科技文献数据库》、《中国农村科技成果及其产业化数据库》、《中国农业实用技术数据库》、《国外农业科技文献数据库》、《中国食物与营养数据库》、《中国农业教育文献数据库》、《中国农业科学研究生论文数据库》等，并引进了 4 个联合国粮农组织数据库。各省、市、区的信息网络建设增长迅猛，截止到 2004 年 2 月，我国涉农网站已增加到 7 953个。此外，农业信息队伍建设及资金投入不断增加，资料表明：全国 333 个地（市）中有 260 个设立了农业信息服务机构，占地（市）总数的 78%，全国省、地、县三级农业部门在信息网络建设方面的投资已达 4. 12 亿元，其中：省级 1. 18 亿元，地（市）级 1. 22 亿元，县（区）级 1. 72 亿元。

“十五”期间，为加快对中国传统的农业研究信息系统的改造，利用现代网络化和数字化技术，建设一个当今世界上最庞大的农业研究信息系统（ARIS 系统），为农业科技教育、农业经济发展、农业生态环境的改善提供科学技术支持。ARIS 系统的建设，采取“统一规划，分层建设，多元投资，共建共享”的方针，这个项目已经列入国家 948 项目计划，并且得到了国家外国专家局的支持。1999～2000 年中国的专家已经同“国家农业研究国际中心（ISNAR）、国际农业生物中心（CABI）、联合国粮农组织（FAO）等单位的专家合作，进行了比较系统的调查研究，提出了初步的建设方案，在“十一五”计划中联合地方农业科技教育单位共同建设。

三、“十一五”期间

“十一五”时期是我国改革发展的关键时期，是我国农业和农村发展的重要机遇期，是社会主义新农村建设的重要开始时期。“十一五”期间，我国将重点加强农业信息化推进。首先要加强信息技术在农业、农村中应用，逐步缩小城乡“数字鸿沟”，推动“三农”问题有效解决。为此，“十一五”期间，农业信息化建设将进一步改进和完善农村信息基础设施建设，实现信息进村入户，加强农业信息服务。为推动新农村建设，农业部已明确把农村信息服务工程作为“十一五”期间重点实施的科技推广示范工程之一，大力促进农业信息进村入户。

目前各地农业信息化服务体系日益完善，信息化服务方式不断创新，信息化服务领域得到有效拓展，初步形成了农业现代化信息化建设良性发展的格局。

第四节　我国农业文献信息资源建设中存在的主要问题

一、管理体制不健全，缺乏权威性综合协调机构

国外农业和农村是受国家保护的弱势产业和领域，政府在农业信息建设上发挥了主导作用。但我国政府在宏观调控和政策制定上的主导作用发挥不够，管理体制不健全。目前，全国还没有一个能统一领导全国农业图书情报事业的行政机构，缺乏强有力的组织协调和管理，国家对农业文献信息资源建设缺乏总目标与要求，没有发展规划和协调措施，没有形成完整的农业文献资源保障机制及制度体系等，以至出现资金短缺、合作不易、协调较难、重复建设、浪费较大、很难共享的情况。

二、农业文献资源不足

第一，搜集整理文献信息是文献信息资源建设的前提和基础。外国文献的搜集又是文献资源建设的关键。但据调查，我国引进的文献量与外国文献的出版总量存在相当大的差距。目前，我国图书每年进口 10 万种，大约为全世界的 1/8；期刊每年订购 2.6 万种，大约为全世界出刊量的 1/6；科技报告，大约为全世界出版量的 1/7。欧美发达国家文献保障率均在 90% 以上，而按国内需求，外文文献保障率也应达 50% 左右，但据统计，世界著名的三大农业数据库：CABI、AGRIS、AGRICOLA（光盘数据库）引用的期刊为 11 567 种（1990 年），而我国每年进口期刊约 1 800种，仅占 16%。因此，我国农业外文文献保障率偏低，不能满足农业生产的需要。

第二，网上中文农业信息资源的数量不足，质量不佳。“网络第一语言”依然是英语。因此，使用英语的国家如美国等国家在信息业中仍然占主导地位并成为名副其实的信息宗主国。目前，世界性的大型数据库在全球近 3 000个，其中 70% 设在美国，在互联网上被频频访问的也主要是美国等发达国家的站点，世界上最大站点的前几位都在美国。加之网络农业信息质量不一、良莠难分、杂乱无序、查找困难，国内的许多热门站点链接的农业信息服务站点所发布的信息大多是一些未经加工的原始信息，内容陈旧，时效性差，而且缺乏农业类的网站导航信息，这些都降低了网络农业信息资源的利用价值。

第三，网上农业数据库很少，且类型单一，规范库少。由于国内农业数据库建设缺乏统筹规划和合理布局，未形成完整的文献资源保障系统，农业数据库建设规模较小、标准化程度不高、且低水平重复开发，共享性差。指南型数据库太少，全文数据库更少，网络农业数据库很少。农业特色数据库、导航库建设刚刚起步，尚待进一步发展。

三、重复采购现象严重

据有关资料显示，我国已收集的文献存在着大量的重复。图书、期刊重复较普遍。有些特殊报告或文献资料也重复几套以至几十套。据 2004 年统计，全国 116 所高校图书馆和一个国家馆共订购印刷型外文期刊 49 011份，但全国订购外刊的种数却只有 13 807种，也就是说重复存在着 35 204份刊，接近订购种数的 3 倍。

据 2005 年统计，电子期刊已达 16 118种，CALIS 四个中心引进的西文全文电子期刊数据库 37 个，引进期刊 16 377份。之间电子刊交叉重复较多，去掉复份，实际引进的电子期刊的种类在11 620种左右，即大约4 300份期刊重复存在，重复率达到26.2%。

四、农业文献布局不尽合理

我国13亿人口中农业人口中占了9亿，有24亿户、数千万种养大户的用户人群，但是，由于对信息资源建设缺乏统一的规划与布局，我国农业文献资源的分布极不平衡，且不合理，农业文献高度集中分布在东南沿海及中部发达地区，西部内陆及偏远地区成为农业文献的贫乏区，农业文献资源合理布局与宏观配置问题急待解决。

五、信息意识淡薄，缺乏全局观念

长期以来，人们对农业信息资源和网络化建设的重要性认识不足，对具体的实施方法以及所需要支持的系统缺乏了解，没有真正意识到农业文献资源建设对农业发展的重要性和紧迫性，信息意识不强。尤其受传统的“条块”分割和“块块”封锁等旧的管理思想的影响，缺乏共建共享意识和全局观念，对整体文献资源建设津津乐道，却没有实际行动投入整体文献资源建设，有共享的愿望，却没有共建的行动。

特别值得注意的是，广大农民是农业信息的主要用户群体，但普遍存在信息意识淡薄，文化水平较低，素质较差，获取和利用信息的能力不强等问题。而且至今仍沿袭传统的信息传播方式，尤其是贫困地区的农户尚不能完全改变农业信息基础设施建设落后的状况以及对信息的有价性和商品性的理解。据报道，某农业大省农村报刊的订阅量只占总报刊订阅量的2.8%，农户订阅报刊只占1%~3%。农民用户信息意识不强，有效需求不足，严重阻碍了农业文献信息资源的开发利用和建设。农民作为农业信息的接受者，由于整体素质较低，信息化意识淡薄，缺乏接受并利用信息的知识及技术基础，也是影响农业与农村信息资源建设和普及的因素之一。

六、农业信息共享体系不健全

网络环境下共建共享关系及其密切，从我国农业信息服务及网络建设的情况来看，由于受现行管理体制的制约，长期以来形成的文献资源“条块分割”的格局，缺乏统筹规划和宏观调控、出现合作不易，协调难等问题，这些势必给我国农业文献资源共享事业的发展带来较大的影响，其中，农业信息服务机构中各自为政、自成体系是农业文献信息资源共建共享的主要障碍之一。此外

由于资源共享体系不健全，出现最终用户和信息传导梗阻现象，这也大大阻碍了农业信息资源建设进程。

七、农业数据库建设滞后

国家和地方的农业科研机构、农业院校图书情报机构虽然对农业信息资源建设比较重视，相继建设了一大批各种类型的数据库，但由于数据库建设缺乏统筹规划和合理布局，未形成完整的文献资源保障系统，出现数据库规模小、范围窄、品种单一、结构不合理、软件开发不足、标准化程度低、低水平重复开发严重、共享性差、利用率不高、数据库服务落后等现象。多数数据库是自建、自享、管理分散、缺乏为市场、为农民服务的机制。

八、缺乏法制保障

目前，我国现行的一些图书馆方面的条例、规章并不是国家立法机构所制定，不具有法律效应。这些条例、规章都是按系统颁布，并不能约束各自为阵、条块壁垒的状况，客观上还给统一规划、资源共享和网络建设带来一些障碍，在一定程度上影响了农业与农村信息资源建设进程。目前，农业信息资源的管理、信息的安全和保密等都无法可依，因此，给农业文献信息资源建设也带来了不稳定的因素。据统计：至今世界上已有60多个国家先后制定了250多部图书馆法，这对我国图书情报事业应该有较大的启迪作用。

九、农业信息基础设施建设仍是薄弱环节

由于受环境、经济条件等多种因素的制约，农业信息工作基础较为薄弱，手段不完备，大多处于“硬件不足、软件缺乏、运行较难”的状况。不少农业图书馆还没有建立起成熟完善的计算机网络通讯、多媒体等技术及建立在其上的信息网络基础设施，尤其在农村，信息基础设施仍然落后，缺少收集、处理、传播信息的软硬件设备，网络体系也不健全。据调查：我国农业信息网站仅占全国网站总数（30 000个）的10%左右。据农业部一项调查表明，尽管27%的受调查农户认同新的信息技术，认为计算机网络发布农业信息方便、便宜、快捷，但是，我国农村公众严重缺乏获取数字化信息的手段，能够通过互联网获取市场和技术信息的农村家庭比率只占调查户的0.8%，通过计算机网络购买生产资料的农户不足2%，依据互联网信息出售农产品的农户不足0.5%。就目前状况而言，农民中的绝大多数还买不起计算机，加之网络费用昂贵，此外，在农业信息发布和传输方面缺乏网络、广播、电视、报刊等各媒

体之间的有机组合和搭配，传统媒体与信息网络之间缺乏有效合作，使得农业信息服务难以形成整体优势。我国信息高速公路建设还处于初级阶段，农业信息传播到农户的“最后一公里”问题仍得不到解决。

十、农业信息资源建设人才短缺

农业信息资源建设是一个系统工程，人员力量是其中最重要的因素之一，网上农业信息资源建设需要一大批既懂农业、信息，又精通计算机、网络技术的综合性专业人才，能对网络信息进行收集、加工、存储、传递和分析，为用户提供有用的信息。而由于对农业信息网络人才缺乏足够的认识，投入少，待遇低等诸多原因造成农业信息网络人才流失，人才紧缺，致使农业文献资源建设速度缓慢。据统计：我国农业劳动力占社会劳动力的比重是60%，从事信息产业的劳动者比重是8.8%，在农业信息部门从事信息工作的仅占信息产业劳动者比重的6.8%，而且现有的农业信息队伍，存在着观念陈旧、知识老化的现象，农业信息技术专门人才和从业人员数量严重不足，加之人才相当缺乏，研究力量分散，开发能力不强，服务质量不高，影响了农业与农村信息资源建设的速度和质量。

此外，农业信息资源共享程度差，农业文献资源开发利用率低缺乏农业文献信息资源保障体系等均是制约网络农业信息资源建设的主要障碍之一，在本书的后面章节中将予以重点论述。

第五节　农业文献信息资源的分布状况

一、农业信息资源的生产和收藏分布

（一）农业行政管理系统

包括农业部、林业部、农垦局；各省（市、区）农业、农垦、水产（厅、局）；各地、市（县）农、牧、林、水产、农垦、农机管理部门。主要制订和收集农业政策、法规、成果、统计和农业经济等农业信息资源。

（二）农业科研系统

国家的农业信息机构主要包括中国农业科学院文献信息中心、中国林业部情报中心、中国水产科学院情报所、中国农业机械科学研究院情报所、中国农业展览馆、中国农业博物馆和中欧联盟农业技术中心和国家农业院所的各专业直属所。

还有各省的农业科学院、畜牧院、农垦院的情报所、图书馆和直属所资料

室以及地、市农林水产、农机研究所资料室等。这些农业科研机构是我国生产和收集农业信息资源的主要部门之一。

（三）农业教育系统

包括农业、林业、牧医、水产、农业工程、农机、农经等高等院校、专科学校、中专、各级农业干部管理学校的图书馆。农业院校是我国生产和收集农业信息资源的主要部门。

（四）动植物检疫系统

主要包括中央级、省、地、市、县的动植物检疫机构。

（五）公共图书馆系统和综合情报所系统

包括国家图书馆和省、市、县、乡镇图书馆，国家情报信息中心和省、市、地、县级综合情报部门。均收藏范围和数量不等的农业信息资源。

（六）中国科学院系统

国家的生命科学中心在中国科学院上海分院，以及中国科学院下属的农业直属所和农业相关的各生物所、相关专业所也都生产和收集农业信息资源。

（七）其他系统

与农业相关的其他各级专业所，如：中国社会科学院农经所、化学、气象、环保、食品、粮油、能源、水利等专业研究所都收集与农业等专业相关的信息资源。

二、农业信息资源的地理分布

由于农业生产的广泛性、周期性、地域性、季节性等特点，因此农业文献信息资源的分布具有地域特点。

（一）广泛性

全国各省都有农、林、牧、渔等农业信息资源。综合性农业信息主要分布在东北、华北、华东、华南地区；林业信息资源主要分布在东北、华东南部、华南和西南地区；畜牧信息资源主要分布在西北和华北的北部；水产信息资源主要分布在沿海各省和华中两湖；热带、亚热带农业信息主要分布在华南和云南、福建等省区。

（二）不平衡性

1. 我国地大物博

13 亿人口中农业人口占了约 9 亿人，但由于历史原因，农业文献资源的分布却极不平衡，农业文献信息资源主要集中在政治、经济、文化发达的东部及中部地区。尤其是沿海省份。西部边远地区文献资源匮乏，直接为市场，农民服务的农产品供求与科技信息还不能满足需要。

2. 部门收藏不平衡

农业高校农业信息资源收集量高于农科院系统；省公共图书馆收集量大于科研院所；省、市、县级公共图书馆收集量呈下降趋势。

三、农业信息资源的载体分布

目前我国农业信息资源仍以印刷型载体为主，如：农业图书、农业期刊等，电子型农业信息资源主要包括农业数据库、农业信息的缩微胶片、电影、录像片等农业声像信息资源。

第六节　农业文献信息资源建设原则

文献信息资源建设是一项延续性很强的事业。制定切实可行的文献资源建设原则，就能避免文献资源建设工作的盲目性和随意性，也才能保证文献资源建设的共建共享。

早在20世纪80年代中后期，沈继武（研究馆员）、萧希明（教授）在《文献资源建设》一书中就指出：文献资源建设原则是文献资源建设客观规律的反映，是文献资源建设实践的科学概论和总结。基于当时的文献资源的收藏方法以及文献资源本身的性质，在文献资源建设中应该遵循的原则是：实用性原则、系统性原则、特色化与协调原则。这三项原则是一个相互联系、不可分割的统一体。其中，实用性原则是文献资源建设的基本原则，系统性原则和特色化与协调原则，既要以实用性原则为前提，又是实用性原则的保证。

农业文献资源建设的原则也是如此，同样应该遵循符合农业文献信息资源建设客观规律的原则。实用性原则、系统性原则、特色化与协调原则以及针对性原则、经济性原则、互补性原则，这些都是指导全国农业生产、科研、教学和推广单位文献资源建设的基本原则。

20世纪90年代中期，信息资源本身的形式发生了巨大的变化，信息资源的载体多元化，用户信息需求多样化，馆藏资源采选和处理方式数字化，赋予文献信息资源建设新的内涵。文献信息资源建设原则具有明显的时代特点，根据当今农业文献信息资源的类型和特点，文献信息资源建设的原则是随着信息资源建设的实践而发生变化的，网络环境下在农业文献信息资源建设中需遵循的主要原则有以下几个方面。

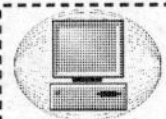

一、实体资源与虚拟资源互补原则

实体资源指图书馆以纸质文献为核心的藏书体系，包括缩微品、胶片、录音、录像等载体。而数字资源也是物理意义上的载体，同样可以说是以物理实体的方式存在的现代信息资源。

虚拟资源包含两个含义：一是可以远程利用的信息资源，一是可供他人远程利用的自身资源。虚拟资源经下载、还原，又可以变为自己的实体资源。可见，传统的纸质文献资源和电子文献资源以及虚拟资源都是信息资源建设的组成部分。现代图书馆的文献信息资源建设不仅包括传统印刷型文献，而且还包括电子出版物等非印刷型文献及网络文献信息资源，实体资源和虚拟资源是文献信息资源建设中一个不可分割的整体，两者密切相关、相互依存、优势互补。一方面电子出版物、网络出版物等新型载体并不能取代原有的印刷型、缩微型、视听型等传统文献；另一方面网络信息资源等新型载体文献的发展又大有后来居上之势，正因为如此，各种类型、各种载体的文献信息的并存和发展，构成了当前以及未来信息资源的多元化格局。实体资源与虚拟两者互为补充，相辅相承，这是网络化文献信息资源建设的基本原则之一。

二、优化配置原则

农业文献信息资源配置是农业图书馆一项基础性业务工作，随着社会的发展，读者需求的变化，信息资源配置也在不断变化，所谓最优化文献资源配置都只是暂时的。在网络环境下，信息资源配置要与农业图书馆馆藏体系、读者需求、网络发展互动互馈、互为支撑，才能使文献资源体系向着优化、合理的方向发展。最优化文献资源的配置应遵循的原则：首先，要根据不同类型读者的不同需求，建立起适合不同层次需求的最佳的文献资源模式组合。其次，对于不同类型的信息资源采取不同的配置，如：应相对重视农业图书、农业期刊等实体资源的收藏与采购，保证这些文献的拥有率。对于检索与参考类型的文献可通过网络资源或者馆际合作资源共享的方式获取。最后，应考虑各种载体文献资源的优势互补，在文献的采集中应兼顾纸质文献、电子文献和其他载体文献，兼顾文献载体和使用权购买，保持重要文献和特色文献的完整性和连续性。目前，各农业院校图书馆已将电子文献资源的采购和利用作为馆藏文献资源建设的一项重要内容，电子文献购置经费占文献购置经费的比例及电子文献资源占馆藏资源的比重逐年增加。

三、资源共建共享原则

资源共建共享原则是图书馆整体化文献资源建设的要求。网络环境搭建了信息资源共建共享平台，全球资源共享已成为现实。图书馆通过计算机网络向其他馆和用户提供远程服务，同时也可以通过网络接受另一个图书馆的服务。

湖南省高校数字图书馆建设就是有效地构建湖南地区高校文献资源共建、共享服务体系的一个很好的例子：该项目由湖南省教育厅采取集中方式委托省内一所省属高校承建，于2004年开始建设，现已建立起具有数字资源加工、管理、存储、交换和服务等一系列功能，向全省高校读者提供一站式、无缝集成的、个性化的文献内容服务、联合咨询服务、数学与科研支持服务以及其他相关服务的良好环境。湖南省高校数字图书馆建设，是湖南省高等教育史上一项具有历史意义的重大举措。湖南省高校数字图书馆建设，能促进省内各类型高校图书馆联盟合作组织的形成，在全省高校图书馆有效地实现文献信息资源共享，整体提高文献资源处理、传递与利用以及反馈效率，对全省高校文献资源数字化建设起到创新和推进作用，实现湖南省高校图书馆文献信息事业建设的整体跨越式发展。

湖南省高校数字图书馆依托一校而建，而不为一校所有，它服务于全省高校图书馆，但不能取代各高校图书馆的数字化建设。建设中必须充分考虑系统设备、资源管理、服务、利用的高集中度和可扩展性的有机结合，保证和支持河南省高校文献信息资源在共建的基础上共享，在共享的过程中共建。通过湖南省高校数字图书馆建设，有效地整合湖南高校人文、学术、科研、教学、教育等特色鲜明且又极具价值的数字资源，不但为湖南的社会、教育、科学、文化、经济的发展做出贡献，也将为湖南的信息化建设和打造“数字湖南”做出重要贡献。

四、规范化与标准化原则

规范化与标准化在信息资源建设中起着举足轻重的作用。由于缺乏统一的技术标准和规范，农业与农村信息采集、处理、交换和应用程度较低，在农业网络信息资源组织中仍然存在各自为政、标准混乱、规范不一等问题。

在数字化资源开发建设中，必须遵守规范化、标准化原则和要求。如：构造统一的技术平台和网络信息服务系统；选择通用的技术标准、协议与规范、可兼容的应用软件和硬件；采用标准规范的数据著录格式、标准的通信协议；选用符合国际标准化工业标准的网络设备；建立起支持多种协议、多种接口、

具有良好兼容性与扩展性的开放式数字信息资源管理与服务系统等，这样才能确保数字信息资源符合网上传输以及实现最大范围的共建共享要求。

五、特色化原则

特色是信息资源建设的生命，在竞争日趋激烈的网络时代特色化显得尤为重要。农业文献信息机构根据自身的性质、任务、学科设置、科研方向、现实及长远规划、发展目标，从而确定了自己的资源建设方针、重点和原则，在长期的馆藏建设中形成了自己的核心学科结构体系和馆藏资源优势和特色。以湖南农业大学为例：湖南农业大学目前已发展成为以农为主，农、工、文、理、经、管、法、教育多学科发展的综合性大学。但仍然是一所多学科性农业大学，所属学科中农学、作物学、植物保护、园艺学等仍然是学校的主干学科和支撑学科。学校图书馆馆藏建设也仍然以农业文献信息资源建设为一大优势，也是图书馆 56 年馆藏建设的特色所在。因此，湖南农业大学图书馆文献信息资源建设要突出特色化建设，选择本馆特有的、具有资源优势的专题和项目开发建设特色数字化资源系统，特色文献数据库。这样才能为本校优势学科专业和相关学科专业教学、科研提供文献信息支持，而且，为全国农业学科的研究提供特别保障。

六、安全性与可靠性原则

网络系统安全包括实体安全、软件安全、信息安全和运行安全等多个方面。实体安全指网络系统中硬件设备设施的安全，软件指网络平台及应用程序的安全，信息安全（数据安全）指存储和传输信息的安全，包括保密性、完整性、可靠性、不可否认性。在农业数字信息资源开发建设中，应尽量选用技术成熟、性能稳定的信息存储与网络设备，利用管理系统的监测、诊断、过滤、故障隔离、在线修复等功能保证网络系统的安全性和数据的可靠性。要树立产权意识和保密意识，在农业资源开发的过程中，不损害所有者的知识产权，不泄露国家或单位的有关机密。

在当今新的信息环境下，网络信息资源数量、类型以及传播都发生了很大的变化，不但网络信息资源建设理论的研究提到了非常重要的地位，制定合理、可行的网络农业信息资源建设原则也提到了重要的议事日程。

第七节　农业文献信息资源建设基本对策及目标

文献资源建设的总目标可以表述为"满足 21 世纪社会发展和国家建设对文献资料的需求，形成强有力的文献保障体系"。

在网络环境下，农业信息资源建设的最终目的就是加强网络开发利用，推进网络化建设，据此，农业文献信息资源建设应重视以下几个方面。

一、加强网络环境下国家的宏观调控和宏观文献资源建设

首先应设立国家农业信息资源管理工作部门，宏观指导全国农业文献资源的建设，建成包括网络信息资源在内的国家级完备的、能够满足我国用户需求的文献资源保障体系，并建立各区域农业文献信息中心和文献淘汰保障体系。

要将农业信息资源建设作为国家的重要建设项目，加强政府在宏观调控和政策制定上的主导作用，如：政府加大投入信息基础设施建设，降低通讯费用，使农村广大农民用户能用得起电脑，上得起网。

各级政府要加强各等级的农业网站建设，提高网站的质量与数量，为农民和农业生产提供切实可行的帮助。

二、强化网上农业信息资源建设的整体性

由于网上信息资源的分散无序、良莠不齐、重复率高、查找困难等原因，大大降低了网络信息资源的利用价值。因此，网上农业信息资源建设要把握其整体性，使内容质量、利用方式及效果等方面达到一个较高的层次，提供专业化和个性化服务。例如：将网上信息资源进行采集、保存并进行有效重组和导航，使之有序化，为广大用户提供查询便利，网上信息资源利用率高的有效措施。此外，建立不同的信息层次，如决策信息、科研信息等，这也是满足不同层次的用户需求的重要内容。还有实体信息资源与虚拟信息资源的有机结合，这样才能共同支撑着信息资源这个信息服务的基点。

三、加强农业数据库开发与建设

农业数据库分光盘数据库和网上数据库两类。从 20 世纪 80 年代开始，我国先后引进了 CABI、AGRICOLA、AGRIS 等国际上最重要的三大农业文献数据库（光盘数据库），近年已建立镜像站点，开展了网上服务，经过 20 年的发展，国内也建成了一批全国性的农业数据库，初步形成了以中国农业科学院

文献信息中心为主的农科院系统和以 CCIS 农学中心——中国农业大学为主的高校系统农业数据库建设体系。中国农业科学院文献信息中心开发的“中国农业科技文献数据库”是目前我国最大的农业文献数据库。高校系统也建有学位论文库、教研成果库及其他专题特色数据库等。除此之外清华同方生产了“中国学术期刊全文数据库”，基中包含了农业专辑，可提供数百种农业及其相关学科期刊的电子版全文信息。

目前，我国农业数据库建设仍然存在不少问题，如：建库起点低、不规范、难共享、数据库类型单一、全文库少、网上农业数据库少、农业特色数据库、导航库尚待发展等。数据库建设在文献淘汰建设中处于举足轻重的地位。因此，应建立专门的数据库建设指导机构，统一规范、统一标准、统一组织和协调农业数据库的建设。全国各地、各部门要分工协作，资源共享，避免重复建库，并开发和建设权威性的中文农业数据库、多元化农业数据库、农业网络数据库、农业实用技术数据库和农业特色数据库等。据来自全国 30 个省、自治区和直辖市 103 个图书馆的调查，有 71% 的图书馆开发了具有馆藏特色的数据库，并有 60% 的图书馆已提供网上服务。许多农业院校图书馆都开发出了有自己的特色数据库，如：书目数据库、知名人物库、专题数据库等。一些数据库还初具规模，但从总体看，也存在不少问题，如：统一规划少、标准化、规范化程度不高、联网少、利用率低、数据库类型单一、重复生产等现象，极大地影响了农业信息资源的网上交流和资源共享。因此，各农业院校图书馆在建设具有本校特色的数据库中，应充分与相关院校相互协作，一方面依靠本校学科专业优势以及地区资源优势，将自己的特色数据库做大做好；另一方面又要避免数据库重复建设和人力、物力的浪费。同时，应提高数据库的通用性，最大限度地实现资源共享。此外，注意建库的标准化、规范化，加强法律规范建设和知识产权保护等一系列问题，建设多种类型和全文、多媒体等多种形式的数据库。

政府部门对农业数据库建设应予以扶持并予以一定的投入，承担部门应限期完成建库任务，负责数据库更新工作，加强数据库的运行管理，切实为农业科研、教育、管理、生产和农村经济社会发展服务。

与此同时，还应加大农业电子书刊的建设力度。据统计，目前我国已有近 3 000种杂志发行电子版，其中农业杂志有 200 多种，仅占 7%。如：书生之家和超星数字图书馆所发行的电子图书，种类繁多，其中的农业图书并不多。发展农业电子书刊还有很大空间。此外，建立全国农业外文期刊目次数据库以及建立电子期刊联盟，实现农业外文电子协调共享，实现跨部门、跨系统的文献资源共建共享和电子开发利用。

四、加快我国农业网站建设

农业部在"'十五'农村市场信息服务行动计划"中强调"把中国农业信息网络做大做强","通过双向的卫星专网，首先使部与省农业管理部门之间实现广域互联，实现信息资源共享，形成高效、通畅、安全的政府信息服务网络"。计划用3~5年的时间，基本建立起覆盖全国省、市、县大多数乡镇以及有条件的农业产业化龙头企业，农产品批发市场，中介组织和经营大户的农村市场信息服务网络。据统计，截止到2004年2月中旬，我国涉农网站已增加到7 953个（包括中国港、澳、台地区），我国农业网站大体可分为四类。

（一）政府网站

主要为省、直辖市的农业厅（局）建立的网站。这类网站具有信息权威性、服务综合性、服务范围地域性和公益性的共同特点。我国构建了以农业部信息中心为龙头，连接31个省（区、市）农业厅局的信息平台——中国农业信息网（http://www.agri.gov.cn），是以农业部局域网为中心，以互联网络技术为核心，覆盖全国农业系统的网站，有1 000多个县联网运行。目前，全国各省（区、市）的农业信息网络建设取得了显著成果。全国省级农业部门都建立了局域网，基本实现了农业行政管理信息的网络化和自动化。全国31个省市自治区均创办了网站，如：黑龙江省就建立了省、市、县、乡四级农业信息网节点1 000多个，信息进村率可达70%（2004年），至2004年2月，由各级政府主办的农业网站共约714个，占国内农业网站总数的9%。

（二）企业网站

由我国各涉农企业和机构建立的网站，一般是以服务为宗旨、以企业赢利为最终目的。至2004年2月，涉农企业和机构网站6 831个，占国内农业网站的85.9%，可见，企业公司是农业网站的主力。

（三）农业科研和教育信息网站

以农业科研和教育部门建立的农业网站，这类网站以提供科技文献信息、研究成果、学术论文为主体，科技水平高，权威性高。我国农业科研和教育部门主办的网站有295个，仅占国内涉外网站总数的3.7%。这与广大用户对农业科技信息的日益增长的需求形成了强烈反差。与国外情况也有很大差异，国际上，科研部门和大专院校网站通常是主要的农业信息源。

又据统计，全国各省市32个农科院的网站，有24个农科院建有自己的院域网。各农科院农业信息网站主要栏目有：农业政策法规、农业科技、专家论

坛、分析预测、农村实用技术、农业论坛、供求信息等，基本上覆盖了农业的各个方面，深入到农业生产、管理、科研等各个环节。一些农科院网站已经初步形成以市场为导向的内容体系，信息内容非常丰富，更新及时，为农业用户提供了良好的信息服务。

（四）行业网站

以提供行业动态、行业标准、专家论坛为主的社团、学会网，这类网站有113个，占国内农业网站的1.4%。此类网站信息资源针对性强，学术水平高。如：中国饲料工业信息网。

农业网站是现代农业信息发布、传递、共享的媒介，我国农业网站信息内容涵盖农业和农村经济各个主要方面，基本信息包括：农业新闻、农业科研、农业教育信息、价格信息、供求信息、农业报刊的电子版或纯数字或报刊、网站所有者自藏数据库、自购数据库、自建数据库、有关网站的链接等。

从总体上看，农业网站内容仍缺乏行业特色或本地特色，同时普遍存在制作质量差的问题。而且我国涉农网站主要集中在北京及沿海地区经济发达省份，其中，山东、北京、浙江、江苏、广东5省市的网站总数已占全国总数的52%，形成了地域上、数量上的总体优势。西部地区农业网站数量较少，有些农业大省甚至网站更少。

据此，应加强中、西部地区农业网站建设，迅速消除农业网站地域分布不均、东西中部存在明显差异的状况。农业网站应根据自己的专业优势，整合和建立有当地特色的农业信息资源库，使农业网络真正在农民、农村、农业中发挥作用，产生效益。农业网站之间应通过网络互联、建立相互信息交流的渠道，提高农业信息资源的共享程序和信息发布的效用。

五、加快农业信息资源队伍培养的步伐

人才资源是所有资源中最重要的资源。农业文献信息资源建设需要一支符合网络环境要求的高素质、多技能的复合型人才队伍。一方面，应培养人才，留住人才，发挥人才的作用，对农业信息人员通过各种形式进行全面培训和维护教育，提高农业信息资源建设人员的整体素质；另一方面，又要引进信息科技信息人才，实施人才跨越式发展策略，制定相关优惠政策，吸引一批懂农业、懂信息技术、懂计算机、网络知识、外语水平较高的全面发展的“复合型”人才到农业信息队伍中来，建立一支在网络环境下能够规范地完成信息采集、传输、处理、应用服务和开发的高素质人才队伍，以利推动和加快农业文献信息资源建设的进程。

建立一支合格的农业信息资源建设的知识保障，加快农村信息资源队伍建设是极为重要的工作，需在乡镇以下建立以农村经纪人、经营大户、村组干部等为基本力量的农村信息员队伍，每个乡镇设2～3名信息员，县级农业部门不少于2名专职信息服务人员。近年来，我国农业信息队伍及资金投入不断增加，据资料表明：全国333个地（市）中有260个设立了农业信息服务机构，占地（市）总数的78%，全国省、地、县三级农业部门在信息网络建设方面的投资已达41.2亿元。

此外，还应重视和加强农业信息用户包括各级农业行政部门的管理人员、农技人员和农户的培训工作，特别要注重培养和提高广大农民的信息素养，使农民尽快适应现代化信息社会环境。

六、加强法制建设

图书馆法是图书馆工作的法律保证，应尽早出台一部适合我国国情的图书馆法，使我国图书馆工作有法可依。

农业信息资源开发建设同样需要制定和完善相应的法律法规，如：

（1）建立和完善农业信息机构；明确农业信息机构的权利和义务；

（2）农业信息资源共享的社会地位、经费保证；

（3）农业信息资源建设的体制和运行机制；

（4）农业文献资源的总体布局；

（5）网络农业信息分类编码等国家标准和规范；

（6）知识产权、农业信息安全和保密政策、信息产品标准和管理监督条例等法律法规，使我国农业信息资源建设与开发迅速向专业化、标准化、规范化、社会化、国际化方向发展。

七、加强网络环境下文献信息资源整体布局

文献资源布局指文献资源的宏观构成和地理分布格局。但在网络环境下，依靠先进的文献传递网络，文献资源整体布局已经超越了传统地域的限制和阻碍。因此，文献资源的地理布局也不再摆在文献资源建设中的显赫位置。农业文献资源布局亦是如此，从全国范围而言，首先应有国家的农业文献资源中心，然后设立区域中心与地区中心，形成一个区域与地区，区块配合，纵横交错网络协作，各有侧重，各有特色的我国农业文献资源建设的合理的科学的整体布局。对于现有大量分散的农业文献资源，采用分布摆置、共同使用的方式，通过网站链接实现信息共享，通过共建、共享协议，实现互惠互利，达到

充分利用农业文献资源的目的。

根据我国缺乏资金，农业文献资源不足而又大量重复建设等情况，尤其是外文期刊的重复订购率更高。因此，要改变目前农业文献信息资源建设低水平重复的现状，应在全国范围内有计划、有组织地协调订购农业外文期刊。在网络环境下，还应解决数字资源的合理配置与数据库之间资源的重复和电子文献与纸本文献之间的重复问题。应开展数字化信息资源与传统文献资源以及其他非文献资源的比例关系的研究和电子期刊、数据库的合理采购和布局以及电子版与印刷版文献之间的科学合理配置等方面的研究。

网络环境下信息资源建设模式主要是“存取与拥有”并重的模式，根据目前的发展趋势，“存取”为网络的重要功能之一。因此，越来越多的农业信息机构研究和利用文献传递取代部分订购文献，将文献传递服务获取用户所需文献作为馆藏发展和资源建设的有效补充和重要组成部分，如：武汉大学、清华大学、复旦大学在2000～2005年都对期刊进行了一定程序的裁减，武汉大学裁减期刊797种，节省费用468万元；清华大学裁减期刊570种，节省费用279万元；复旦大学裁减期刊336种，节省经费191万元。裁减期刊所节省的经费主要用于文献传递补贴和购买其他文献资源。武汉大学2004年传递文献发生费用约4.5万元，复旦大学约8万元，清华大学最少为20万～30万元，最多达70万～80万元。由此，可以看出，用于文献传递补贴的经费要远远低于某时订购的费用。因此，使用文献传递来取代部分利用率低的某时订购是图书馆缓解经费压力、保障读者需求、优化馆藏资源配置的重要手段。中国高等教育文献保障体系（CALIS）、中国高校人文社会科学文献中心（CASHL）以及国家科技图书文献中心（NSTL）等，是我国目前三大文献保障服务体系，在“资源共建共知共享”的原则下，提供高质量、高效率的文献传递服务。

除上述外，建立农业文献资源保障体系，深度开发和有效利用农业文献信息资源，实现农业文献资源高度共享，这些都是农业文献信息资源建设中的基本对策和重要措施。

参考文献

[1] 常书智主编．文献资源建设工作．北京：北京图书馆出版社，2000

[2] 付美兰．互联网上农业信息资源的检索与利用．农业图书情报学刊，2006，(10)

[3] 高景昌，聂兵．网上农业信息资源检索．山东图书馆季刊，2003，(3)

[4] 郝培芬．网络环境下信息资源建设原则探析．北京交通管理干部学院学报，2004，(1)

[5] 黄宗忠主编．文献采访学．北京：北京图书馆出版社，2001

[6] 梁金萍．农业信息资源开发利用现状、问题及其对策．情报学报，1999，18卷增刊

[7] 刘凤侠．我国农业信息资源配置问题探讨．农业图书情报，2006，(4)

[8] 刘艳明．高校图书馆数字信息资源建设的原则探讨．情报杂志，2004，(7)

[9] 罗昊．Internet农业信息资源的开发与利用．高校图书馆工作，2006，(3)

[10] 梅方权．中国农业科技信息网络化和数字化的战略分析——选择“信息跨越”和“信息强国”的战略．农业经济问题，2001，(5)

[11] 欧群，张雪明．数字化农业信息资源的检索利用．农业图书情报学刊，2006，(5)

[12] 沈继武，萧希明编著．文献资源建设．武汉：武汉大学出版社，1991

[13] 石阳．网络环境下图书馆文献资源的建设与发展．渝洲大学学报（社会科学版)，2001，(6)

[14] 苏景乃．帕累托原则与高校文献信息资源优化配置．福建师范大学福清分校学报，2006，(3)

[15] 苏帕莎，蔡志华．农业图书馆服务现代农业的发展策略．湖南农业大学学报（社会科学版)，2005，(4)

[16] 苏帕莎．On Exploitation Strategy of Information Resources at Agricultural Universities Libraries. ASIAN AGRICULTURAL INFORMATION TECHNOLOGY & MANAGEMENT. Beijing: China Agricultural Scientech Press，2002

[17] 苏帕莎．湖南农业文献信息资源建设途径初探．湖南农业大学学报（社会科学版)，2006，(3)

[18] 苏帕莎．湖南农业文献资源共享的分析与思考．高校图书馆工作，1998，(1)

[19] 苏帕莎．农业院校图书馆文献信息资源建设中的问题分析及对策研究．湖南农业大学学报（社会科学版)，2005，(3)

[20] 唐圣琴．网上农业信息的检索与开发利用．中国西部科技，2003，(5)

[21] 王利民，陈道江．农业科学院系统农业信息网站建设初探．农业图书情报学刊，2005，(10)

[22] 王文英．农业科学信息资源检索工具研究．农业图书情报学刊，2006，(4)

[23] 吴卫兵，刘洪．国内网上农业信息资源的现状及对策研究．农业图书情报学刊，2002，(1)

[24] 吴晞．信息资源建设摭拾．图书馆论坛，2001，(5)

[25] 谢坤生，唐克俭．农业信息资源的特点、分布及其网络建设．图书情报工作，1999，(1)

[26] 辛希孟主编，苏帕莎．网络环境下农业院校图书馆文献信息资源建设及其开发与利用．文献信息资源建设理论与实践（指南）上、下册．北京：中国大百科出版

社，2007
[27] 许桂菊．网络环境下文献资源建设的思考．图书馆，2006，(6)
[28] 叶勤．网上农业信息资源的建设．辽宁农业科学，2006，(1)
[29] 赵华英主编．农业信息检索指南．北京：中国农业科技出版社，1995
[30] 赵继海，张松柏，沈瑛编著．农业信息化理论与实践．北京：中国农业科学技术出版社，2002
[31] 周义桃，周国民．我国农业网站发展现状与趋势．农业图书情报学刊，2005，(2)

第二章
农业文献信息资源开发利用

人类社会进入信息时代的一个重要特征是信息资源成为最主要的战略资源，成为推动现代经济增长的最重要力量，推动现代社会进步的最重要因素。一个国家、地区生产力水平的高低，竞争力的强弱，在很大程度上取决于信息资源的开发利用水平。信息资源的开发利用是国内外理论界长期研究探讨的重大理论和现实问题，而作为信息资源重要组成部分的农业文献信息资源及其开发利用，对社会主义新农村建设起到举足轻重的作用。

第一节　农业文献信息资源开发利用的概念与内涵

信息作为事物存在和运动状态、方式以及关于这些状态和方式的广义知识，在当今高度发展的信息技术支持下，通过一系列的流通、加工、存储和转换过程作用于用户时，就可以为人类创造出更多、更好的物质和精神财富，成为人类社会重要的资源，即信息资源。信息资源开发利用自古以来就是人类活动的组成部分。

作为信息资源重要组成部分的现代意义的农业文献信息资源开发利用面对的是海量的信息资源，广泛的社会需求和先进的技术方法，它不仅是经济活动，也是文化活动。我国政府非常重视信息资源问题，并首先提出了“信息资源开发利用”这一颇具中国特色的概念，随着我国信息化建设的逐步推进，信息应用系统建设正在有计划、有重点地铺开，而信息资源开发利用明显滞后，在这种情况下，这种理论探索和阐述就显得更为迫切了。

在本书中，所论述的农业文献信息资源是狭义的信息资源，仅指农业文献信息本体，即人类活动中各个领域所产生和有使用价值的农业文献信息集合，包括数据的集合、知识的集合，包括各种来源、各种载体、各种形式和传播方式的文献信息内容。总之，农业文献信息资源实质上指的是社会智力资源和物化了的知识财富。我国农业图书信息机构收藏有印刷型文献和数字化文献，后

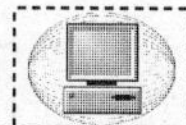

者包括电子图书、电子期刊和各种文献型数据库。目前的数字化文献大多仍来源于传统文献，是通过对印刷型文献进行内容复制式地数字化而产生的。

一、农业文献信息资源开发利用的概念和内涵分析

文献信息资源开发利用自古以来就是人类活动的组成部分。现代意义的农业文献信息资源开发利用面对的是海量的文献信息资源、广泛的社会需求和先进的技术方法，它不仅是经济活动，也是文化活动。

文献信息资源开发利用的方式和目的是多种多样的，比如：在载体形式不变的情况下，对信息内容进行加工，提高信息的效用；仅仅改变信息的载体形式，挖掘、扩展信息的采集和传播渠道，提高信息可获得性和可共享性。

文献信息资源开发利用包括两方面的内容：一是对其数字化和网络化，这是一个过程，它的成果可以作为进一步开发的原料；二是传统介质信息资源的非数字化开发利用。从现阶段来看，我们重点考虑第一方面的内容。

由此也就引出了网络农业文献信息资源开发与利用的内涵，网络农业文献信息资源开发与利用的过程，表现为可支配农业文献信息资源在开发者手中有效聚集、形成各种文献信息产品，并不断提供给最终用户的连续性过程；从文献信息到文献信息资源，再到文献信息产品（以及信息服务），形成了连续不断的运动过程。文献信息资源成为中间连接环节，文献信息产品的生产者和消费者位于文献信息资源开发过程的两极，通过信息环境相互联系。这样，农业文献信息资源的有效开发至少应解决三方面的问题：一是可支配农业文献信息资源的形成，包括信息内容的收集、存储与组织等，它们是信息服务者的“资本”；二是农业文献信息的提供，包括信息产品的生产，建立有效的信息交流渠道等，它们是农业文献信息资源有效聚集的前提；三是信息环境，它们是信息产品的生产者与消费者发生关系的场所和社会条件。

二、农业文献信息资源开发的概念与内涵分析

（一）农业文献信息是资源开发的条件

20 世纪后期，继物质、能量之后，人类把信息称作第三大资源。信息是一种资源，但信息并非全都是资源。而对于资源，《辞海》（1999 年普及本）的定义是：一国或一定地区内拥有的物力、财力、人力等物质要素的总称。资源学认为：资源系指一切可被人类利用的物质、能量、信息、劳力、资金设备以及良好的社会环境等。中国工程院院士、我国著名农业与资源环境信息工程专家孙九林院士认为：资源应是一切可以被人类开发利用的物质、能量以及信

息（数据）的总称，是能够给人类带来丰富的财富。资源的第一属性是它的有用性，即在不同时间和空间范围内能够产生经济价值，是自然界及人类社会中一切对人类有用的资产，即人类创造财富的基本原料；第二属性是它的广泛性和可开发性。任何物质和能量只要积蓄到一定程度，并蕴藏着极大的潜在价值和开发价值才能成为一种资源。人类对资源的认识和开发利用是不断发展的，从大的方面说，生产力的进步就是一个由材料驱动到能源驱动再到信息驱动的过程。人类生存和发展的基础是资源的开发，除了自然资源和人力资源以外，信息资源已经成为社会财富的重要来源。不断认识资源、拓宽其深度和广度，是人类社会一条重要的发展规律。目前，人们正通过劳动，利用数据、信息和知识创造出丰厚的物质和精神财富，以形成“数据资源”。

从上所述，文献信息要成为资源要素，不是没有条件的，只有满足一定条件的文献信息才能称之为文献信息资源。从认识论的角度看，文献信息资源是经过人类开发和组织的文献信息的集合。文献信息之所以能构成文献信息资源需具备三个条件：①必须要有一定数量的文献信息的集合才能构成文献信息资源，就像单独一棵树形不成森林一样；②文献信息资源是通过人类的参与而获得的信息，也就是说，文献信息资源凝聚了人类的劳动（主要是智力劳动）；③文献信息资源是可利用的信息，只有能满足人们需求的文献信息才有现实的价值。由这三个条件看，并不是所有的文献信息都能构成文献信息资源或成为信息资源的一部分，只有那些附加了人类劳动并可被人类利用的文献信息才能构成文献信息资源，从这个意义上说，文献信息资源是信息的一部分。

（二）农业文献信息资源开发的概念

文献信息不是自然信息（自然信息至少是不存在成本的），是附加了人类劳动的、经过处理的、并能够为人们所实际使用的文献信息的集合。从另一个角度也可以说，文献信息要成为资源必须做功，即要对文献信息进行采集、识别、挑选、分类、编码、组织、存储、传递、分析、理解、积累、维护，才能使之成为可以利用的资源。也就是说，文献信息必须经过开发才能成为有用的资源，开发需要投入材料、能源和人力，开发过程中做的有用功越多，开发出的文献信息资源的价值就越大。

从一般意义上说，不是所有的文献信息都是有用的，信息需要去伪存真。社会需求不同，文献信息的价值也不同。由此可见，信息与知识是一种对人类有特种意义的资源，即文献信息资源和智力资源。结合资源概念来考察农业文献信息资源，我们可以这样来描述农业文献信息资源。农业文献信息并非都能成为资源，只有经人类开发与重新组织后的文献信息才能成为文献信息资源，

即文献信息资源是信息世界中对人类有价值的那一部分信息，是附加了人类劳动的、可供人类利用的信息。

文献信息资源开发的实质是促使文献信息资源由隐性价值向显性价值的转化，促进社会经济建设的发展。开发是文献信息资源服务于社会的必要前提，农业文献信息资源开发是社会信息基础结构的重要组成部分，作为文献信息具有使用价值，能够满足人们某些方面的需求，被人们用来为社会服务。农业文献信息资源的价值在于它本身的知识性和技术性，同时它的价值还体现在：加工、存储、传递信息均需耗费信息工作人员的劳动和社会必要劳动时间。因此，农业文献信息资源在流通、利用过程中，经过综合、分析、再加工，原始文献信息可以变成二次文献信息和三次文献信息，原有的信息价值可实现增值，为了有效地交流和传递，借助于先进的信息技术，文本、图像、数字等各种形态载体的农业文献信息均可实现相互转换，这就是农业文献信息资源开发利用的过程。

因此，"农业图书信息机构的农业文献信息资源的开发利用是指农业图书信息人员利用现代信息技术对现存各种文献载体所荷载的知识信息从形式、内容上进行不同方式、不同深度的整理和加工，形成能满足用户需要的新型文献信息产品并以多种方式提供利用的活动。"简言之，农业文献信息资源开发利用的内涵，是指根据农业信息用户需要，对农业文献信息资源进行收集、处理、存储、传播、服务、交换、共享和应用的过程。21世纪，人类进入信息社会，农业文献信息资源必将成为主要的开发利用对象，我们应该树立系统的观点，充分认识到自然、社会各资源子系统的特点，认识到社会发展不同阶段人们对资源的需求与开发利用方式的不同，以全球化的视角来考察、思索、解决这一问题。

（三）农业文献信息资源利用的本质研究

人们获取信息的目的在于利用信息。人们开发利用农业文献信息资源的目的，就是为了充分发挥农业文献信息的效用，实现农业文献信息的价值。同时在农业文献信息资源的积累和利用过程中还可以重新生产文献信息资源，提升文献信息资源的数量和质量，从而节约材料、节约能源、节约时间、人力、物力和资金等资源，这些被节约的资源是通过文献信息资源的转化作用而产生的。利用文献信息资源转化出物质资源和精神资源，而且文献信息资源利用率越高，这种转化程度也就越高。

传统的农业文献信息资源的利用大多是一般应用，即采集来的文献信息资源是原始数据，不经加工或经过少许加工直接提供给信息资源的利用者。随着用户对获取信息内容的日益重视，用户已不满足于仅仅是获得原始信息资料，他们希望获得的是多种相关信息综合分析、整序组织之后重新包装后形成的增值信息，也就是将农业文献信息资源经深层次开发后应用于教学、科学研究、决策咨询、生产和信息市场等领域。

我们应当看到，农业文献信息如果没有人的作用，它不会运动，也就不能形成交流，其文献信息价值也就无法实现。因而，首先要把农业文献信息资源收集和储存，这就是可支配资源的形成过程，这是一个价值增值和信息产品创造的过程；其次要投入劳动、知识和创造力，对文献信息进行组织，制作出各种信息产品，提高文献信息资源的“可获得性、适用性、有效性和可管理性，提高其数字化、数据库化、网络化和商品化水平”，这就是增值。然后借助各种信息沟通和交流渠道，包括现成的传递系统（手工传递、网络传递），把信息提供给相关用户。用户获得自己需要的信息，用来指导教学、科研、生产和管理决策过程，农业文献信息资源开发者（图书信息机构等）获得社会效益和经济效益，促进可持续发展，进而为社会主义新农村建设服务，这就是农业文献信息资源开发和信息价值实现的主要过程。

实际上，文献信息从具有资源“势能”的文献信息资源所有者流向信息用户，推动文献信息进入扩散、传播的实际动力源主要在于信息用户驱动，即用户主动使用资源：首先是用户要有需求；其次是用户能发现和顺利使用文献信息资源；最后是期望有效得到他所需要的资源。由此可见，信息用户的需求是文献信息资源开发利用的原动力。随着信息经济的发展，农业文献信息资源的地位也在不断提高，利用农业文献信息资源获取生产力价值已经成为“三农”的共识。但是目前农业文献信息资源的开发水平有限，在利用农业文献信息资源的过程中尚存在着提高其价值（效益）的问题。因为，农业文献信息资源的真正价值是在它被利用后产生的效果中体现出来的，如一篇茶叶加工技术发展趋势的文献综述是在对许多文献信息进行开发和综合利用的基础上形成的，在它被采纳之前未实施时我们还难以判定其真正价值，因为它被采纳后既有可能取得成功，取得可观的经济效益，也有可能遭到失败。因此，衡量文献信息资源价值的最终标准是实践，是看其被使用后所产生的实际效果。但无论是用于教学、研究开发、生产、还是管理，都是形成经济效益或促进社会进步的必要条件。实践表明，一切推进农业经济发展的内容与过程都是以开发农业文献信息资源为出发点，又以利用农业文献信息资源为最终归宿。

三、农业文献信息资源开发的规律探讨

（一）农业文献信息资源开发与利用的关系

如同其他资源一样，农业文献信息资源也必须经过开发和利用的过程才能实现其价值。开发是利用的前提，利用是开发的目的。信息资源包括的内容较广，而农业文献信息资源这里理解为文献信息内容，是相对于其他信息基础设施要素而言的。但开发农业文献信息内容不能理解为只将内容“数字化”或者“上网”，农业文献信息内容不与利用紧密结合起来，就会变成无本之木，成长不起来。

文献信息资源的开发与利用是一对矛盾的共同体，文献信息资源利用是矛盾的主要方面，是开发的目的、动力和归宿。文献信息资源只有在不断的利用中，才能体现它的价值，只有经过不断的、深层次的提炼、加工、处理和分析，才能使之成为真正有价值的信息资源，这是由文献信息资源自身的时效性特点所决定的，就是说文献信息资源是在某个时间段内，才能体现其最大化的利用价值。因此，农业文献信息资源开发同样具有时效性。可以理解为不开发是浪费，开发慢同样也是浪费，如果开发了农业文献信息资源，而不去追求信息资源的综合利用效率和水平那就是更大的浪费，那就背离了创建节约型社会的主题。

在农业文献信息资源的开发与利用的实践中，要正确处理好开发与利用的关系。在处理开发与利用的这一对矛盾过程中，要紧紧把握“利用”这个主要矛盾，这是检验农业文献信息资源开发的手段和场所。如确定要开发多少个数据库，开发些什么数据库，目标要明确，要以用户的需求来开发文献信息资源，从而提高开发利用的效益。这是因为，与应用分离的“内容”开发，很难有生命力。如政府网站的“内容”应为执行政务服务（报税、报关、报户口、政府采购等）；高校图书馆网站上的信息内容为学校的教学、科研服务；农业图书信息机构网站上的信息内容应为农业科研、生产、经济发展服务。把“内容”和利用结合起来，把信息与业务结合起来，农业文献信息资源开发实质上就是信息利用的开发，也就是利用目标决定信息内容。信息资源、数据库如果不用，束之高阁，就会变成呆库、死库，只有在不断的使用中，才能体现它的价值，经过不断的修改、提高、完善，使之成为真正有价值的信息资源。农业文献信息资源开发利用有助于不断创造新的资源，它是在信息技术和信息应用系统的基础上来创造价值的，通过开发利用来实现农业文献信息资源的增值，成为更为有用、更易用、更适用的资源，成为能满足人们需要的新的物品，成为新的经济增长点。借助各种信息资源的开发利用，现代科技正在不断创造资源，例如，人类通过开发利用遗传信息资源不断培育出新的动物植物品种，不断丰富世界上的生物物种资源，又如，纳米等材料就是人们创造的新材料。

（二）农业文献信息资源开发与服务的关系

信息用户是文献信息服务的对象，任何信息工作无不以服务于一定范围内的用户、满足信息需求为前提。所谓信息服务，就是图书信息机构针对用户的信息需求，及时地将整序后的信息以用户方便的形式传递给用户的活动。而文献信息服务，就是以各种各样的文献为依托（媒体）的文献信息开发与利用活动。要实行有效高效开发文献信息资源，就要做到信息需求和信息资源之间需要信息服务业的社会存在。信息服务业的任务是有效并高效地开发文献信息资源，节省农业信息用户利用信息的时间和精力。

信息服务的本质就是文献信息资源的开发与服务，服务是文献信息资源开发和利用不可缺少的部分，也是重要的中间环节。信息服务是以文献信息资源开发为基础，以文献信息资源利用为目的，反过来，信息服务的发展与提高又可大大激励文献信息资源的开发，并促进文献信息资源的利用。开发与服务是一个相辅相成的有机整体，开发是为了服务，服务是为了更有效地开发。可以说，无论是科技信息服务，还是面向决策咨询的情报研究与信息分析，各个领域所开展的信息服务，其本质就是文献信息资源的开发与利用。深入进行农业文献信息资源有效开发和利用，是开展高效化信息服务的前提。如果只搞开发不注重服务，那么开发工作就缺乏目的性，属于盲目开发，就不会取得好效果。反之，只抓服务，不注重去抓开发新的信息，那么这种服务就成了无米之炊，只能是一时的，不会长远。只有开发与服务一起抓，图书信息机构的农业文献信息开发利用与服务工作才会充满生机和活力。

当然，不同类型的图书信息机构，有着不同的信息开发内容、服务对象和服务方式，因为不同类型的图书信息机构都具有自己的馆藏资源和优势。如农业高等学校图书馆在教学、科研和培训方面有自己的特色和优势；农业科研院（所）适合开展为科研和农村基层的用户服务大展身手；公共图书馆更适合参与文化市场的竞争。但要处理好几个关系：坚持公益性和市场化运作的关系；重点服务和一般服务的关系；立足本地和服务全国的关系。

伴随着信息技术的发展，信息服务也处于不断的发展和深化之中。网络环境的不断变化，影响着农业图书信息机构的服务观念、服务方式和服务手段，同时也影响着农业图书信息机构文献信息资源的获取、加工、存储、控制与传

播，这种影响与被影响的关系相互作用不断地推动着农业文献信息资源开发利用的发展。

（三）农业文献信息资源开发利用与信息网络建设、先进信息技术应用

信息网络是信息技术发展到一定程度，使人们在更大范围、更大程度上共享信息资源的愿望成为可能时才问世的，当人类社会的发展达到一定阶段时，人类获取信息、存储信息、加工信息、控制信息、传播信息、利用信息的能力与要求就会不断的增强。

信息网络建设和文献信息资源开发利用是互相依赖、互相联系和互相统一的。信息网络建设为文献信息资源及开发利用提供必要的条件和物质基础，促进文献信息资源开发利用的深度和广度，网络应用特别是互联网的应用，是文献信息资源开发利用得以蓬勃发展的重要条件，文献信息资源开发利用是信息网络建设的根本目的，为信息网络建设开辟广阔的空间。国家信息网络建设，这是文献信息资源开发利用和信息技术应用的基础，只有建设先进的国家信息网络，才能充分发挥信息化的整体效益。因此，信息网络建设与文献信息资源开发利用之间有着密不可分的关系。互联网技术引入我国以后，互联网的应用从无到有，从小到大，发展速度之快，可以说是空前的，也极大地推进了农业文献信息资源的开发利用与服务。

信息技术是指有关信息的收集、识别、提取、变换、存储、传递、处理、检索、检测、分析和利用等的技术，是开发和利用文献信息资源的一切工具或手段。信息技术是延长和扩展人类信息器官功能的技术，其中网络通信技术和计算机技术是信息技术的核心部分，两者的结合使文献信息资源的范围大大扩展，并使信息具有高度的“共享性”，网络和通信技术的发展，极大地推动了文献信息资源建设和开发利用的深度和广度，使信息真正成为人类社会交往的媒介和纽带。同样道理，农业文献信息资源由于网络和通信技术的发展得以更大程度的开发利用后，使生产力得以质的飞跃，引起了人们生产方式、生活方式、工作方式和上层建筑各个领域的巨大变化，人们对信息这个与物质、能源并列为征服自然的三大要素之一的重要性和价值性的认识不断深化，信息产品和信息服务的需求日益强烈，由此引发了对信息网络和通信技术研究和开发的巨大动力，促进信息网络建设速度增快和规模膨胀。

信息技术的不断发展，不仅从根本上提高了人类开发和利用信息资源的水平，也是实现科学地开发和有效地利用信息资源的必不可少的技术条件。发达国家以先进的信息技术为依托，实现了科学地开发和有效地利用信息资源。作为当代科学技术核心的信息技术和信息化社会主导产业的信息产业，美国在世界上都占有绝对优势。这就为美国制订和实施信息资源开发战略提供了充分而必要的技术基础和经济基础。美国也正是一直以此为依托，才具备了强大的信息资源生产能力和未来发展的巨大潜力，巩固了世界信息超级大国的地位。

信息技术在当代文献信息资源开发利用与服务中作用重大，农业文献信息资源开发利用不仅仅是指构建数据库、开展信息服务、数据挖掘、分析研究等，提高农业文献信息资源的利用率，离不开信息技术，但“提升农业文献信息资源开发利用的效率只是信息技术应用效果的一个方面而不是全部。信息技术应用的第二项重要的效果是提升各种资源利用的协调能力，这主要是通过改善社会的通信环境，通过网络与信息系统建设来提高组织各部分的协调性能”，这也是农业文献信息资源开发利用和信息网络建设的技术保障。由此可见，农业文献信息资源的开发利用首先要充分利用先进的信息技术，建立在先进的信息技术平台之上。同时农业文献信息资源的开发利用，要与信息网络、信息技术的应用协调发展，相互适应，相互促进。

（四）农业信息用户对农业文献信息的需求特征

网络环境下文献信息资源利用的研究对象是农业文献信息资源和信息用户，研究的行为是人机交互。农业信息用户对文献信息的需求既具有社会对文献信息需求的总特征，而不同的农业科研组织、不同的文化水平、经济水平及地域条件方面的差异等对农业文献信息需求又具有需求的个性特点。因此，了解、掌握和分析农业信息用户的信息需求状况，对于开展文献信息开发利用和服务工作是很有必要的。鉴于农业信息用户类型的复杂性，本书以农业科技创新过程中用户的信息需求特点为例进行阐述。

1. 农业文献信息需求的系统性、完整性、准确性

根据知识体系自我完善的需要和科学研究自身的规律性，农业科技创新要求科研人员全面、系统、准确地掌握本研究领域内的相关信息。即要及时获得有助于问题解决的系统、准确、可靠、完整的文献信息。不仅保证研究工作可以在全面吸收前人研究成果的基础上展开，少走弯路，提高效率，而且也是尊重前人科学劳动成果，避免重复研究。因此，在整个农业科技创新过程中要求做到新、全、准地获取和利用农业文献信息。

2. 农业文献信息需求的阶段性

科技创新按照研究工作的进展大致可分为课题立项、研究进展和评审鉴定三个阶段。课题立项阶段：信息需求主要集中在科研项目的可行性和新颖性方面，即本研究的实施意义、前人取得过哪些成果、项目当前的研究现状和进展、项目组成人员的研究经历、项目研究的难点和创新点等。研究进展阶段：

信息需求则集中在最新研究进展信息方面。由于科学研究具有不确定性，因此，它的信息需求也难以清晰地预见，所以要对课题研究提供跟踪性的定题信息服务。针对项目研究的不同步骤和阶段及其提出的关键问题，系统地搜集、筛选信息，及时提供文献信息，保证研究工作的顺利开展。评审鉴定阶段：文献信息需求的内容重点是科技创新成果在国际或国内的新颖程度和先进程度，创新成果产业化的途径和可能产生的效益等方面。

3. 农业文献信息需求的多层次性

与其他科技创新体系一样，农业科技创新是由多个主体组成的网络系统，各个主体因为创新目标和创新任务的不同，其信息需求存在着较大的个体差异性。又由于我国是发展中的农业大国，我国农业生产呈现着强地域性、组织分散性、时空多变性和信息封闭的弱质状态，致使信息需求范围广泛。伴随着电子文献的发展、网络技术的普及和现代传播技术的不断更新，因而农业用户在获取信息时必须采取多种方式，不仅要注重文献信息，而且注重实物信息、话语信息和隐性信息；不仅需要大量的印刷型中外文信息资源，还需要各种缩微型、视听型、单行版电子出版物和网络数据库信息资源；不仅需要公开出版发行的书刊，还需要非公开出版发行的会议文献、内部资料、政府报告、学位论文等在内的“灰色文献”；既要通过手工检索，又要通过数据库或网络查询等方式获取和利用文献信息；不仅要依靠信息部门提供的服务获取信息或信息线索，而且要通过与同行的正式和非正式交流获取信息，因而其文献信息需求必然具有多层次的特点。

4. 农业文献信息需求的广泛性、专深性

经济的发展，科技的进步，使得农业学科的发展呈现既细分深化又综合融汇的新特点。农业用户所需的信息涉及政策、法规、金融、市场、科学技术乃至教育和环境保护等各个方面，尤其是当前，面对 WTO 信息需求范围十分广泛。

同时，随着人类知识生产和知识积累的不断深入，专业知识分类更细、更专。农业是现代生物技术应用最广阔、最活跃、最富有挑战性的领域。农业科学通过与生物科学的交融、更新和拓展，从理论、方法、技术手段上加速更新传统的农业科学及基础学科（如遗传学、育种学、土壤肥料学、作物栽培学、畜禽饲养等），发展已经形成的交叉学科（如农业生物学、农业物理学、农业气象学、农业工程学等），促进农业新的分支边缘学科体系的构建（如农业生物工程学、农业能源学、农业环境学、农业信息学、核农学、太空农学等），从而在学科分化和综合的基础上，从整体水平、学科结构、应用领域方面把农业科学推向一个新的发展阶段。农业用户要及时有效地找到所需的知识信息变得越来越困难，加之我国知识产权保护的范围和力度越来越大，农业科学研究、开发等的难度也越来越大，因而用户对文献信息需求的内容也越来越专深了。

5. 农业文献信息需求的计划性与偶然性

一般地说，当代的科学技术研究十分讲究正确的方法和密切的合作，并突出地强调效率和进度，所以对研究方案、计划的要求十分严格，因而农业科技创新的信息需求也具有相当的计划性；另一方面由于科技创新信息需求的重点主要是来自特定的其他同类科研项目或特定刊物、研究报告的信息，而这些信息的获取可以列入周密的计划内。但是，创新毕竟是个不确定的过程，在这一过程中，科研人员随时会产生灵感或有偶然的发现，及其受到环境的刺激或启发，使潜在需求意识转化为需求行为，因而经常会形成偶然性的信息需求。

第二节　农业文献信息资源开发利用的重要意义和作用

一、是发挥农业文献信息资源效益的需要

一个国家的文献信息资源的数量、质量及其开发水平、利用效益，是衡量一个国家综合生产力的重要标志，也是国家信息化建设取得实效的关键。随着经济的发展和社会的进步，农业文献信息资源的这种重要性将更加突出。资源短缺是全球经济发展必须面对的一个重大问题，要保持我国经济持续快速健康发展，必须把开发利用农业文献信息资源摆在重要战略位置。

随着科学技术的迅猛发展，我国的科技文献增长很快，但科技文献的产出与利用令人堪忧。有关方面估计，我国科学数据资源总量占世界的10%，每年发表的科技文献量约占全球的1/8，但是数据共享所产生的效益则只占全世界的0.1%，大量资源处于闲置状态，科学文献获取方面的障碍造成国家在文献资源领域投资的效益得不到发挥，已经妨碍了科学创新活动。根据中国科技信息所的分析，2003年全国发表在中文期刊上的学术论文达到24万篇，被国际三大检索刊物SCI和ISTP收录的共93 352篇，占世界论文总数1 834 994篇的5.1%。然而许多发表的科技文献因为没有很好地开发，而不能被利用。目前我国图书馆资源还存在利用率低，用户获取困难，大量资源被闲置、浪费的情况。据统计，我国文献呆滞率达50%～80%，其中，外文书刊高达90%，大多数图书馆的书刊利用率都只有18%～69%，外文图书最低的只有0.14%。

如国家农业图书馆有丰富的文献信息资源，在世界农业图书馆排名中，馆藏量居亚洲第一、世界第三，藏书量210万册，现在每年还要购买3万~4万册国内外主要的农业期刊进行充实和丰富，但其利用率也不尽人意。

由于国家近年来加大了对文献信息资源建设的投入，我国农业数据库基本建设有了长足的发展。据悉，目前国家每年都要投入1 300多万元用于购买大量的国内外重要农业文献期刊，引进了大量的数据库资源，包括中文和外文的大型网络化的全文数据库，且互联网上大量有价值的免费农业信息也可被利用。通过自建、购买和互联网上的免费资源，形成了中国农业文献信息数字资源保障体系。然而，据统计，我国数据库的利用率只有30%左右，数据库的投入产出比仅为20%左右。而外文书刊利用率低下是各农业院校图书馆长期以来难以解决的问题之一。

我国地域辽阔，用户分布广泛，且东部地区与中西部欠发达地区的经济、文化、互联网发展水平等极不平衡，在信息技术开发、信息的拥有量、信息生产能力、信息获取能力方面也存在很大的差距。再则，我国是一个农业大国，有2 100多个县，45 500多个乡镇，2.4亿农业劳动力，农业人口近9亿，占全国总人口的3/4，其中农业技术、管理、教学、科研等人员占280万以上，我国农业情报用户包括现实用户和潜在用户，人数在3亿以上。因此，竭力开发农业文献信息资源，为农业决策者、管理者、科研教育工作者、农业技术人员和农民读者提供信息服务大有作为。

二、是提高农业信息化效益的需要

当今，人类正步入或已步入信息化社会。信息化是指充分利用信息技术、开发利用文献信息资源、促进信息交流和知识共享、提高经济增长质量、推动经济社会发展转型的历史进程。信息化是一个过程，与工业化、现代化一样，是一个动态变化的过程。在这个过程中包含三个层面，六大要素，所谓三个层面，一是信息技术的开发和应用过程，是信息化建设的基础；二是信息资源的开发和利用过程，是信息化建设的核心与关键；三是信息产品制造业不断发展的过程，是信息化建设的重要支撑。所谓六大要素是指信息网络、信息资源、信息技术、信息产业、信息法规环境与信息人才。我们可以这样认为，信息化“实质上是人类全面利用信息技术，充分开发信息资源，提高各部门、各行业效率和效能的活动过程及结果。”

我国引进“信息化”的概念是在20世纪80年代。早期农业信息化建设表现在20世纪70年代末、80年代初计算机应用于农业生产，80年代末、90

年代初相继建立了一批农林数据库，到1996年，第一次全国农村经济信息工作会议明确了农业信息化建设方向。经过二十多年的发展，农业信息化已经成为农业经济发展、提高农业竞争力的重要支撑手段和推进我国农业战略性转变的一个重要枢纽，是国家信息化事业中的重要组成部分，也是国家信息化建设的难点和今后发展的重点。要突破国家信息化建设的瓶颈，就必须利用先进技术，充分开发利用农业文献信息资源，在推动农业现代化建设过程中发挥重要作用。

改革开放以来，我国对信息资源的开发利用极为关注。邓小平同志早在1984年9月18日的《经济参考报》头版就发表了对后来中国的经济建设和信息化建设产生了重大影响的著名十二字题词："开发信息资源，服务四化建设。"自那以后，围绕我国信息化和信息资源建设与开发利用的问题，几乎党和政府的所有主要领导人都发表过重要意见，党和政府的有关部门多次下发文件，制定相应政策，召开有关的会议等，参与其事的，除了党政部门的领导外，还有大批专家和学者。信息化和信息资源建设及其开发利用成了一个名副其实的牵动全社会关注的问题。

1997年，在《国家科委关于加强信息资源建设的若干意见》（以下简称《意见》）中，第一条意见就是"充分认识信息资源建设的重要性"，明确指出："信息资源的开发和利用是信息化的核心内容。信息化的最终目的是便捷、准确地向国内外信息市场和用户提供其所需的信息资源。各级科技管理部门在信息化建设中要把信息资源的开发和利用放在首位，要积极为信息资源开发利用创造有利的环境和条件；要注重质量，扩大规模，使信息资源开发和利用与信息网络建设相互协调。"这一段话准确地描述了信息化建设与信息资源开发利用之间的关系，对在国家信息化建设中如何找准信息资源开发利用的位置，以及应该采取何种相应的措施等，均具有重要的指导性意义。《意见》还要求实施以科技信息为主，集经济、文化、教育、金融、商贸等各方面信息资源和服务项目于一体的综合性信息服务系统——"中国信息工程"这一工程对中国的经济社会发展产生了积极影响。差不多在同一时期，我国政府有关部门还制定了《国家信息化"九五"规划和2010年远景目标》（简称《国家信息化规划》），该规划提出了国家信息化的六个要素，列在首位的便是信息资源，而紧随其后的则是与信息资源的开发利用有紧密关系、作为信息资源开发利用的依托和媒介的信息网络。该规划还把信息资源的开发利用列为国家信息化建设八项任务中的第一项，把信息资源的开发利用摆在了信息化建设中的核心地位。21世纪伊始，国家又出台了《国民经济和社会发展第十个五年计划

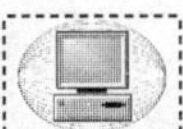

信息化重点专项规划》，为"十五"期间的信息资源开发利用指明了方向，规划了重点发展领域。

党的十六大明确指出"信息化是我国加快实现工业化和现代化的必然选择"，并把大力推进信息化作为21世纪头20年经济建设和改革的主要任务之一。农业信息化是国民经济和社会信息化的重要组成部分，以农业信息化带动农业现代化，对于促进国民经济和社会持续协调发展具有重大意义。2005年中央1号文件明确要求"加强农业信息化建设"，2006年中央1号文件把"积极推进农业信息化建设"作为现代农业和社会主义新农村建设的一项重要内容。党的十六届六中全会进一步强调要扎实推进社会主义新农村建设。而实现农业信息化的宗旨就是以数字化、网络化、市场化、全球化、大众化、个性化的方式，推进信息技术和农业文献信息资源的开发利用，大幅度地提高农业生产力，改善人们的生活方式和质量。数字化和网络化就是把各种门类和形式的海量信息有组织地装在联网的计算机中，是必要的技术和基础；市场化和全球化是经济和社会发展的必经之路；大众化和个性化是社会和人类的必然需求，也是在市场经济中取胜的法宝。

农业信息化是一个复杂的系统过程，国家在农业信息化领域的投资如何才能产生效益，关键是要信息能便捷地、以合理价格或免费为农业用户所利用。但我国亟待开发利用的丰富的农业文献信息资源及日益增长的社会需求和国际上信息化进程的飞跃发展相比还有相当大的差距。在我国，各地、各部门各搞一套，采用的标准也各不相同，形成一个个"信息孤岛"，农业文献信息资源的价值体现不出来。推进农业信息化不仅仅在于利用现代信息技术改造和提升传统农业，而更重要的是要充分开发利用农业文献信息资源，减少和避免信息资源的闲置和浪费，促进各部门、机构之间实现信息资源共享，及时获取农业文献信息资源，可以抓住时机创造物质财富。也有助于农业信息用户通过公开、公平、合法的渠道及时获取农业文献信息资源，最大限度地减少信息阻塞、信息浪费现象，减少信息获取的社会成本，充分提高农业文献信息资源的利用率。

实践表明，信息化解放了生产知识、智慧和发展科学技术的生产力，形成了人类有史以来最先进最强大的社会生产力。而作为生产要素、无形资产和社会财富的农业文献信息资源，是信息科学方法的认识对象，是信息技术的应用对象，也是信息网络的传送对象，因而它是农业信息化的核心，离开这个核心，其他一切就成为无的之矢。统计数据表明，如果以一项科研成果的研究费用为1，发展推广费用则为10，生产费用达100，而信息获取的费用只有

0.05。日本战后二十年中，共花了57亿美元引进国外的信息专利和设备，若全由日本自己研制，则需要2 000亿美元。我国航天部710所也作过测算，对信息每投入1元，可以得到13元的产出。人类进入网络时代以后，综合国力的竞争，很大程度上体现在信息化的发展水平上，而文献信息资源的开发利用，则是整个信息化建设的重要内容之一，贯穿信息化建设整个过程，无论是发展中国家，还是发达国家，对此都倾注了极大的注意力。对于我国而言，提高农业文献信息资源开发利用水平是推动农业信息化建设的必然选择。

三、是提高农业科技创新效率的需要

当今，创新成为全社会的共识。创新不是“创造新东西”的简单缩写，创新也不同于“发现”与“发明”，创新是创造或执行一种新方案，以达到更高的经济或社会效果。根据国外有关文章的定义，知识创新是指新思想产生、演化、交流并应用到产品（服务）中去，以促使企业获得成功，国家经济活力得到增强，社会取得进步。创新活动通过国家创新系统完成，在创新过程中必然伴随大量的快速的知识和信息流动，同时在大范围、高频率的信息和知识流动中不断产生新的创新。可以说，农业产品和服务中蕴含的知识量正在成为竞争的核心与关键。因此，从根本上说由竞争而产生的强烈的创新愿望和大量的创新活动，导致了我国农业信息需求的增长和变化。近现代科学已经证明，任何物质过程和能量都是依赖于信息过程。实践表明，作为信息资源重要组成部分的文献信息资源对其他资源具有节约、替代、拓展、创新等巨大作用。不难看出，人类历史既是物质产品生产的历史，也是信息产品生产的历史。人类的发展既是物质生产力发展的历史，也是文献信息资源的开发利用能力发展的历史。文献信息资源的开发水平和利用程度决定了人们对物质、能源资源的开发水平和利用程度。文献信息获取可以提高科技创新的效率，我国科学家很早就注意到文献信息不能充分被利用给科学发展造成的损失，并呼吁在我国增强文献信息资源的开发利用力度。

农业文献是记录农业生产经验、科技成果与方法等农业活动的主要载体，它是人类文明的伴生物，它真实地记录了人类文明发展的完整画面。农业文献信息的开发利用是社会进步、经济发展、农业科技创新的要求，创新理论与实践早已证明了文献信息的开发、利用对创新的重要性，认为它们是促进创新、提高创新效率和质量的一个基本因素。首先，由于表征物质客体特征的科学数据与实际客体相分离这种“分离性”为科技工作者摆脱实物去研究、分析世界提供了极大方便。其次，人类认识、改造自然的一切过程，虽然每个环节都

离不开物质和能量，但贯穿始终、统帅全局的却是人们所掌握的具有“驾驭性”的文献信息资源。由此可见，加强农业文献信息的开发利用是提高农业科技创新的必要基础。

（一）农业文献信息是国际社会公认的重要信息资源

信息、知识和智力资源成为农业经济增长的战略性资源。知识和智力都是以信息为基础的，知识是信息的积累，智力是知识的激活。信息、知识和智力的价值得到确认和重视，一般商品和劳动中所消耗比重相对降低，信息和智力劳动的比重相对增加。但信息属于主观范畴，是一种潜在的资源，其价值体现在被利用的成果中，在开发利用中才能显现出其资源价值。农业文献信息作为农业信息的主体和核心，是人们认识事物、进一步发现问题和解决问题的思维与认识基础，是提高知识水平的基本素质，实现农业科技创新所必须依赖的资源和动力。农业文献信息中蕴含的农业科技知识、经济知识、生产知识等能够不断提高认识世界和改造世界的能力，能够用于指导人们的科学实验、生产实践和社会活动。可以说，农业发展史既是物质产品生产力的发展历史，也是农业文献信息开发和利用能力不断提高的历史。农业文献信息资源是国际社会公认的重要信息资源，其开发利用的水平和程度，决定了农业科技创新有效利用信息的水平和程度，并且在一定程度上决定了人与自然、人与社会的关系。

（二）农业科技创新活动必须以农业文献信息为基础

在整个科技创新过程中，所有的创新活动以及一切知识创新的成果最终都要转化为知识载体即科技文献。文献信息是人类用文字、数据、图像、声频、视频等方式记录在一定载体上的信息，只要这些载体不损坏或消失，文献信息就可以跨越时空无限循环地为人类所利用，也就可使文献信息不断产生价值，使科技成果不断转化为现实生产力，不断促进科技创新。实践表明，农业科研人员在从事创新活动时，仅靠个人已有的知识通常是不够的，往往还从大量文献资料里搜索、挖掘、提取出相关领域的知识信息。

对于国家而言，农业文献信息资源是国家创新体系中的重要战略资源，它具有不可替代性。而对于农业学术界而言，农业文献信息资源是我们从事农业科学研究和建立创新体系的基础。因此，一个科研人员在进行科技创新之前，必须把握前人已积累的知识与经验，了解别人正在从事的有关科技研究的动态，充分利用文献信息，才能选择正确的科技创新路线和方向，在信息爆炸的当今时代，更是如此。在农业科技创新过程中，信息专业人员可从全世界范围多文种和多学科的海量科技文献中找到解决科技创新一些关键性问题的答案提供给科研人员，帮助科研人员及时解决科技创新中一些关键性技术问题，在科技创新完成后，通过检索查新可以对科研成果的创新性进行实事求是的评价，并为今后的科技创新指明方向。

实践表明，自主创新离不开文献信息支撑，从我国科技创新发展历程看，我国农业信息资源开发利用与服务工作在国家重大自主创新项目服务如“杂交水稻”科技创新、中文农业数字化信息资源建设等方面做了大量支撑性工作，发挥了不可或缺的作用，充分体现了农业文献信息资源开发利用与服务工作对科技创新的重要支撑作用。

（三）农业科技创新依赖于信息知识的积累与利用

所谓知识是指人们在改造世界实践中，所获得的认识和经验的总和，而知识积累，则是对知识进行学习储备以及对知识结构进行不断完善的过程，它既包括个人知识，由少到多的纵向积累，也包括知识在多个人之间传播的横向积累，它既是量的增加也是质的提高，知识积累不是简单的堆砌而是扬弃，而知识创新则是指通过科学研究获得新知识的过程，知识创新仅是创新的一部分，创新还包括体制创新、技术创新等多个方面。知识和信息积累既是科技创新的活水源头又是其归宿。牛顿说过：“之所以看得这么远，是因为我站在巨人的肩上”。高素质的科技创新人才需要终生学习，不断更新知识，才能适应科技发展的需求。而学习是以文献的利用为基础的，在多种信息源中，文献信息源是使用频率最高的信息源，人们乐于使用这种信息源的最直接原因是它最容易收集，即：可得性最好。因此，农业文献信息资源将成为人才培养的关键，成为农业科技创新的关键。

四、是完善市场经济的重要手段

当前，我国农业面临着自然和市场的双重风险。农民组织化程度低，抗风险能力弱，及时和准确的信息，对他们在产前、产中、产后各环节的运筹非常重要。而信息和知识从某种意义上讲正在改变我们经济的性质，同时也在改变世界各国经济发展的实践。与此相应，公司、企业和农村也在改变它们的决策方式和管理、运营理念。各国的经济发展战略必须适应这些变化，因为信息和知识正在对经济和经济发展产生着重大影响。

加强农业文献信息资源开发利用，是完善市场经济的重要手段。一是农业文献信息资源是市场的血液，信息不完整将导致市场机制失效。就决策本质而言，决策研究过程就是一个信息分析过程。没有充足的信息或缺乏可靠的信息，农业生产经营决策就失去了决策基础，就可能失误，尤其是在当前市场经济条件下，农业文献信息就成了发展农村商品生产的命脉，农民对商品生产信

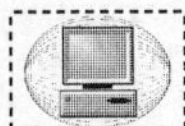

息的需求越来越迫切，无论是产前、产中还是产后，农民对消费变化、市场预测、生产资料供应、新技术、新品种、新工艺、农产品供求等信息求之若渴，准确、及时地掌握了信息，就能为安排生产、合理布局、按照市场需求调整农业结构等提供坚实的基础。可见，农业文献信息是决策农业生产的重要依据，农业文献信息资源的开发利用，可有效降低社会的运营成本。信息资源是整合其他资源的资源，在信息时代，人们的经济活动基本上是围绕信息展开的，信息流引导物流和资金流朝着合理的方向运动，使物流和资金流变得更加精准，使社会资源得到最大限度的节约和合理运用。二是通过农业文献信息资源开发利用，消除信息壁垒或信息不对称，是完善市场的重要方面。三是通过农业文献信息资源开发利用保证信息双向流动，使信息在市场中更有效，从而提高市场经济效益，直接或间接促进农业经济、农业科技和农业生产能力的提高，增强综合国力。通过农业文献信息资源的利用，还可降低市场调研成本，避免或降低由于信息不对称所造成的预测失误风险，使企业和消费者都从中受益。

五、是缩小数字鸿沟，推动社会主义新农村建设的需要

在信息已日益成为国家和个人生存与发展的最重要的资源和资产的今天，我们应当清楚可见，新的信息技术带来的信息文明正在加速社会的贫富分化，进而形成数字鸿沟。数字鸿沟是在全球信息化进程中，不同国家、地区、行业、企业、人群之间由于对信息、网络技术发展与应用的程度不同以及创新能力的差别所造成的“信息落差”、“知识分隔”和“贫富分化”。信息贫困作为21世纪的新型贫困，既是生活贫困的重要原因，也是生活贫困导致的结果。我国在国家“金农工程”、“星火计划”等相关科技计划的推动下，农业信息化建设步伐逐步加快，但农村“数字鸿沟”和“最后一公里”问题还十分突出。

“数字鸿沟”是“信息富有者和信息贫困者之间的难以逾越的无形空间，随着信息技术越发达，这个空间越为扩大，这个空间使贫者越贫、富者越富”。“数字鸿沟”现象已经渗透到当代经济、政治和社会生活当中，成为在信息时代凸显出来的社会问题。经济学家胡鞍钢认为，中国目前面临着三大“数字鸿沟”，即中国与世界、中国各地区之间以及城乡之间的“数字鸿沟”。从中国与世界的比较来说，中国已经成为“数字贫困”国家；从国内各地区的比较来看，东部地区有一定的发展，而中西部地区基本上成为了“数字赤贫”地区；从城乡的比较来看，农村地区完全成为了“数字边缘化”地区。

跨越“数字鸿沟”的关键就在于高效地开发和利用农业文献信息资源。

信息随着市场经济的发展，信息就是生产力，农业文献信息资源开发利用是解决农村“数字鸿沟”问题的重要手段和有效途径。然而，随着农业信息化的推进，一方面丰富了农业文献信息资源，另一方面也带来了信息差距。拥有计算机、网络等资源的人群，正快速拉大与未拥有者在知识取得、财富以及社会地位的距离，形成新的社会不公平现象。1999年美国发表《定义数字鸿沟：在网络中落伍》研究报告中指出：在信息社会，个人计算机以及网络等信息工具对于个人的经济成就以及生涯发展具有关键性的影响力，有无计算机以及运用计算机能力的高低，将成为主宰贫富差距的力量。全球每年新增加的信息量中，美国制造的存储信息总量就达到40%，其中印刷信息占30%，磁记录信息占40%。由此而形成了国家之间的信息差距。

发达国家普遍高度重视文献信息资源开发利用与服务工作。如日本在战后能够迅速崛起，科技与经济获得迅速恢复和高速发展，重要原因之一在于日本政府始终重视情报信息工作。日本政府每年都投入大量资金进行各类情报信息的收集与分析工作，目前在日本每天约有200万个各类信息和数据产生。2006年日本政府增加3亿日元预算，在日本科技振兴机构中正式成立“中国综合研究中心”，专门从事中国科技文献信息资源的开发利用工作。

在我国，互联网、数据库等信息化基础设施以及信息服务集中在大城市，东部和中西部地区、城市与农村之间差距极大。在加速国民经济与社会发展网络化、农业信息化的同时，必须高度重视地区间以及城乡间的信息差距问题，应当把缩小信息差距、消除知识贫困作为21世纪的重大发展战略，而且应当把缩小信息差距作为网络化与信息化建设的重要内容。

我国作为世界最大的发展中国家和传统的农业大国，农民是最大的弱势群体，在信息化时代，公正和权益应当充分体现在不同行业、社会阶层对信息资源、发展机会的公平占有上，这些弱势群体，在获取信息方面也处于弱势地位，应当改善他们的弱势地位。由此可见，我国农业文献信息资源开发利用有着巨大的应用空间和广阔的发展前景。因此，要抓住农业信息化发展的契机，充分开发和利用农业文献信息资源，特别是通过文献信息服务，为农民信息用户构筑平等获取信息的平台，将数字鸿沟变为数字机遇，有利于促进社会公平，可以最大程度地消除数字鸿沟，缩小信息化在不同地区、领域和社会群体间的差距，普遍提升国民信息技能，使公民能更好地分享信息化成果，发挥文献信息资源在构建社会主义新农村中的积极作用，进而逐步实现社会主义共同富裕的目标，推动社会全面发展。

第三节 农业文献信息资源开发利用的现状

改革开放二十多年来，我国农村农业文献信息资源开发利用在发展程度上虽然还比较落后，但对农业文献信息资源的渴求程度却并不亚于城市。近几年，国家和社会对“三农”问题尤为关注，农业文献信息资源开发利用与服务也得到了飞速发展，并对农业产业化和农村经济的发展起到了重要的促进作用。其发展趋势表现在以下几方面。

一、农业文献信息资源开发利用网络化

伴随着因特网在全球的迅速发展及多媒体通讯技术的日益成熟和普及，农业文献信息资源在全球范围内交流与共享已成为现实。因特网作为全球最大的国际性网络，为世界各国农业信息用户提供了极其丰富的农业文献信息资源和先进的国际化信息交流手段。世界各国的农业信息用户都有可能通过计算机网络随时检索世界范围的农业文献信息资源，打破了农业文献信息资源开发利用的区域性界限，从而使得互联网拥有极其丰富的农业文献信息资源。

我国农业信息网络建设起步较晚，1986 年，农业部提出了《农牧渔业信息管理系统总体设计》，组建了农业部信息中心。在 20 世纪 90 年代，又先后提出了《农业部电子信息系统推广应用工作的“八五”计划及十年设想》和《农村经济信息体系建设“九五”计划和 2010 年规划》，这些设想和政策加速了我国农业系统的信息化建设。

1994 年 12 月，在“国家经济信息化联席会议”第三次会议上，农业部提出了跨世纪的农业信息化工程——金农工程，目的是加速和推进农业和农村信息化，建立“农业综合管理和服务信息系统”。农业部 1994 年建立了“中国农业信息网”，现已初具规模。

我国的农业网站，一是由各级政府中的农业部门建设的网站，这类网站是农业网站中的主体部分，从农业部开始，到省，到市，到县，甚至到乡镇，已经形成了一个宝塔型的网络结构。我国农业部已经初步建成了以中国农业信息网为核心、集 20 多个专业网为一体的国家农业门户网站。作为中国政府农业官方网站，中国农业信息网自 1996 年开通以来，其影响不断扩大，在社会上引起越来越多的关注，日均点击达 240 万人次，在国内政府网站中名列前茅，在国内农业网站中居首位，在全球农业网站中居第二位。二是农业教学、科研机构建设的农业网站，这类网站共 385 个，位居国内第三。这些网站，总体上

看，比较专业，网站内容比较丰富，信息量也很大。他们在技术方面具有领先地位，但就内容来说，更多的是为教学科研服务的，尤其是在农业文献信息资源开发利用与服务方面，农业科研机构和农业院校优势明显。国内现有农业类大学、职业学院、技术学院及高等专科学校约80余所，各类农业科研机构和单位近100个，农业科研机构及农业院校网站建设覆盖率非常高，而且都普遍建有各自对外的互联网站点，极大地推动了我国农业文献信息资源的开发利用和服务，并与现有的国际性学术计算机网络互联，成为中国农业科研机构进入世界科技领域的入口。基于Cernet，各农业院校纷纷建立了自己的校园网中心，建立了自己的网页，图书馆利用自己的资源优势，开展了丰富多彩的农业文献信息资源服务。三是新闻媒体等机构办的农业网站及媒体的网络版，这些网站总体上数量不算很多，但信息量较大，网站内容丰富，种类齐全，功能较多，设计专业，内容更新及时。四是商业公司办的农业网站，这些网站一般都目标明确，有较准的市场定位，网站的专业化水平较高，服务功能也较为突出。

近年来，随着互联网在农业领域应用的深入，我国31个省（区、市）农业行政主管部门均建立了农业网站。据农业部统计："全国81%的地市级和38%的县级农业部门建立了局域网，83%的地市级和45%的县级农业部门建立了农业信息网站，75.9%的县建立了信息服务平台。全国共建的'一站通'注册用户已达8万多家"。据有关统计，截至2006年7月20日，在中国农业信息网上自愿登记注册的农业网站已达4 713个。农村电子商务网站超过2 000个，广西、黑龙江、河北等省的省、地、县、乡四级网络已全线贯通。还有农业高等院校、农业科研院（所）、涉农企业等。据了解，我国首个农业信息资源"村村通"工程，已在北京大兴区初步建成。目前，全国已形成了覆盖全国的农业信息体系。

网络的迅猛发展，使得更多的农业信息用户渴望通过网络访问图书信息机构，使用书目信息查询、数据库检索、信息咨询等多种网络文献信息服务。由于有越来越多的图书馆和信息情报单位加入网络，大量的数据库进入网络而成为可以共享的网络资源。因此，网络上的农业文献信息资源种类越来越多，数量不断增加，入网检索文献信息的用户成倍增长。与此同时，各农业信息网络可提供给农业信息用户一个优越的网上信息环境，面向农业、农村和农民的信息与技术服务水平显著提高，充分体现了农业文献信息资源开发利用的网络化趋势。

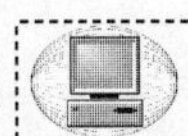

二、农业文献信息资源开发利用电子化、数字化

随着社会经济和科学技术的高速发展，竞争日益加剧，提高工作效率就变得尤为重要，反映在文献信息需求上就是能快速准确地获得所需的文献信息。传统的文献信息处理手段已不能满足人们对信息快速检索的需要，电子技术的高速发展和数字化的信息处理手段使农业文献信息资源的开发利用走上电子化和数字化道路，电子期刊和数字图书馆的出现彻底改变了传统意义上文献信息资源开发和利用的面貌。

信息技术的进步使信息载体发生巨大变化，农业文献信息不仅可以记录在传统的纸介质上，而且可以经过电子化、数字化、网络化以磁盘、光盘以及局域网或广域网为载体。目前已开发建立了一批基础性、公益性数据库，中、外文数据库的建设成为文献信息资源开发利用的重要形式。互联网文献信息资源不断增加，在线数据库等的不断开发与利用，正在为整个农业文献信息资源开发利用与服务奠定物质基础，并且数据库产品突破了单一的文献型数据模式，向文献型、数据值型、事实型多种数据库并存发展，文献型数据库也逐步打破了以二次文献数据库为主的模式，全文数据库、引文数据库等逐步发展壮大。我国已经建成农业科研项目计算机管理系统、中国农业文献数据库（中国农业科技成果库、中国农业研究项目数据库、农业实用技术数据库等），同时还引进了世界上几个最主要的农业数据库，还有正在建设中的全国农业科技信息网。随着网络的发展及网上智能化专家系统的建设，农民可以足不出户很方便地得到专家咨询，这将极大地促进农业科研成果的转化。如由清华大学主办的网络与电子出版物——“中国农业知识仓库”，成为了大兴区农业信息资源“村村通”工程的主体资源。

从我国农业文献数据库的数量、数据总量来看，据北京万方数据股份有限公司最近完成的一项调查结果显示，调查的数据库共有 2 459个，数据总量达497. 18TB，其中农业领域数据库总数 483 个，数据总量 14. 67TB，其中中国农业科学院和国家林业局是主要建库单位。有的农业图书信息机构还开发了各种特色数据库，如食用菌文献数据库、烟草数据库等数据库。因此，网络的普及，除了进一步推动联机公共目录查询（OPAC）和其他数据库，特别是大型数据库的发展以外，更提供了大量数字化的网络信息资源。

三、农业文献信息资源开发利用的集成化

随着科学技术不断向高新领域拓展和社会经济向高效化、专业化方向发

展，人们对信息资源的开发利用的程度不断增强和加深，要求将分散在本领域及相关领域的专门知识和信息加以集中组织和管理，从中提炼出对用户的科研创新和经济竞争有用的专门信息，这促使信息资源开发利用向集成化方向发展。

农业信息用户对信息处理过程、人员反应速度以及网络的稳定与速度方面的要求高。用户利用图书馆检索所需文献信息时，往往需要通过多种渠道和多种方法，由于网络环境下，用户常感到费时费力非常不方便，越来越多的用户希望实现网络信息资源的无缝透明链接，将分散在本领域的大量的不同形式、杂乱无序的专门信息，经过序化组织后，形成本领域或相关领域可有效利用的满足个性化需求的农业文献信息资源库，用户只需通过一个节点进入系统，就能在一个统一的界面中方便快捷地检索到所需的各种相关信息。因此，农业图书信息机构只有在管理体制、技术设施、馆藏布局、服务手段、人员配备等方面不断改进，才能为包括学术研究人员在内的各类农业信息用户获取知识和信息提供满意的服务。

近几年来，我国涌现了农业文献信息资源的有效开发利用的成功典范，例如，由中国农业科学院农业信息研究所开发的我国农业科技领域第一个大型集成服务系统“中国农业科技文献与信息集成服务平台（NAIS)”。国家农业图书馆有丰富的文献信息资源，在世界农业图书馆排名中，馆藏量居亚洲第一、世界第三，藏书量210万册。通过自建、购买和互联网上的免费资源，形成了“中国农业科技文献与信息集成服务平台”的数字资源保障体系。平台主要由服务指南、目录检索、资源检索、信息服务和专题信息5个部分构成，设有最新资源、相关链接、服务公告等辅助栏目，用户登录后就可以在线检索、浏览国家农业图书馆全部馆藏文献目录以及最新购买的图书、期刊、视听资料等文献资源，了解到国内外农业科学研究领域最新动态。充分整合了国家农业图书馆与农业信息研究所丰富的馆藏信息资源，系统的信息研究成果和多样化的信息服务，建立了集资料查询、知识传播和信息服务为一体的“一站式”服务平台，从而，最大限度地满足了数字时代农业科研的需求，成为我国农业经济与科技发展和创新的有力支撑。

四、农业文献信息资源的多元化

现代信息技术的发展打破了传统图书馆印刷型馆藏文献一统天下的格局，电子图书、电子期刊、全文数据库、录音录像制品、网络资源等对农业信息用户的吸引力日益显现。信息网络的建设发展，为农业信息用户提供了广泛的资

源获取途径，也使农业文献信息的涵盖范围更加广泛，这为农业信息用户提供了不断获取和创新的广阔空间。因为，农业信息用户对农业文献信息的需求是丰富多彩的，不但要听到声音，而且还要看到文字、图片和视频进行讲解和演示；不但需要传统的出版物，而且也需要电子出版物；不但需要使用数据库检索，而且要上网冲浪及发电子邮件。为适应人们的多种需求，信息的存储和传输必须多元化。图书信息机构必须不断加大馆藏的数字资源比重，以满足用户对信息的多元化需求。

目前，我国的农业文献信息资源状况从系统来说，有主要面对政府机关的以农业部为主的“中国农业信息网”，它与全国各省市农业信息网站互联，提供实用技术、新优品种、招商信息、企业名录、市场信息、分析预测、在线数据等农业信息服务；有基于教育科研网的各农业院校网，提供基于图书信息机构的主要以数据库为主的文献信息服务；有面向科研系统的以中国农业科学院为主的各省市的农业科技信息网，主要以成果型、文献型数据库信息提供服务。总的来说，形成了多元化的农业文献信息资源的格局。

五、农业文献信息服务的个性化

文献信息个性化服务的最基本特点是服务的针对性，即对不同的用户，提供不同的服务，它是随着用户需求、服务理念、信息的载体及服务等多方面的变化而产生的。目前，我国农业文献信息服务的个性化趋势，主要体现在以下几方面：一是用户需求要求服务的个性化。由于农业用户个体文化程度、年龄性别等内在因素，也有当时所处的地理、社会环境、相关政策等环境因素，农业用户对图书信息机构服务形式也呈现出个性化的要求，在这些因素的共同影响下，每一农业用户的文献信息需求均体现个性化的特征。尤其在市场经济和科学技术日益发展的今天，人们对于文献的需求大量化和精细化，这使得用户需求的个性化差异更加明显，以文献和管理为主的大众化服务模式显然不能适应用户个性化的需求。这种需求将促使文献信息服务模式的变革，从传统的满足用户简单层次需求的大众化服务模式，向满足用户个性化需求的服务模式转变。二是服务理念的发展要求服务的个性化。数字资源的快速增长使读者不必到馆即能获取信息资源，因而要求农业图书信息机构转变服务理念，变坐等读者上门为主为以用户为中心，变以传统的文献服务为中心以信息服务或知识服务为中心。简言之，依照用户要求量身定制。例如农业高校的教师、科研用户，随着研究方向的多元化，用户信息需求也逐步趋向个性化、特殊化。不仅需要及时提供数据库文献信息，还需动态提供相关学科最新的网络资源，以利于及时了解和掌握专业领域相关的学术信息。三是基于信息资源载体和信息获取途径的多样性要求服务的个性化。现代信息技术的迅猛发展，使得文献信息资源载体各别，且网络上的网络信息资源组织形式多种多样，包括超文本链接、主页菜单访问、数据库检索等，由于目前 Internet 搜索引擎功能的不完善，导致信息的无序重复、专业学科查准率不够等问题，农业信息用户要求图书信息工作者针对某一学科或领域的研究者的需要，提供学科导航、全文传递、信息推送、定制服务、虚拟参考咨询等服务形式，强调与用户沟通的交互性，体现网络服务的个性化特征。

第四节　我国网络农业文献信息资源有效开发利用面临的问题

目前，我国农业信息化呈现出加速发展的态势，然而，当前的信息化建设中相对滞后和薄弱的环节恰恰又在农业文献信息资源开发利用上。我国农业文献信息资源开发利用基本状况是：一方面，伴随着知识经济的兴起，以计算机技术、现代通信技术、网络技术和多媒体技术为主要特征的现代信息技术正在得到长足的发展，它们为农业图书信息机构文献信息资源的开发利用奠定了可靠的物质基础；另一方面，诸如农业文献信息资源量的激增与利用匮乏并存，同时，网络超快增长与超高消耗相伴。我国农业文献信息资源开发利用面临的问题主要体现在以下几个方面。

一、用户信息意识淡薄，理念滞后

我国农业文献信息资源开发利用水平低，与信息意识落后关系极大。农业文献信息资源开发利用是国家信息化建设中一项基础工程，虽然存在着许多技术、财力上的困难，但思想观念的影响却是最主要的。改革开放以来，用户的信息意识虽然比过去大大增强，但如果进行横向比较，特别是与国外发达国家和新兴工业化国家相比，我们在信息意识强度上还有很大差距。信息是一种重要的战略性经济资源，这种观念在很大程度上尚未深入人心，致使信息意识淡薄，理念滞后，缺少对文献信息资源价值的认同感，对文献信息资源开发利用重要性认识不足等。目前政府对信息基础设施较为重视，但图书信息机构对文献信息资源建设滞后，因而也就导致目前网络环境下农业文献信息资源开发利用的落后。而农业用户特别是农民用户，认为支持决策的信息早已存放在自己头脑中，没有必要遇事先收集信息再进行决策。农业生产经营者只能凭直觉和

经验决策，造成生产的盲目性，这种“既有成见”和“思维定势”是前信息社会的思维特征。再则，农业文献信息作为农业领域的应用，还有其特殊的问题存在：农业作为特殊的产业类型，其生产受到多种条件影响，比如政策法规、市场需求和供应、气候地理等，目前我国农业采用分散化、小规模的生产和经营方式，农业产业化水平低，与市场的对接困难，小生产与大市场的矛盾突出，农业领域的这些特殊性也进一步加大了农业文献信息资源开发利用与服务的困难。

二、标准不够统一，网络信息资源质量低下

数据库作为网络信息资源的一种存在形式，在农业图书信息机构文献信息资源的构成中占据了相当重要的位置。当前，我国农业图书信息机构的数据库及网络信息资源建设与开发利用方面，还不能满足文献信息工作的实际需要，主要表现在：（1）文献信息开发利用标准不够统一。目前由于我国还没有建立起有效的统筹协调管理机制，我国涉农信息由不同部门归口管理，缺乏统一协调的信息服务机制，网络农业文献信息资源开发与利用缺乏统一的标准规定，存在着各农业文献信息资源建设单位自主选择数字化信息资源开发与利用标准的混乱现象，用户检索界面、检索语言和管理系统等方面存在较大差异，还没有形成统一的标准体系，信息结构不尽合理。另外，我国在推进农业信息化过程中，各行业、各部门、各系统往往从自身利益出发，纷纷建起各自的信息资源系统，例如教育系统、公共系统与科学院系统，有些系统（网络）之间不能融合，使充分开发利用信息资源成为空谈，实际上形成一种“信息割据”的局面，造成大量的数据库及电子出版物结构本身也不兼容；（2）农业信息网站设计不够精细，缺乏网站导航，信息规范化、标准化程度差，缺乏个性和专业特色。目前，除了一些有影响的国家级和省级网站外，一些地方性的网站建设水平还不够高，一家有的内容多家都有，甚至栏目的设置也都差不多。在内容上宣传本地农业、为领导服务的信息较多，而指导经营者生产营销、真正适用于农业的信息太少。反映现象的信息较多，有分析、协助领导宏观决策和经营者微观决策的信息较少。并且网站信息的时效性较差，过时信息多，第一手信息和第一时刻发表的信息缺乏，不能实现信息的及时更新，发布信息的深度也明显不足；（3）品种单一，除书目数据库外，反映文献内容的指南型（文摘、提要等）数据库相对要少得多，全文数据库、学术性数据库更少，特别是对农民有价值的实用科技信息不足等，远远不能满足需要；（4）90%以上的数据库是自建自用，重复较多，覆盖的广度与深度也不够，

农业高校、农业科研院（所）的文献信息资源，大多是面向本单位，而真正面向农村基层的用户服务不多；（5）有效信息少，没有形成主导产品。农业信息资源开发提供的信息产品不完整、不准确，使用价值和实用价值低，用户得不到有效的信息产品，造成重复访问率和页面点击率低；（6）基础设施严重滞后，与农业信息量大、传播速度快、时效性强不相适应。网络信息作为一种重要的资源，正大量、快速地在世界范围内传播，但是我国网络设施建设比较落后，还不能适应这一趋势。在其他方面，例如在因特网站点方面，中国占世界人口的20%，但是拥有的站点仅占世界的0.05%，其中涉农网站更少，在农业数据库方面，我国数据库数量不足世界的10%，数据库容量不到世界的1%，数据库产值不到世界的0.1%。在上网人数方面，发达国家很多农民利用网络信息来指导农业生产和经营，而我国上网人员非农业用户多，农业用户少，农业的经常性用户大约只占0.5%，全国绝大多数农民仍以电视、广播等传统方式作为获取信息的主要渠道，不但信息量小，传播速度慢，而且具有很大的时滞性。

三、重硬件建设，轻文献信息资源开发利用

目前，建设网络和硬件基础设施已经得到大家的普遍的认同，但绝大部分图书信息机构却忽视文献信息资源开发利用，这不仅表现在用户方面，更体现在有关领导者及工作者身上。许多领导谈及信息化，总是情不自禁地介绍购买多少设备，增添多少图书，而对开发文献信息资源，应用信息，却没有给予足够重视。我国农业文献信息资源开发利用滞后于信息网络建设，信息网络中信息资源普遍贫乏，信息网络“有路无车、有车无货”的现象就是形象的写照，造成对国家资源的极度浪费。农业文献信息资源开发利用是农业信息化的软件建设，是农业信息化的载体，也是农业信息化的核心内容，农业文献信息资源开发利用的好坏决定了农业信息化的优劣，如果农业文献信息资源没有得到充分的开发和利用，购买再多的硬件，开发再多的软件，都无异于缘木求鱼。

而对于用户来讲，造成农业文献信息利用率低这种现象的根源是我国生产力发育程度低，对信息的内在需求不足。因此，也就导致文献信息资源利用率较低。据统计，我国外文科技期刊的利用率最高为30%，利用率低的不到5%，文献存储单位平均有50%～70%的书刊处于无人问津的状态。利用国际联机检索终端检出的文献约有40%～50%在我国找不到原文，农业文献信息资源也是如此。

四、重传统文献服务，轻网络信息服务

目前农业文献信息供求不平衡，信息资源开发水平不高。总体上看，信息产品和服务供给远远小于需求，局部上存在着供求不对路，供大于求，信息产品和服务的质量和水平比国际先进水平有很大差距。

事实上当今在众多的农业图书信息机构的服务过程中，更多的关注点是传统大众化文献服务模式，而不是利用网络数字资源为读者服务，或者资源的可获得。很多图书馆员或研究人员至今还没有搞清楚网络环境下的网络数字资源服务模式与服务机制，并非实现图书信息机构传统参考咨询业务与现代信息咨询工作的对接，结果是网络上丰富的数字化资源无人应用。没有建立一个适应新的时代要求的信息服务工作的管理方法和模式，由于偏重传统文献服务，导致网络信息服务不到位。我国农村社会一方面有用信息严重缺乏，但另一方面，信息又超量供给，大量无用信息充斥其中，信息污染严重，这使得农村信息传播环境更加复杂多变。农民用户由于文化素质低，信息化意识和利用信息的能力不强，很难在"海量"的信息中充分受益，撷取对自身有用的信息，特别是有利农村生产发展信息的严重缺乏，使得许多农民用户在市场的竞争中处于不利地位，影响农业结构的调整和农民收入的提高。

五、重优势人群，轻普通民众

因特网建设的最终目标，就是使民众、特别是处在数字鸿沟另一端的信息弱势人群享受到信息技术进步带来的恩赐，这也正是农业图书信息机构服务的目标与理想。从表面上看，因特网的确为社会成员提供了最公平的信息获取途径，但事实上，因特网带来的信息公平更多的是地域信息公平，因为目前我国网络农业文献信息资源已经成为高学历、学术界用户的重要信息来源，而农业信息用户也毫无例外地集中在教育科研这些单位中的大专以上学历人员中以及一些富裕起来的对市场信息需求旺盛的农民中。而对于经济能力、信息能力相差悬殊的社会人群，特别是农民，因特网不但没有带来信息公平，反而使社会成员可获得信息的差距拉大，进而也就出现了"数字鸿沟"。

我国农民信息用户在某种程度上可以说是信息接受的弱势群体。虽然改革开放以来，我国人民群众信息意识日益浓厚，信息需求日益强烈，所需求信息的内容和方式也正日益多元化，但他们却难以及时获取自己所需要的相关信息。从整体上说，农村网络基础设施不健全，农民上网极少。据中国互联网络信息中心（CNNIC）2005 年 7 月 23 日，在京发布第十六次"中国互联网络发展状况统计报告”，报告显示，截至2005年6月30日，我国网站总数为67.75万个，上网用户总数达1.03亿人，从行业分布上看，农、林、牧、副、渔业仅为2.2%，从职业分布上看，农、林、牧、副、渔业占到1.2%。这说明农业用户上网率低。

第五节　影响农业文献信息资源开发利用的因素

一、发展方向非政府性

目前，在我国农业文献信息资源开发利用中存在着许多不足，最关键的原因是管理体制不完善，政府部门还没有设置统一的信息资源管理部门，导致以下不利于农业文献信息资源开发利用与服务的环境：①相应的规章制度不健全。法规和制度建设滞后，信息资源开发利用相关的法律规范不健全，不成体系，融资、税收、价格政策和市场规范、技术标准、统计指标体系等制度环境尚未形成。如：对于农业文献信息资源开发利用的相关技术和理论、信息安全防范措施、专业人才培养和信息技术应用能力培训等基础工作，认识不够、准备不够、学习不够、研究不够、建设不够；农业文献信息资源开发利用的市场机制尚未完善；网上信息的知识产权保护制度尚未建立健全；创新的信息资料的有偿使用机制尚难方便实用。②各机构条块分割，缺乏合作的意识与行为，造成经费充足、文献资源丰富的地方很多信息闲置，资金浪费；而文献资源贫乏的地方经费紧缺，文献覆盖面萎缩，信息供不应求，这样恶性循环，不利于文献信息资源的优化配置与合理开发利用。多年来的实践表明，影响我国“三农”发展的最关键的原因是缺乏大量高价值的信息资源，而要获得足够丰富的信息，必须依靠政府和涉农部门的强力支撑。我们国家在几十年的经济建设中，已经积累了大量的社会信息服务资源，但是由于条块分割，信息封锁，使用效率很低，而且效果也不好。比如大量的科技信息和科技成果，本来是面向农民的，但往往到不了农民手里，或者到了农民手里也看不懂、用不好。又比如农产品的价格和质量标准信息，一些大的经营主体与农民之间存在着明显的信息不对称，农民在交易中常常处于不利地位。要做好农业文献信息开发利用，必须建立在政府的强有力的支撑的基础上。

二、网络建设的非均衡性

网络建设是农业文献信息资源开发利用的重要一环。由于我国独特的地理特征及人文环境，造成目前网络建设呈不均衡发展的态势。我国从整体来看，

农业信息网站尽管基本覆盖农业的各个方面，但占全国网站总数的比例偏小，仅占全国网站总数的7%左右，站点主要集中在北京、广州、深圳等发达城市，区域分布极不平衡，形成东西部、沿海与内地的差异。由于网络建设发展的不均衡，致使农业文献信息资源分散，地区性差距大。

有数据表明，文献信息资源生产能力，文献信息传播储存能力以及人们获取吸收和交流知识的能力，西部地区都远远落后于东部和中部地区。网络建设的不均衡发展，导致了互联网发展缓慢地区和空白地区农业信息用户接触互联网机会的严重不均。目前，经济和社会信息化应用，网络使用、开发和管理，全民信息化知识水平，都比较低，农村许多地方尚在信息化启蒙阶段，甚至有的还不知道“电脑”为何物，从而形成一大批无法利用网络获取所需文献信息资源的潜在用户。据农业部2001年对1 000个农村固定观察点农户信息使用情况的调查表明，能够通过互联网获取市场和技术信息的农村家庭的比率只占调查户的0.8%。农业图书馆自动化、网络化、现代化水平极不平衡，据统计报道：我国农业院校中建有图书馆局域网的占40.8%，能通过校园网与Internet、Cernet相通的仅占24.5%。如此的网络环境不利于农业文献信息资源的开发利用与服务。

三、经济发展的非均衡性

因特网作为一种新型的信息技术平台，已经成为了信息的平台、知识的平台，成为信息时代新的生产力代表。但是在这个平台上却产生了“信息落差”、“知识分隔”和“贫富分化”的现象。这正如国际劳工组织最新发布的报告指出，因为缺乏资金、技术和基础设施，许多发展中国家在信息时代已经处于更加落后的状态，贫国与富国之间的“数字鸿沟”正在日益加剧。我们国家虽然信息化进程迅猛，但仍然属于“数字贫困”国家。特别是农业还比较落后，“三农问题”备受各界的关注。虽然国家每年对农业的政策和扶持力度在不断加大，但农民增收难、农业负担重、农村问题多等仍然在困扰着我国广大的农村地区。由于经济拮据，电脑拥有率更是非常低，“最后一公里”问题成为制约农业文献信息资源开发利用的一个突出问题。我国目前有70%的农业人口，但互联网用户主要集中在城市，与农业、农村、农民关联甚少。

改革开放以来，我国东部沿海省市经济迅猛发展，GDP占全国比重不断提高。而中、西部地区总体上欠发达，是我国相对贫困落后地区，也是我国贫困人口最为集中的地区，国家八七扶贫攻坚计划确定的592个国家扶贫贫困县中，西部地区就有361个，占总数的61%，其贫困人口占全国贫困人口的

48.40%，西部地区人均国内生产总值、人均消费水平均低于全国平均水平，而贫困发生率却明显高于全国平均水平的。

再则，农业信息网络成本过高，农民无力承担。目前宽带网络使用成本相对也较低，但由于农村距离城市较远，建设成本高。较便宜的 ADSL 宽带接入方式不仅要有近 500 元的初装费用，而且年使用费达 720 元，这是一般农民难以承受的价格。

由于开发利用文献信息资源是要有大量的人力、物力、财力支持的，由于经济不发达，过分依赖有限的财政拨款，使得一些农业信息服务机构至今尚未建立多媒体电子阅览室，更谈不上馆藏的数字化；有些机构虽然建立了网络系统，但还是经常发生信息网“堵车”现象；还有的系统老化，更新不及时，毛病不断，造成使用上的不便，甚至导致数据的丢失。许多有用的信息资源没有开发出来，开发出来的农业文献信息资源又由于没有很好地运用市场机制，开发者得不到应有的回报，影响上网交流的积极性，使之不能得到有效地利用，导致农业文献信息资源不足和闲置并存。

四、文化教育的非均衡性

用户的受教育程度和知识水平与信息的接收、理解、需要和吸收能力密切相关，教育程度和知识水平越高的用户，基本素质就越高，对信息的接收和吸收能力就越强。当今，我国信息设施建设的发展，加速了贫困地区迅速落伍的可能，一些地区正在解决信息过量的问题，而在一些地区还基本谈不到有效的信息利用，这种需求与供应的不平衡，表现为知识差距和信息问题。我国西部地区的文化教育设施，经费投资与经济状况一样处于欠发达水平，人均受教育年限大部分省区均低于全国平均水平。西部地区图书馆、文化站的覆盖率与东部和中部地区相比也有很大的差距。由于文化水平不高，难以形成正常的信息需求。

五、农业文献信息服务的低效性

农业文献信息服务的效果不甚理想，在我国存在着以下特征：一方面有用信息严重缺乏，但另一方面，信息超量供给，大量无用信息充斥其中，“信息污染”严重。尤其是由于农村信息传播环境更加复杂多变，农民信息用户很难在“海量”的信息中充分受益，撷取对自身有用的信息，特别是有利农村生产发展的文献信息的严重缺乏，使得许多农民用户在市场的竞争中处于不利地位，影响农业结构的调整和农民收入的提高。其原因主要体现在以下几

方面。

（一）资源因素

据有关调查表明，大多数用户和农业图书信息机构认为，目前最需要解决的是资源问题，从整体来看，除了我国文献信息资源贫乏且分布不合理现象外，还存在数据库整体数量不多，缺乏高质量、数据完备的大型数据库；特色信息资源的开发不够；提供服务的信息内容量少质差，没有特色等现象。

（二）人员因素

由于有的图书信息机构队伍现代化水平低，人员素质不高，开发能力差，信息加工处理水平低，对用户需求不了解，进而影响信息服务人员的服务方式、服务水平、服务态度、知识结构、业务素质、深层次开发利用信息的能力等也会在不同程度上影响用户的信息需求行为。农业文献信息资源开发利用，涉及的知识面既专业又广泛，技术含量也比较高。目前，在农业图书信息机构，专业人员的总体素质不高，专业基础知识更新较慢，网络技术能力、信息处理能力和语言表达能力亟待提高。

（三）设备因素

许多图书信息机构设备过于陈旧，技术装备落后，设备老化，经常造成网速过慢，直接影响用户信息需求的检索效果。

（四）信息服务方式单一而粗放

农业信息服务方式只停留在提供资讯的水平上，利用网络资源、挖掘网络资源以及数字化意识不足。尤其在提供更深层次的服务如：网络交互、课题跟踪、虚拟参考咨询等深层次和有特色的服务方面一是内容简单，二是方式落后，所以总体效能并不明显，缺乏服务品牌。

（五）农业用户自身因素所形成的对信息需求的制约

农业用户自身因素主要是指用户网络意识和用户信息能力两个方面的差异。信息意识是指用户主观上对大量的文献信息能否自觉、主动地去收集并加以整理成知识而利用，如果农业用户的信息意识处于非自觉状态，不能主动积极利用农业文献信息资源服务系统，在很大程度上就会抑制信息需求，造成大量潜在信息需求的存在。用户的信息意识、信息需求表达能力和直接查找技术的熟练程度都将影响用户的信息获取能力。目前，农业信息用户的信息获取能力差，其原因主要是：①计算机操作技能差，常常耗费大量的时间和精力，信息交流效果却不显著；②语言掌握较单一，主要是母语，不同语言文献的存在（尤其是网络上），成为信息用户进行交流的障碍；③不可能掌握每种检索语言与检索工具，缺乏基本的检索知识，信息检索能力差，人们创造信息的能力大大超越他们检索有效信息的能力，造成信息超载。

从上面初步分析可知，农业网站要围绕农民需求，贯彻“以人为本、一站式服务”的指导思想，要进行自身定位，确定自己的特色和发展方向，不能覆盖的内容，则通过与其他网站的信息资源整合和网站协同服务来满足。因此，我国农业网站发展到现阶段，信息资源整合问题、协同工作机制建立问题就逐渐浮出水面，而且迫在眉睫需要解决。

第六节　农业文献信息资源开发利用战略、基本模式及其条件

农业文献信息资源的不断增加，为我们开发和利用这些资源提供了必备条件。同时，资源的增加也为我们开发和利用带来了难度。做好开发和利用的工作，首先就必须构筑农业文献信息资源开发与利用的总框架，确立农业文献信息资源开发利用的总目标。我国“十一五”时期，农业部在农业信息体系建设上做出了规划并确立了目标，农业文献信息资源开发利用作为农业信息化建设的重要组成部分。为此应在符合整个农业信息化建设总规划总目标的前提下，确立农业文献信息资源开发利用战略目标，使之与我国农业信息化建设相匹配，是我们首先要考虑的问题。

一、我国农业文献信息资源开发利用发展战略目标

我国的农业文献信息资源开发利用，要与国情、国力相结合，要走有中国特色的可持续的农业信息化发展道路。因此，农业文献信息资源开发利用战略目标的确立，要考虑两个因素，一是外部因素，二是内部因素。外部因素应包括文献信息源、信息加工量、信息加工能力、资金、设备、技术、人员以及政策、法规等。内部因素是指外部因素以外的部分，主要是指从事文献信息资源开发人员的能力，也就是我们常说的从业人员敬业精神和主观能动性的发挥。因此，要因地制宜，综合考虑，制定农业文献信息资源开发利用发展战略。

我国农业文献信息开发利用的总体目标是：建立一个高效、实用、覆盖全国的农业信息网络系统，逐步建立和完善农业文献信息资源开发利用体系。优化配置农业文献信息资源，大力推进各类特色数据库的建设，大力发展以数字化、网络化为主要特征的现代信息服务业；建立健全农业文献信息资源开发利用方面的法律法规和标准化体系；提高农业用户信息意识和获取信息能力；实现国内外农业文献信息资源的深度开发、及时处理、共建共享、快速传递和有

效利用，为现代农业创新体系和社会主义新农村建设提供坚实的信息支撑。农业文献信息资源有效开发利用主要包括以下内容。

（一）数据库建设和信息网络建设两者结合，协调推进

图书信息机构数据库建设与网络建设，是农业文献信息资源开发利用与服务的两个基本任务。两者关系密切，互为发展条件，必须搞好统筹规划，实现协调发展。

1. 建立和完善农业文献信息传输网络

网络是一个国家、地区搞好农业信息服务的必备条件。健全的农业信息服务网络，应该包括信息的收集、分析、处理、传输等各个环节，农业文献信息传输网络是一项基础性的工作，为了充分开发利用农业文献信息资源，应从以下两个方面入手：一方面，进一步加强农村信息基础设施，信息服务网络向农村基层延伸。以建立各级政府的标准化网站为突破口，继续大力发展信息化基础设施，特别是加强中西部地区建设，为农业文献信息资源开发利用提供手段和平台。另一方面，对已经建立的农业信息资源网站进行更新和维护，要不断充实各种农业信息数据。收集到的文献信息还要进行有序地整理、分类、加工，即资源重组。实现文献信息资源的系统化、标准化、规范化，提供更广泛的文献信息资源开发利用环境。

2. 重点扶持、开发数据库品牌产品

数据库建设是文献信息资源开发利用的物质基础。当今，各国都非常重视数据库的开发。如美国政府在 NII 行动计划实施的同时，就确立了今后“重点建设数据库，促进网络信息资源开发和利用”的战略发展重点。美国目前在册的数据库已有 3 万多个，且数据库的规模大、容量大、功能齐全，更新速度快，商业化程度极高。除此之外，美国的 DIALOG 系统、BRS 系统等信息存储系统中蕴藏的数据库资源同样不容忽视。这些丰富而宝贵的数据库资源为美国信息高速公路的建设奠定了广泛而坚实的物质基础，提供了可靠的数据保障。

我国农业文献数据库建设的目的从信息管理层面看：促进农业文献信息资源有效管理和有效保存。从信息服务与共享层面看：增强信息机构的服务能力；增强信息用户的信息获取能力；推进各类农业文献信息资源的开发利用。

（1）数据库建设总体思路

增强政府、企业、民众之间的互动，以政府文献信息资源开发利用为龙头，以法律为依据、以需求为导向、以用户为中心，加强大型基础数据库和地方特色数据库建设的力度。

然而，数据库的构建需要有成熟的法律环境、健康的机制、先进的信息技术以及良好的人文环境等种种因素，才能使农业文献信息资源开发利用方面进展得有声有色。在机制上，建立统一的协调中心，遵循统筹规划、统一标准、联合建设、共建共享的原则。在技术上，注意采用先进、成熟的数据库技术和网络通讯技术，保证系统的兼容性。在建设主体的选择上，发挥传统图书信息机构的作用的同时，积极联合专业研究机构在科学数据资源建设中的作用。在推进数据库建设方面，采取分阶段推进，逐步扩展的方式，最终使数据类型不断丰富。在建设与利用的关系上，强调建设与服务同步进行的原则，充分发挥数据库的服务功能，从而极大地提高农业信息用户获取信息的能力。

(2) 数据库建设内容

建成有自己特色的大型数据库，并在国内提供网上服务。在建设数据库时，也必须考虑两个层面：一是国家大型文献信息数据库的建设，要突出大与全的特点，如农业科技信息数据库、农业实用技术数据库等。此外，加强各种涉农数据库尤其是针对入世后我国具有竞争优势的农业领域中急需的文献信息资源数据库的建设，如：果蔬、瓜类、花卉、烤烟、桑蚕、麻类、畜产品标准化生产技术规程数据库，农产品精深加工标准化规程数据库，我国农产品进出口卫生检疫标准数据库等；同时要开发我国农业自然资源数据库、市场信息数据库、农业政策法规数据库等。二是各地方数据库的建设，要突出地方特点。两种数据库相互补充，互为利用，共同构成我国国内的农业文献信息资源网络体系。与此同时，要建立可统一查询的标准界面，提高农业文献信息资源利用率。

(3) 数据库建设软件

由于网络环境在不断发生变化，信息技术、计算机技术和通讯技术又不断飞速发展，文献信息量的增加，文献信息源的多样化等，都需要不断开发出适应各种情况变化的软件。目前我国的文献信息资源建设与国外相比尚有很大差距。软件的开发、数据库的建设、文献信息资源的加工等远远落后于发达国家，尤其我国自主开发的农业文献信息产品在国际舞台上凤毛麟角，还难成气候。所以，在近几年内，要不断开发出符合我国信息资源发展特点的软件，为建成有自己特色的大型数据库，提供强有力的信息技术支撑。

（二）数字化与非数字化农业文献信息资源的开发利用并重，提高资源利用率

农业文献信息资源开发利用包括两方面的内容：一是对其数字化和网络化，这是一个过程，它的成果可以作为进一步开发的原料；二是传统介质信息资源的非数字化开发利用；从现阶段来看，我们重点考虑的第一方面的内容，

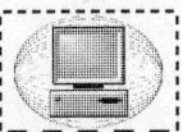

尤其是要重视因特网农业文献信息资源开发利用，但也不可忽视后者。因为，电子版文献和电子全文只是文献信息资源的一部分，从用户信息需求的最终形式和内容上看，今后即使信息技术进一步发展，印刷型文献仍然会以它特有的属性和功能优势长期存在，网上传输文献信息和非网上传递文献信息将长期并存，互为补充，共同满足用户的信息需求。因此，农业图书信息机构在未来的发展中应确定好自身的方向，必须在非数字化农业文献信息资源和网络农业文献信息资源开发利用间找到最佳结合点。如网络农业文献信息资源开发利用应加强高新技术应用，面向用户需求，重在开发，贵在利用。

（三）开展多样化文献信息服务，推动服务创新

信息用户需求和信息资源之间需要信息服务业的社会存在。信息服务业的任务是高效开发文献信息资源，节省信息使用者利用信息的时间和精力。服务创新是图书信息机构永恒的话题，也是文献信息开发利用的需要，更是图书信息机构生存发展之道。在数字化网络化的今天，图书信息机构服务的基本形态模式已经或正在发生重大变化。其显著特点就是传统图书馆的物理馆藏空间与网络数字空间日益融合，图书馆与用户之间增进了互动交流，用户需求多元化、多样化，文献信息资源的利用率极大地提高，文献信息服务形式更加丰富多彩。

在多元化用户需求呼唤多样化文献信息服务的今天，农业图书信息机构，一方面应加强数字信息服务，所谓数字信息服务可定义为“通过集成不同表现形式的信息源，向用户提供的一种服务，这些信息源是本地的、远程的、拥有的、许可的、免费的、商业的、数字的、书目的、全文的、链接的、多媒体的、跨越时空的数据”。其服务方式当前主要有：个性化分类定制服务、个性化主动服务、学科门户服务、信息智能代理服务、信息呼叫中心服务等。主动信息服务模式及信息集成服务模式等多元化服务模式。数字信息服务方式能较好地解决数字信息资源的开发利用与服务问题，满足用户现实中的信息需求，提高资源利用价值。

当今，对于农业图书信息机构来说，尤其是大力发展以数字化、网络化为主要特征的数字信息服务业，使文献信息服务成为一个随时间变化的动态系统，使传统的静态信息服务模式，向主动的、多维的动态信息服务模式转移，捕捉分析各类变化的新信息、信息深加工、跟踪信息服务方式。对于农村信息服务来说，由于各地社会信息化的整体水平和经济实力的差别，农业信息化推进方式也各不相同，在农业信息服务方面应该因地制宜，积极地探索，多渠道多手段地综合，多模式共用。促进农业文献信息资源服务“三农”，增强对农村，欠发达地区、社会困难群体提供公益性信息服务力度。农业高校、农业科研院所图书信息机构将普遍服务从本单位延伸到农村基层用户，并力争农业信息服务网络延伸到90%以上的行政村，实现信息进村入户。另一方面，创新传统文献信息服务。尽管目前我国图书馆正处在数字图书馆建设的热潮之中，但它不可能取代传统服务。业界有的权威人士认为，国外如美国等国家并不像国内一样不顾现实条件搞数字图书馆成风，它们有一些研究性图书信息机构的确建立了一些实验性的数字图书馆，但所有图书馆仍非常重视传统的服务工作，即向既有传统服务，又有数字化文献服务的“混合型图书馆”发展。传统并不等于落后，传统的东西仍是用户需要的，因此是重要的，也必须要做好的。有资料表明，国外的印本书数量仍在逐年增加，尽管数字化文献的发展更快，但专家估计将来两者的比重大约会基本持平，数字化文献不可能完全取代印本文献。比尔·盖茨也曾说过“书是伟大的，我爱书”。目前，关键是要创新传统服务理念、服务方式、服务内容等，在传统服务过程中为用户提供高效的知识服务。

需要强调的是，对于我国来说，我们提倡深入开展网络化的信息服务并不意味着传统的信息服务已没有存在的必要。我国的信息基础设施尚不完善，各地区的信息化水平参差不齐，人们的阅读习惯等诸多因素使得传统的信息服务仍具有较大的发展空间。所以，这两种信息服务模式是相互补充和丰富的关系。多元化的社会对信息的需求是多种多样的，因而信息服务的形式也应该是多种多样的。要做到现代文献信息服务与传统文献信息服务相结合，推动服务创新。

（四）注重普遍服务，关注弱势群体

关注民生、关注民性，是西方文明国家发展的一个趋势。如德国提出“帮助弱势群体也能够上网”。在我国，弱势群体更主要的体现还是农民。相当一批农民不知网络为何物，也不会用也用不起。如果农村信息化建设上不去，数字鸿沟将对经济产生很大效应，全面建设小康社会的目标将无法实现。另一方面，网络经济的快速发展促进了农村网络应用，给全面提高农村素质和教育水平提供了机遇和可能。农村信息化的迅速发展，是中国信息化发展中无法逾越的一环，在下一阶段的信息化战略制定中应重视并切实推进面向弱势群体服务。

与此同时，建立和完善以普遍服务基金为基础、相关优惠政策配套的补贴机制逐步将普遍服务从高楼深院的高校和科研院所延伸到农村基层用户。

（五）加强用户培训，促进信息知识和技能的培训与普及

信息网络的发展为用户获取信息资源带来了极大的便捷，然而真正利用网络检索文献信息，借以推动科研、生产、教学活动的用户并不多，网络资源检索用户市场的开发远未跟上网络系统建设的步伐，根源之一就是网络信息资源既相当丰富又庞杂无序，不接受教育培训是不可能高效地获取所需知识信息的。一些高校开展普及信息检索知识的用户培训讲座的实践也证明，即使是一些老教师，也对于网络信息资源的分布状况、查找途径和利用技巧感到茫然，需要接受网络信息利用方面的补课式培训。随着网络农业文献信息资源在图书信息机构服务中地位的上升，用户教育培训的任务更重了，而不是变轻了。当今，在全民中特别是在农民中推行信息素质教育，提高信息意识，促进现代农民的知识化已是当务之急。

农村聚集着较大的农业信息用户，是农业文献信息接收的最低层面，成为信息发布的最基本对象。它的信息普及程度、信息应用状况，是社会信息化水准的底线，象征着社会信息化发展的起码水平。相对地讲，农业农村信息的普及程度和信息应用水平的提高，都需要由全社会总体信息的开发和服务水平的提高来带动。有人说“农业信息化的最后一公里不是依靠网络实现，而是要依靠农民身边的‘明白人’”。这最后一公里的目的地就是信息用户。对用户进行信息利用能力的增强对用户来说至关重要，提高用户寻求信息资源的主动性是资源开发的一项战略性任务。尽管有先进的网络设施，有丰富的资源，有经验丰富的信息资源开发人员，没有了具有信息能力的用户，再先进、再丰富的信息资源也是一堆毫无用处的“垃圾”。因此，开展各种方式的图书馆用户培训，一定要加强信息用户的能力培养，使现实和潜在的信息用户面对信息资源敢用、会用、能用，以用促建。这就要求在农村普及义务教育，发展远程教育，特别要推广信息化教育。因此，提高农民的信息意识，提高农民的信息质量，增强农民的信息能力，包括农民获取信息、应用信息的能力是非常关键的。

二、网络农业文献信息资源开发利用的基本模式

互联网作为信息时代重要的信息载体，是文献信息的重要来源，也是农业文献信息资源开发利用的重要内容。网络信息资源是由数字化技术、信息存储技术、数据库技术、网络通讯技术与超文本、超媒体技术所支撑的信息资源；也可以说是通过计算机网络可以利用的各种信息资源的总和。农业图书信息机构网络农业信息资源包括馆藏电子信息资源和虚拟信息资源两部分。馆藏电子

资源主要是馆藏书目数据库、馆藏数字化文献资源等；虚拟信息资源是指必须通过计算机网络才能获取的置于异地的数字化信息，是与全国各地乃至全球相连的一个网络信息资源库，虚拟信息资源的开发与利用非常重要，它不仅拓展了图书信息机构的信息资源空间和服务模式，而且可显著提高农业用户的信息需求。

农业文献信息资源开发利用基本模式如下。

（一）集成化型开发

集成化型开发，是一个现代化的文献信息资源开发概念，是对信息资源、技术资源和人力资源进行融合的过程，是分布式开发与服务的飞跃。在多元化的用户需求的今天呼唤信息集成服务。

互联网上庞大的文献信息资源，必须要借助现代信息技术，如信息网络技术、信息组织技术、先进知识技术、知识化服务技术、信息集成技术等，建设集成化的文献信息资源开发平台，将其应用到网络信息资源开发利用与服务的实践中。利用这些前沿技术开发和应用将互联网上的信息变为知识，进而把知识变为财富。未来的农业文献信息资源开发利用与服务模式应当是一种以用户为中心的集成型模式，应当在服务集成、空间聚合、使用智能上下功夫，即朝着一种面向用户的、资源系统、服务系统与用户信息利用系统聚合在同一信息空间的、界面更加友好易用的一站式联合自助集成信息资源开发利用与服务模式的方向发展。

目前，信息内容建设已经逐步过渡到社会各方围绕内容平台共同建设开发的新阶段。在这一阶段，农业文献信息资源的开发和整合，不仅会产生巨大的社会效益，同时也将带来一定的经济效益。其具体有以下几种类型：

1. 整合资源

作为文献信息的集散地和存储传递机构的图书馆、出版社、科研院所、教学机构，要把整个文献信息机构看成是一个开放系统，自觉开展大范围的、纵横交错的文献信息交流。应全方位、多层次、有重点、联合式地整合文献信息资源，努力做到3个突破：一是突破农业文献信息资源开发的限制，加强纸质文献信息资源和网络文献信息资源的整合；二是突破学术性信息资源开发的限制，重视实践性、生活性信息资源的开发；三是突破本机构信息资源开发的限制，重视国内外其他信息机构和非信息机构中文献信息资源的整合。

2. 整合产品

完备的高质量文献资源，统一的检索平台，浑然一体的资源内容整合模式，标准化的信息加工深度和水准，是高效有效开发利用农业文献信息资源的

 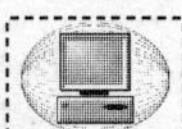

重要保障。网络环境下，对于任何一个用户而言，其所需的信息资源往往存在于种类繁多的载体，来源于信息数据格式和存储方式各异的信息系统，这种信息无序与利用有序的障碍使得用户对图书馆的服务日渐不满。他们迫切需要一个更友好的界面，可以实现一站式的检索，而无需对不同信息机构的不同信息系统进行一一登录；或者通过个性化定制，按用户自己的需求特征，将自己的资源与常用的网上相关资源集合在一个网页，通过这个网页，还可以接收到信息服务机构“推送”的、自己所需的信息。这种“挑剔”的信息获取方式必然要求系统间的交流与整体配合。正如中国科学院国家科学数字图书馆中心门户，其集成检索系统提供 7 个数据库（Elsevier，Springer-link，WorlSciNet，Catchword，IOP，Nature，ScienceOnline）的集成检索，还将陆续增加其他数据库检索。上海与南京等地的部分大学图书馆也开展了此类一站式检索服务。由于采用并发访问技术，集成检索效率有了很大的提高，进而提高了文献信息资源的利用率。

3. 整合资源、技术和服务成一体

伴随着信息技术、网络技术的发展，用户的信息行为较之从前发生了很大转变。如用户青睐多任务处理的信息服务方式。技术的进步使用户可以足不出户、在一台计算机上同时完成信息获取、信息处理和远程学习这几项任务。近年来，“一种集计算机技术、信息资源、参考咨询服务、信息素养教育和个性化与合作化学习空间于一体的新型信息服务模式”，已经开始在许多大学和研究型图书信息机构得到了成功实践。不仅如此，图书信息机构的网上空间也相应发生着显著变化，部分图书信息机构开始大胆尝试利用多种网络服务方式并结合图书馆自身资源，为用户提供交互式服务”，融合新兴的 Blog、Tag、Wiki 等网络应用新模式不仅改变了图书信息机构网站的旧有面貌，融入用户、组织用户和服务用户的学科化知识化服务模式，更是使文献信息资源开发利用推向了广泛、深入的发展。

中国农业科学院农业信息研究所开发了“中国农业科技文献与信息集成服务平台（NAIS）”，这一平台是国内首个集资料查询、知识传播和信息服务为一体的“一站式”服务平台，农业信息用户只需轻点鼠标登录，足不出户就可以在线浏览、检索和获取最新的中外文网络数据库、电子图书、电子期刊、古籍数据库、特藏数据库等数字化资源。既能实现网络信息的智能采集与分类，信息订阅与推送的综合集成，又实现了网络化农业信息服务领域的技术创新和突破，提高了服务的广域性和针对性。

信息集成开发与服务还要通过集成，特别是与 Web 服务、知识服务与个性化定制服务的集成，产生更好的开发与服务模式，获得更好的开发与服务效果。集成和信息（资源）集成已引起国内外相关学科领域众多专家学者的关注和重视。

（二）增值化型开发

文献信息增值化的开发，即知识挖掘或知识发现开发，包括综合、分析、预测、分类，以提高信息加工的效率。随着科技创新的发展及对文献信息的急剧增加，人们需要更新的、更有效的手段对各种大量信息知识进行挖掘。近年来推出的“知识挖掘”开发服务，其结果是这种方式开发出来的信息产品，人们从知识信息资源中获取的不仅仅是一条条信息，而是一个个针对特定问题的解决方案，即知识。目前，在需要数据量大的科研领域中，信息挖掘与知识发现受到越来越多的关注，许多成功的实例说明了数据挖掘对科学研究具有很大的促进作用。它为把海量信息转化为有用信息和知识提供了条件，也为文献信息的进一步开发提供了新的途径。

实际上，传统图书馆的文献信息资源开发利用也包含着对信息的增值化开发利用，如编制专题索引、馆藏目录、新书通报等。网络环境中信息的增值化开发利用既要立足于传统的文献载体，更要面向网络信息资源，进行网络信息的开发创新。网络信息资源最大的特点是无限、无序、优劣混杂。对网络信息进行整序、重组、重新包装，使 Internet 变成一个有价值的信息空间。目前有些图书信息机构已开展了这样的工作，如在图书馆主页编制网络导航。它是侧重于对信息内容的深度挖掘和开发，使其被利用后体现出增值效益。对于网络信息的开发利用，可运用智能软件工具实现网络信息的开发创新。对此，美国 Michigan 大学信息学院师生于 1994 年开发出了具有智能特性的、能使网上信息产生创新增值的工具：Internet 资源主题的目录—Argus Clearinghouse——《面向主题的 Internet 资源指南》，此工具是基于信息分析过程中筛选过滤、内容萃取、关联推导、综合评价等增值处理要点创造的，它适用于信息增值开发工作，是各学科网络资源的指南。它为把海量信息转化为有用信息和知识提供了条件，也为文献信息的进一步开发提供了新的途径。因此，我国也可采取引进或开发类似工具进行网络信息资源的增值化开发。

（三）精品化型开发

如前所述，信息资源网络化在给人们创造了无限信息能力的同时，也带来了巨大的信息噪音。我们不得不面对另一类型的信息缺乏，即大量信息混乱所造成的信息缺乏。重复的、低水平的网上资料会占据我们 90% 的网上时间，我们依然找不到有价值的东西。信息服务业的发展规律告诉我们：对今后的信

息服务起决定性作用的将是质量而不是数量，是深度而不是面面具到，是系统有序而不是名目繁多。在产品供应短缺的时代，数量是最重要的，但在产品泛滥的时代，产品的质量和品牌才是最重要的。因此，有实力的农业图书信息机构应集中更多的人力、更大的物力和财力资源来推行精品战略，认真地制作精品，而信息服务的内在价值也主要取决于制作者的智力投入。而建设专题特色库是推行精品战略举措之一。

专题特色库是建设具有中国特色、地方特色、高等教育特色或资源特色的文献信息资源数据库。目前农业图书信息机构建专题特色库其对策应是：追求特色与质量、边建设边服务。推动教学、科研发展，支持地方国民经济建设。我国高校图书馆专题特色库建设经过多年的探索，已形成了各色各样的专题数据库。如CALIS特色库项目一期已建成的专题数据库有25个，总数据量达280万条（篇），初步建成跨库检索服务系统，为农业文献信息特色资源共享提供了可靠的保障。还有“中国农村问题研究文献数据库”、“机械制造及自动化特色数据库”、“饲料添加剂专题特色库”、“猪养殖特色数据库”等。农业图书信息机构在开发特色数据库的同时，应变革服务理念，面向广大用户服务，把提升数据库的使用价值作为开发建设数据库的目标。因此，农业图书信息机构应发挥文献信息中心的主导力量，以自身的人才、技术优势形成本机构专业文献信息资源的开发基地和有特色文献信息产品（商品）的生产（交易）基地。从各自的实际出发，重点建设教学科研急需的、具有学科专业特色的、能够取得显著利用效益的特色数据库体系，更好地发挥农业文献信息资源整体优势和规模效益。

（四）知识整序型开发

所谓知识整序型开发，即是对文献中的相关知识单元在结构上进行重新组合使之有序化后形成新的知识产品的过程。也就是说从对文献内涵知识的揭示与开发，实现从文献整序到知识整序的转变，为用户提供内容丰富的信息资源产品的知识服务。

创建深层次的农业文献信息的开发利用模式，必须在如何主动为用户分析、设计、挖掘和改造各种可能的个性化资源与服务机制，作为图书信息机构发展新的增长点和未来信息服务需要面对的重大课题。文献资源建设是农业文献信息开发利用的基础，农业图书信息机构应在文献信息的收集、存储、加工等环节上下功夫，以用户的知识需求为导向，有的放矢地对纷繁复杂的各种载体文献进行收集、筛选，排除无关文献，剔除冗余知识，建立起与用户文献信息需求相适应的馆藏体系，为用户提供丰富的、可供选择的知识源。在此基础上，特别是对目前由于信息泛滥、文献急增，用户需求逐渐由整篇文献获取转变为对知识的吸取上下功夫。

知识整序型开发主要是指分类、主题方法、索引方法、文摘方法、评述方法、学科导航法等。与传统方法相比，所谓“现代方法”主要是指“更为直接的”知识单元的重新组合工作。它是要在传统方法的基础上，或者以它为基点，采用现代高新技术、设备和手段，进行深层的“知识开发”，然后进行知识重新“组配”。根据实际情况，可将传统方法与现代方法相结合，如：一是在文献款目中，对揭示文献内容的“提要项”采取有效措施，提高完备程度；二是在文献标引上，加强主题标引，或采用分类主题一体化语言，多角度多系统地揭示文献主题内容，并建立科学的、完备的符合用户习惯的检索系统，以真正方便创新用户对所需知识的获取。从而使文献信息在科研、教学、生产等领域中发挥更大的作用。三是建立学科门户导航系统，重组有效信息资源。单纯的站点导航链接信息量大，基本上处于学科分散的状态。从资源开发利用角度来说，站点搜索引擎具有只是一种宏观的内容集中，对于大多数用户来说，它所起的作用并不大，因而从内容集中的意义上来说，它不是理想的，应当开展学科导航。如澳大利亚农业门户网站（http://www. Agrigate. edu. au）是由澳大利亚研究理事会和 Melboume 提供资助，各大学图书馆共同合作开发的农业资源网站，目的是鉴别和传播高质量的农业研究信息资源。几乎所有有价值的农业信息都能在该网站上找到。网站的信息资源由专业信息人员和农业专家共同筛选，信息价值很高。所以专业导航、学科导航更容易被专业相关信息用户认同。通过组建专业门户网站，扩展网络资源的有效利用，并且由农业专家与专业信息人员有效组合而形成的阵容进行数据开发，有针对性地提供高层次信息服务，能基本满足专业用户的信息需求。

随着网络信息和文献的快速增长，互联网为信息和知识的获取提供了更为丰富的“原矿”，但是网络信息的增多在一定程度上体现为垃圾信息的增多，极大地增加了用户的负担。若要改变这种状况，就要使文献信息的加工朝着浓缩信息资源、系统化组织信息资源、提炼知识的方向上发展，对网络信息的知识整序型开发将是未来文献信息资源开发的一个重要课题。

（五）智能化型开发

所谓智能化开发，这里是指图书馆人员利用自身在信息开发方面的素养，以计算机技术为手段，以储存的文献信息资源为开发对象，根据读者需求，生产出各种新型的文献信息产品（如书目型、文摘型、全文型数据库等）。有资料表示，我国国家创新的信息需求表现以书刊报纸为代表的文献信息需求为

主。像期刊这类印刷文献信息，具有电子信息所不能替代的优势，如使用方便、成本低廉、无需设备等，在农业领域仍然具有很强的生命力，应当成为农业信息资源开发的基本手段之一。高新的信息技术如果能够与之良好结合，就能更好地发挥其优势。如根据创新项目或专业、学科特色有计划、有步骤地创建专题数据库、特色数据库品牌，并提供网上服务，为农业科技创新提供信息保障支撑。

因此，应当创造条件，建立基于网络的多媒体数据库。多媒体是利用计算机或其他电子手段传递的文本、图形艺术、声音、动画和视频信息的交织组合。随着多媒体技术的兴起，多媒体数据库应运而生。我国农业多媒体数据库建设及其产品开发刚刚起步，但具有广阔的应用前景。建立国家农业实用技术多媒体产品制作中心和网络服务系统，是利用现代信息手段推广农业科学技术的有效途径。它将把十分复杂的农业技术，以极为简单、易懂、易学的方式表现出来，以一种崭新的形式促进农业科技推广、科技咨询和农业教育的发展。

当务之急是及时引进和应用现代信息技术，解决目前文献信息资源开发利用与服务中的难题与技术障碍，构建便于信息开发与广泛交流的智能化网络平台。如近年出现的知识搜索就是一种基于先进的自然语言的智能检索技术，用户输入简单的疑问句，搜索引擎在对提问进行结构和内容的分析之后，或直接给出提问的答案，或引导用户从几个可选择的问题中进行再选择。如果没有满意的答案，可建立新问题，等待他人回答，从而再次选择。除此之外，还有智能化专题信息搜索引擎、智能化信息加工与控制系统、个性化信息定制与传送系统、专题数据库制作系统、网上科普与远程教育系统、专题科技信息门户网站、联机文献服务系统等。

（六）共建共享型开发

共建共享型开发是指“为了方便用户集中利用分散的信息资源，实现多个信息资源拥有者之间的资源共建共享和互联互通，打破部门、区域、行业的限制，实现信息资源一处存储，多处使用，降低信息的冗余和信息孤岛，减少投入，增大效益，发挥信息资源的最大价值而进行的开发工作。”为此，以互联网为基础平台，构筑以内容资源为主的农业数字图书馆是服务于未来农业的一种新型的网络信息资源的服务模式，是学科导航模式的进一步延伸和专业细化的进一步体现，是全国农业信息资源协作网最终的理想模式。“数字图书馆是着重已有资源的重组而不是新资源的创建”，我国农业数字图书馆建设应在现有网络基础上，在信息资源建设方面做文章。发展建立在统一平台上的以农业部信息中心为中心，辐射到全国以政府机关的供求信息数据库为主，以科研单位的成果型、事实型数据库为主，以高等院校的文献型数据库为主的纵向型网络；发展以农业部信息为中心的，以各地区联合协作资源开发为基干的横向型网络，形成一个纵横交错、上下互联的网络农业信息资源开发利用与服务态势。

在农村要形成服务链。从信息资源的收集，再到分析加工、传递、接收、分发、应用、反馈，需要一整条服务链，其中部分内容还会有一些交叉，渠道也要多样化，这个服务链的形成需要做大量的工作。即整个文献信息资源开发与利用工作要有多种组织方式。要组织农民协会，包括农民科技协会、农民信息协会等。另外需要各农业图书情报机构发挥主导作用，对信息服务的延伸真正起到主导作用。根据实地调查，目前农业主管部门是相对比较弱势的。因此，需要各级农业图书情报机构的积极参与。

三、实施农业文献信息资源开发利用的条件

（一）优化农业文献信息资源开发利用的外部环境

农业文献信息资源开发利用的战略任务和模式，必须有措施来保证其顺利实施。纸质文献资源和数字化信息资源是农业文献信息资源开发利用的基础，而由网络和数字化信息资源引发的传统文献信息发布、传播、组织加工和传递的基本规则正在受巨大的冲击。因此，需要重新构筑和优化与网络和农业文献信息资源开发利用的外部环境，主要包括：网络环境、文献信息资源、图书信息机构及有关法规、法令、标准、规范等。

1. 建立健全机构，统一组织协调、统筹规划和监督管理

农业文献信息资源开发是一项复杂而又艰辛的系统工程，它涉及各行各业、各个领域。目前我国农业文献信息资源的开发与利用存在着文献信息资源分布不均、信息产品数量少、质量差、农村信息基础设施落后等局面，再则我国各类型图书信息机构隶属不同的上级部门管理，从而导致了农业文献信息资源开发与利用只能是松散的、暂时的、阶段性的，不能持续发展。在这样一个环境下，要大规模组织农业文献信息资源的开发与利用，就更加困难。因此，建立一个能够统领、组织、协调和监督各行各业、各个方面的权威性机构，负责农业文献信息资源的开发与利用是开展这项工作的组织保障。尽管我国的农业文献信息资源开发与利用喊了多年，投入也不菲，但效果却不明显，究其原因，缺乏一个强有力的组织机构，是造成这一局面的主要原因，建立全国“农业文献信息开发利用协调委员会”这样的机构，统领、组织、协调和管理这项工作已经刻不容缓。该机构对全国农业文献信息开发利用工作进行总体规

划、协调和管理，并负责制定有关行业标准（如数据库标准、信息服务资费标准等），使农业文献信息资源开发与利用的每一个步骤、每一环节都精心策划、周密考虑、协调组织，确保这项工作的顺利开展。

2. 制定各项法规、法令、标准、规范

法律法规是影响农业文献信息资源开发利用的又一重要因素。建立健全机构，是农业文献信息资源开发与利用的组织保障，还要颁布相应的农业文献信息资源开发利用的法规与法令、制定文献信息资源开发利用的标准、规范，其内容包括：名词术语、数据编码、数据格式、数据质量、数据管理规章等，是使这项工作能沿着正确方向前进的法律保障。农业文献信息资源的开发与利用必须有配套的法规、法令、标准和规范的同步发展。政府应加强相关法律法规的建设，使文献信息加工的标准都做到有章可循，农业文献信息资源的开发利用有一整套法规法令、标准规范去约束、去规范。不断完善网络环境下的知识产权法、网络个人隐私权保护法等，立法保证社会大众可无偿获取与使用国家性的公共社会信息资源，保证用户获取信息的平等权利。应抓紧制定农业文献信息资源开发利用专项资金投入规划，提高资金使用效率。鼓励、扶持在农村社区和乡镇建设适用的信息服务设施，逐步形成多种形式、多种终端获取农业文献信息资源的良好环境。

（二）创造农业信息用户信息需求市场

用户信息需求是农业文献信息资源开发利用的源动力。农业信息用户的信息需求包括：研究型农业信息用户（包括教师、科研人员、学生、博士、硕士研究生等）的信息需求；有应用型的农业信息用户（包括农民、务工的农民工、农民企业家、专业户等）的信息需求。在农业领域活动中，不同的组织、单位、个人需求的信息类型是不同的，或者说差异是很大的。

用户的信息需求是客观存在于现实世界的一个复杂的现象，不仅受用户个体种种主观因素的制约，而且还会受地域环境、民族文化、经济基础、教育程度等客观因素影响。我国地域辽阔，用户分布广泛，且东部地区与部分欠发达地区的经济、文化、互联网发展水平等极不平衡，在信息技术开发、信息的拥有量、信息意识、信息能力方面也存在很大的差距。对用户信息需求的了解和研究，创造农业信息用户信息需求市场，是提高农业图书信息机构信息开发利用工作的前提条件，是提高服务质量的基础。

首先，开展用户研究，培育用户信息理念。信息理念是信息社会化建设的一部分，是人的信息行为的意识基础，也是人们利用文献信息资源的基础。信息理念的普及化是社会信息化的前提。农业图书信息机构通过对用户的信息教育来培育用户的信息理念，推动信息理念的普及，促进信息的社会化。通过信息教育，用户的信息意识将得到加强，信息意识的增强有助于激发起用户潜在的信息需求，使之向实际需要转化，并最终表达出来，并且也有利于建立社会信息资源利用体系。图书机构的用户信息教育具有宽泛性、前卫性和实用性。培养信息用户对文献信息资源、网络信息资源和社会信息资源在获取、加工和应用方面的综合信息能力，训练用户的文献信息开发和利用技能，在一旦事业或工作需要时，他们将自发地、主动地通过一切可能的途径开发各种信息源，获取、加工和利用所需信息。这种教育的普及和社会化，将促进人们综合信息能力的日益提高，使社会信息资源的利用体系得到更大发展和完善，加快信息化社会的进程。

因此，对农业图书信息机构的文献信息开发利用与服务工作来说，用户研究是一项重要、紧迫、长期的任务，是一项持续性的常规工作。通过主动调查走访，自动跟踪用户行为等方式，分析用户对资源和服务的需求和使用习惯，建立个性化的用户需求模板，作为指导服务开展的指针。

其次，重视教育培训，提高整体素质。教育培训包含两方面，一方面是面向研究型信息用户的培训，采取定期或不定期等多种形式的培训讲座，提高用户的信息意识、信息获取能力；另一方面是面向农民的信息能力培训。政府应采取多种方式加强计算机网络知识的普及，开展全民网络教育工程，在全社会普及信息化知识和技能，尽快在所有高等、成人教育、中等专业、中小学校开展程度不同的计算机及网络教育。同时，政府应采取相应措施，降低上网费用，刺激大家对信息产品的购买欲望，使互联网这种信息消费真正成为一种大众化、平民化的消费。

最后，探索鼓励措施，引导农民上网。建立乡镇、村信息站，利用信息员、龙头企业、种植养殖大户、工商户和农村经纪人带动农民上网。在我国农村，农民基本是处于被动的地位，文化素质低，缺乏现代科技知识，收入低，投入能力有限是我国农村现状。农业网站若坐等农民上网点击，等待农民自身素质的提高无疑是不现实的。“华中农业信息网”政企合作，不单纯追求点击率，而是主动出击寻找和培养目标客户人群，武装农民上网，无偿培训上网农户，用协议约束双方职责，每个示范户都起到网吧或信息站的作用，使他们不但是网络农业的先行者，同时也是网络农业的拓展传播者，在其自身受益的同时，也必然引发广大农民对电子网络的强烈需求，企业从中实现赢利，使农户与企业相互受益、相互促进，产生巨大的经济效益和社会效益。

(三)建设一支高素质的农业文献信息开发队伍

开发文献信息，关键是人才。如果说，建立健全农业文献信息资源开发与利用的机构和颁布制订法规、法令、标准和规范，是从组织机构和技术保障两个方面来保证农业文献信息资源开发与利用的顺利开展，而能否建设一支具有高素质的专业队伍以适应信息资源开发与利用这项工作的要求，则是关系到农业文献信息资源的开发与利用是否沿着健康的轨道发展，能否可持续发展的关键。农业文献信息资源的开发与利用是农业图书信息机构的重点和难点，同时又是一项长期的工作。农业图书信息机构同其他行业一样，也是人才的竞争。建立一支高素质的农业图书信息机构人才队伍，适应信息资源开发与利用这项工作的需求，是我们必须面对并要去解决的一个难题。网络化、数字化技术的发展使用户需求不断发生变化，作为知识和信息的“组织、传递”机构——图书信息机构，已从简单的文献整序、常规服务过渡到比较复杂的文献资源开发传递、综合服务。尤其是高校、科研院（所）图书信息机构，近几年大多实现了自动化的更新换代，建设了完善的内部网络设施，具备了畅通的外部网络条件。基于良好的信息服务环境，用户的信息需求对图书馆员提出了更高更新要求，图书馆员扮演的是信息专家的角色，将要在文献信息资源开发与服务中发挥主力军作用。为此，必须要造就一大批能掌握图书馆学理论、计算机技术的复合型人才。懂得图书馆学的理论，就是要能运用图书馆的理论指导图书馆的各项信息实践活动；掌握计算机技术，就是不仅能够熟练使用、操作计算机，掌握馆内网络、国内联机检索、国际联机检索和互联网的网络技术，而且还要有网络维护、开发软件的能力。特别是要在信息增值服务、资源建构、信息技术开发、专业学科知识拓展、公共关系、信息资源的广泛了解、与信息技术紧密相随的文献信息资源开发利用技能、一切以用户为中心的态度、分析与文字能力、信息技术的综合知识等方面的培养，不仅十分必要，而且十分迫切。而目前农业图书信息机构队伍建设中存在的问题是人员综合素质偏低，高素质人才匮乏，不能适应文献信息资源开发与利用这项工作的需求，这二者的矛盾，已经明显地凸显。为适应这一要求和变化，以满足文献信息资源开发与利用对队伍建设的要求，建设一支专业化的高素质的农业文献信息服务队伍是当务之急。要制定出可行的人才培养计划，既要保证队伍的整体水平，突出质量要求，尤其是政治思想的要求，培养具有“奉献”、“敬业”精神的人才，又要注意培养多种层次和类别的人才，形成合理的梯队，以适应事业发展的要求。

当今，在我国，应进一步健全农村信息服务机构，加强农村信息服务队伍建设。农村信息员队伍是连接基层农业信息服务机构与广大农民的桥梁和纽带，加强农村信息员队伍建设是解决信息服务“最后一公里”问题的有效途径。从目前统计来看，农业信息人员十分缺乏，信息员的队伍建设较落后，服务水平不高，要改变目前这种状况，可通过省、市、县级逐级培训、网上培训等形式，对信息人员进行岗位培训，也可以在全国大中专院校中吸纳一批信息专业的毕业人才，通过培训达到会收集、会分析、会传播信息的“三会”要求，努力建设一支素质好、业务精、具有开拓精神的农业信息员队伍。

第七节　网络农业文献信息资源开发利用的原则

首先，要清楚两个概念，即“通过因特网获取的信息资源”和“因特网的信息资源”。所谓“通过因特网获取的信息”通常指的是信息专家创建的数据库（主要是联机数据库）中的信息，它们仍然属于联机检索，这里的Internet只起类似“道路”的作用。这类数据库大多不向终端用户提供直接免费检索，需要专业检索人员通过Internet获取其收集、加工的信息。检索通常是收费的，而且费用昂贵。联机检索与网络信息检索两者共存发展。所谓“因特网上的信息资源”：指的是任何终端用户都可以在Internet上查询到的信息，这类信息，广泛多样，从政府报告到个人宠物照片无所不包，信息瞬间变化主要通过WWW搜索引擎或直接进入已知网站获取，检索是免费的或只收很低费用。我们把这类信息称为网络信息资源。

从信息交流的方式看网络资源可分为3种：一是正式出版的文献信息，如电子图书、工具书、书目、专题数据库等；二是国际组织、政府、工商企业、学术教育机构等网址或主页上提供的非正式出版的灰色文献，如政府报告、研究进展、会议录、学位论文等；三是动态信息，包括电子论坛、电子公告板等信息。从内容上看，网络信息资源包罗万象，涉及各学科、各专业领域和社会生产、生活的各个方面。从理论上讲，所有数字化的信息资源如不考虑其知识产权的问题都可以最终实现网络化。信息资源的网络化极大地丰富网络信息资源，与传统信息资源相比，网络信息资源在数量、内容、质量、形式、分布和传播范围、类型、载体形态、传递手段等方面都有显著的差异，呈现出其独有的特点。如：网络信息数量巨大，内容丰富，但非常繁杂，混乱无序，精度低；网络信息形式多样，传播速度快，范围广且具交互性；信息源庞杂，信息分布分散；呈现无序性、不稳定性和动态性；网络信息资源质量参差不齐，精确度不够等。

因此，必须科学地加以开发，才能被有效地利用。网络农业文献信息资源开发利用应遵循以下原则。

一、用户需求导向原则

网络农业信息服务市场的主体是信息用户。为用户服务是网络信息资源开发利用的根本目的，也是农业文献信息资源开发成功与失败的决定因素。所以，网络农业文献信息资源的开发利用必须以用户为中心，以用户的信息资源需求为导向，农业文献信息资源的开发利用要有的放矢。应从服务对象的特点、知识结构、工作性质与任务、发展方向等方面出发，力求开发出针对性强的适用的农业信息资源，满足农业用户的信息需求。为此应加强用户研究，围绕用户的需求来组织网络信息资源，利用、改进网络信息服务手段，提高网络信息服务效率以满足用户的需求。用户导向原则包含以下几层意思：

首先，开发的方式、方法、层次和开发出的信息产品要加强针对性，要考虑不同层次、不同类型的用户的差异，并且能够从多角度满足用户的需求。由于农业文献信息资源的多元化，不同时期的文献信息资源呈现出不同的特点；又由于一个地区的农业生产是随市场变化而进行调整，只有及时、灵敏的信息才会在教学、科研、生产和决策中有参考意义。因此，为保证时效，农业信息工作者要及时收集、整理有关文献信息，加快传递速度，完善传递渠道。为了使网络农业文献信息资源开发利用工作具有强烈的针对性，做到有的放矢，必须对农业信息用户的类型、特点、知识结构、工作性质、信息需求特征及其发展变化等情况做深入详细地了解和分析，制定以用户为中心的网络农业文献信息资源的开发利用计划，力求开发出针对性强的、适合农业信息用户需求的信息，满足农业信息用户的各类需要，避免开发利用中的盲目性。

其次，开发的农业文献信息资源对农业信息用户有使用价值，便于用户使用，并且价值突出。这是农业文献信息资源开发利用的基本要求。开发出来的文献信息产品和提供的信息服务，不仅在内容、功能、能力等符合农业信息用户的需求，还要具有易用性和简便性。这就要求开发者必须主动地从多个角度考虑用户特征、用户要求、用户习惯等，才能开发出有价值的、实用的信息产品或信息服务。如构建的农业网站要围绕农业信息用户需求，贯彻“以人为本、一站式服务”的指导思想，要进行自身定位，确定自己的特色和发展方向，不能覆盖的内容，则通过与其他网站的信息资源整合和网站协同服务来满足。总之，要为农业信息用户提供精练、准确，能解决实际问题的文献信息资源。因此，我国农业网站发展到现阶段，信息资源整合问题、协同工作机制建立问题就逐渐浮出水面，而且迫在眉睫需要解决。

最后，为农业信息用户不仅提供可靠、权威、综合和系统的专业信息资源与服务，且能以较低的价格或免费下载论文；不仅能用，且用得起。

二、以质量取胜原则

所谓质量取胜的原则就是为用户提供经过分析处理的、真实、可靠、准确的信息，而不是庞杂无用的信息。因此，质量保证是网络信息资源开发利用成功的关键。质量取胜原则，包括三个方面：一是要求对信息内容的判断要准确，避免信息污染，为用户提供准确、精练、能解决问题的适用信息，而不是庞杂的“信息海洋”。二是要求采用正确的信息检索方式方法，搜集准确的信息，防止信息在传递过程中的失真。三是高质量的网络信息应具备准确性和权威性、时效性和及时更新、快速、内容丰富、便于检索和查询。

三、效益性原则

农业文献信息资源的开发，其目的是为了使用。在农业文献信息资源开发与利用的过程中，我们必须要面对的一个问题，那就是效益。从管理学的角度来看，人本原理、系统原理和效益原理是任何一种管理都必须遵循的三大原理。人本原理和系统原理是管理的重要保障，而效益原理是管理的出发点和归宿，提高效益才是管理的根本目的。我们在信息资源开发和利用的过程中，也必须遵循效益性原则。

网络农业文献信息资源只有被用户利用才能产生效益。网络信息资源的开发利用，既会给农业文献信息资源的开发带来一定的效益，也会给农业文献信息资源的使用者带来一定的效益。这里所指的效益是指两者的效益。坚持网络农业文献信息资源开发利用的效益性，主要是指要正确处理好三种关系，即经济效益和社会效益的关系，当前效益和长远效益的关系，局部效益和整体效益的关系。这一原则包含三层意思：

第一，优先开发特色文献信息资源。一般说来，农业图书信息机构经过多年的积累和建设，在农业文献信息资源的收藏和加工上逐渐形成了自己的独特风格。这些独特风格可能是行业特色、专业特色、类型特色、地域特色、文种特色等。对这些资源优势和特色优势要优先开发，以发挥其突出作用。

第二，在开发项目的选择上不能眉毛胡子一把抓，而应坚持有所为和有所不为，对自己的重点和特色，应尽快实现开发标准化、规范化、制度化。如上海图书馆的《全国报刊索引》，就是这方面的典范。

第三，在农业文献信息资源开发的方式、方法、技术手段上要有继承，也要敢于创新。由于农业文献信息资源更新快，农业图书信息工作者必须要对有价值的信息源进行连续跟踪，一旦发现有新的适用信息，就应将其开发出来，并及时提供给用户。只有通过对农业文献信息资源的连续开发，才能为农业信息用户提供新颖及时的信息。在不断积累和发展过程中找出一条适合自己的可持续发展的开发路线，实现农业文献信息资源的价值积累和价值增值。

四、整体性原则

网络环境下的农业文献信息资源分两部分，一是印刷型，二是电子版型，它们相互依存、相互补充，构成了网络环境下文献信息资源体系。由于文献信息资源类型不同、载体不同，在开发与利用中，亦应采取不同对策。如网络农业文献信息资源开发利用，是一个复杂的、多因素的动态系统工程，涉及信息机构、信息设施、信息资源、信息人员、信息用户、信息经费、信息政策等诸多方面。所以，在研究网络农业文献信息资源开发利用问题时，要运用系统的观点和方法，从系统的整体出发，考虑各方面因素之间的相互作用、相互影响，注意各个方面、各个环节的相互协调与合作，全盘考虑，确定最佳方案，以求达到最佳效果，从而提高整体效益。

当然，在开发与利用网络农业文献信息资源时，要竭力对印刷型农业文献信息资源进行开发与利用，只有系统地、连续地从馆内与馆外、国内与国外、网上网下收集和积累各种文献信息资源，进行优化整合，高效有效的开发利用，才能提高农业文献信息资源的使用价值。

五、协作性原则

在现代信息网络、数字化环境下，农业文献信息资源不断增加，为我们获取农业文献信息资源提供了广阔的空间，但农业文献信息资源的增加，也为我们农业文献信息资源的加工、开发、利用带来了诸多不利的因素。随着信息时代的到来，一方面农业文献信息资源成倍增加将不可避免；另一方面用户需求向多元化、个性化、集成化的方向发展，使得单一的图书信息机构已难以满足用户需求。因此，需要各信息资源机构加强合作开发与利用。即图书馆之间、科研机构之间、企业之间、图书馆与其他行业之间以及跨行业跨部门之间的合作，是确保农业文献信息资源开发工作向纵深方向发展的基本保证，也是提高农业文献信息资源利用率的前提。广东省由广东省图书馆牵头，联合超星数字图书馆、汕头图书馆、湛江图书馆、东莞图书馆、顺德图书馆、肇庆瑞州图书馆、不列颠哥伦比亚图书馆等，建立了网上参考咨询服务中心，积极开展网上信息服务。

实践表明，网络环境下农业文献信息资源开发利用应走馆际联合协作开发的道路，同地区、同专业类型、同系统馆间应分工协调，避免重复建设和人力、物力浪费。也只有通过农业图书信息机构间的协同发展，才能形成互为补充、利用、推动的农业文献信息资源开发利用与服务体系。

参考文献

[1] 符绍宏. 网络环境下的信息服务. 情报学报，1999，(5)
[2] 高雯雯. 知识搜索引擎探究. 图书情报工作，2006，(10)
[3] 何平等. 我国不同经济发展地区农村信息需求的比较研究. 农业图书情报学刊，2003，(6)
[4] 胡鞍钢. 信息化挑战中国. 北京：北京大学出版社，2002
[5] 黄晓斌. 论网络文献信息的挖掘. 图书情报知识，2002，(6)
[6] 蒋永福. 再问图书馆学的科学性和研究方向问题. 中国图书馆学报，2005，(3)
[7] 赖茂生，杨秀丹等. 信息资源开发利用基本理论研究. 情报理论与实践，2004，(3)
[8] 李阳晖，邓胜利. 数字信息服务的个性化演变. 图书情报工作，2006，50 (10)
[9] 马费成. 信息资源开发与管理. 北京：电子工业出版社，2004
[10] 孙培香. 数字图书馆与信息资源共建共享. 情报学报，2003，(增刊)：131~133
[11] 孙中才. 农业与农村信息化的基本目标分析. 中国农业综合开发，2004 (3)
[12] 王立生. 高校图书馆文献信息交流障碍探析. 四川图书馆学报，2002，(3)
[13] 贾善刚. 我国农业信息网络发展现状与对策. http://www.hddm.heagri.gov.cn.
[14] 信息开发呼唤适度整合——我国农村信息资源建设的现状、问题及趋势调查分析. http://www.cnii.com.cn/20050801/ca341650.htm
[15] 张冬荣等. 图书馆 Information Commmons 建设实践研究. 图书情报工作，2006，(10)
[16] 赵洁，何荣利，许强，石光，张维庆，康猛沈. 阳农业大学学报（社会科学版），2005-06，7 (2)
[17] 赵晓莅. CALIS 与农业院校图书馆文献资源建设. 农业图书情报学刊，2003，(3)
[18] 郑业鲁. 农业信息网络建设策略. 农业图书情报学刊，2003，(2)
[19] 中华人民共和国国家统计局. 中国统计年鉴 2003. 北京：中国统计出版社，2004
[20] 周带娣. 高校图书馆文献信息资源开发利用的分析思考. 文史博览，2005，(16)
[21] 周带娣. 湖南省农业文献信息开发利用战略研究. 湖南农业大学学报（社会科学版），2000，1 (1)
[22] Peter Lyman and Hal R. Varian. How much information? 2003 UC Berheley，2004

第三章
农业文献信息资源共建共享

信息是无限的，因为信息无处不在、无时不有。但是，信息资源是有限的，因为信息资源只是经过人类整理过的有用的信息，人类智能的有限性决定了信息资源的有限性。另一方面，相对而言，人类社会对信息资源的需求又是无限的，这是由人类社会的发展所决定的。因为人类社会的信息资源需求总是在不断发展的，所谓信息资源需求的满足只是相对的、暂时的和个别的，而信息资源需求的不满足则是绝对的、永恒的和整体的。

信息资源的有限性和人类社会信息需求的无限性制约着图书馆的产生、存在和发展。一方面，相对于所有信息资源来说，由于图书馆能够收藏和拥有的信息资源极为有限，所以图书馆始终无法满足人们对信息资源的无限需求；另一方面，由于图书馆承担着满足人类社会信息资源无限需求的社会职能，因此，图书馆必须利用有限的信息资源去最大限度地满足人们对于信息资源的无限需求。也就是说，图书馆必须使其可提供利用的信息资源尽可能地最大化，才能最大限度地缩小有限的信息资源和无限的信息资源需求之间的差距。而最大限度地缩小这种差距的唯一途径就是实现信息资源共享。所以，从人类社会第一个图书馆或者第一个图书馆员产生之日起，实现信息资源共享始终是图书馆员的崇高理想，也是图书情报事业和图书情报工作达到最高境界的标志。

第一节　农业文献信息资源共建共享的必要性

一、农业文献信息资源的作用

农业文献信息资源是在社会发展过程中积累起来的，对人类社会的现实发展具有实用价值且能够被人类所利用的文献信息的集合。它是记录农业生产情况和经验，农业科学研究成果与方法，以及其他一切农业活动的主要载体，是一种随时随地记录和积累农业知识，阐述农业思想，在时间和空间上积累和传播农业信息的最有效方式。

由于农业文献信息资源是科学知识的载体，可以说是一种特殊的农业资源。国内外大量事实证明，农业文献信息资源对于推进农业科技进步，加快农业经济发展，都起着不可取代的支撑和保障作用。农业文献信息资源已成为世界各国农业发展的重要资源和条件。农业文献信息资源是农业教学、农业科研、农技推广人员和广大农民辛勤劳动的结晶，是我国农业生产持续发展的宝贵财富。对农业文献信息资源进行全面、系统地开发，实现资源共享，充分发挥它们在农业和国民经济发展中的积极作用，对促进农业科研出高水平的成果、农业教学出高素质人才和现代化农业经济发展具有重要的现实意义和战略意义。

二、农业文献信息资源的特征

农业文献信息资源内容涉及世界各地农业科技、政策、机构科研动态等方方面面。包括农业基础学科、农业机械、农业工程、农艺、园艺、畜牧、水产等农业各专业及相关领域。农业文献信息资源具有以下特点。

（一）信息与载体的不可分割性

信息、知识必须依附于一定的物质载体才能存储和传播。也就是说，载体把系统化的信息、知识记录下来，是信息、知识存在的必要条件。载体如果不记录信息、知识，就不属于文献信息的范畴，载体也就不再称其为载体。而文献信息内容自身不能存在和交流，它必须以一定的符号系统固化在一定的物质载体之上才能存在和交流。就其形态而言，农业文献信息资源是一种固化的物质实体；就其内容而言，它又是一种精神的、思想意识的产品。因此，信息内容、符号系统、物质载体三者的有机结合，构成了一定的精神与物质相结合统一不可分割的特定形态。这是农业文献信息资源的基本特征。

（二）可利用性

农业信息资源是以语言、文字、数据、图像、声频、视频等方式记录在特定载体上的信息源，是人类精神信息的物化结晶，其最主要的特征是具有以客观形式存在的独立于人体外的物质载体。就其内容而言，是一种静态性的信息。然而农业文献信息又是供社会使用的，其精神与物质相融合相统一的实体随时处于交流与传递之中，在动态中实现其价值的。但应当看到，农业文献信息如果没有人的作用，它不会运动，也就不能形成交流，其信息价值也就不能实现。

（三）可重复使用性

作为农业科学和技术知识记录的文献信息资源，不同于一次性消耗的资源，它可以反复利用，成为用之不竭的财富。它一旦产生，只要载体不损坏或

消失，农业文献信息资源就可以超越时空的限制，无限反复地为人类所利用，就可以被复制和传递，为人类所共享。

（四）可塑性

同自然资源相比较，农业文献信息资源具有可塑性。自然资源的存在状态是一种客观状态。无论其数量上的丰富与否还是其地域分布的均衡与否，都不以人的意志为转移。农业文献信息资源作为农业教学、农业科研、农技推广人员和广大农民辛勤劳动的结果，它必然是可塑的，既可以无计划地、随着时间的推移和时代的更替，以自然积累的形式而形成，也可以在对其发展规律进行科学研究的基础上，通过规划、采集、组织、开发等手段，积极主动地对其进行建设。这个建设过程，既是对文献信息资源的主动积累，也是对现有农业文献信息资源结构的改造和优化。

（五）积累性

农业信息资源是随着时间的推移和时代的更替，以自然积累的形式而形成。也就是说，农业文献信息资源的丰富与否主要取决于各个历史时期对于文献信息的积累。它不像其他资源那样年复一年地被消耗，日益减少，甚至枯竭。而是随着经济的发展、科技队伍的扩大和对科技投入的增加而迅速增长，日益丰富。

（六）效益性

农业文献信息资源的价值实质是文献载体所含信息内容的价值。农业文献信息资源建设工作会随着文献信息内容的积累、开发与利用而将其价值转化为效益。农业文献信息资源蕴含着巨大生产力，它通过更新和提高劳动者的知识和技能，把信息转化为直接生产力；信息通过促进科技人员出成果，创造新的生产力；通过提高管理者的管理水平，把信息转化为生产力；信息通过传播和应用实用技术，转化为生产力。它的价值是潜在的，在农业发展中的作用往往是潜移默化的。相对于物质、能源和人力资源等消耗性资源，信息资源属于非消耗性资源，具有快速增值的双增效应，并且愈开发利用，其双增效果愈显著。

（七）冗余性

农业文献信息资源体系的资源价值并非是各单元文献价值在数量上的简单相加。文献在数量上的简单堆积不但不会按比例增加文献信息内容的含量，反而有可能造成文献信息在数量上的冗余，影响文献信息资源有效性的发挥。

（八）区域性

农业生产是生物体的再生产，动植物的生存与繁衍受地理环境和气候条件的制约，对生态环境有较为严格的选择，区域性的特点很明显；同时还受到农时季节的影响，不同季节有不同的劳动、生产内容。农业生产的这两大特点不仅使农业信息本身具有区域性和季节性的特点，而且构成不同地区不同季节农业信息用户对信息有不同的需求。

正是因为农业文献信息资源具有的可重复使用性，可以以极低的成本进行无差别的复制，它不仅意味着共享信息资源的代价很小（与信息本身的价值相比基本可以忽略不计），非常易于实行，而且信息复制品不存在质量和功能上的缺陷，完全和信息源具有同样的功用。另外，信息的共享并不对信息源造成任何的伤害（保密性的问题除外），信息的拥有者并不需要为与他人分享而做出牺牲。同时，信息资源的共享常常是双向的，信息的提供者同时也是信息的获取者。信息资源的可塑性使信息资源的共享在交互的过程中不断升值，最终使所有的参与者都从共享中得到最大的收益。所以说，信息资源的共享可以实现典型的双赢。正是有了这种互相依存和互惠互利的基础，信息资源的共享才能够得到长久的可持续发展。

三、开展农业文献信息资源共建共享的必要性

（一）有利于解决文献信息剧增与入藏量锐减的矛盾

文献信息资源作为科学知识的主要载体，在人类社会的发展过程中，每时每刻都在大量地产生和积累，但是发展速度最快还是最近几十年的时间。人类科学知识的增长速度越来越快，19 世纪是每 50 年增加 1 倍，20 世纪中叶是每 10 年增加 1 倍，当前则是每 3 ~ 5 年增加 1 倍，而有些尖端领域和新兴学科，如原子能、生物科学、环境科学等，其文献量每 2 ~ 3 年就增加 1 倍。现在全世界每年出版的图书近 80 万种；期刊约 10 万种，在期刊上发表的科技论文约 400 万篇；科技报告每年约 70 万件；每年公布的的专利文献约为 100 万件；标准文献累计量约为 120 万件。

近半个世纪以来，文献信息资源发展速度之快、积累规模之大、包含内容之丰富、作用影响之深远，是前所未有的。进入 20 世纪，世界各国农业科学研究机构相继建立，农业科技人员队伍不断扩大，农业科研成果日益增多，农业连续出版物，特别是期刊，作为农业科技情报的主要交流媒介，迅猛增长。20 世纪创办的农业刊物的数量直线上升，进入 40 年代后进一步加快。50 年代比 40 年代几乎翻了一番。60 年代又大幅度上升。70 年代达到最高峰，占 20 世纪创刊总数的 23. 96% 。目前，全世界农业及与农业关系密切的连续出版物至少在 1. 2 万种以上。每年报道农业文献超过 30 万篇。世界上农业文献迅速

增长，数量庞大，类型复杂。计算机、高密度存储和数据库通讯技术的发展，引起文献出版形式和发行方式的变革，改变了图书馆的馆藏文献结构，形成了印刷型文献与电子文献共存的局面。在印刷型出版物继续迅猛增长的同时，以光盘为主要载体的电子出版物的发展更是势不可挡。

现代文献及信息呈爆炸性增长，文献类型和载体不断推陈出新。在这种情况下，没有任何一个图书情报机构能够搜集齐全一切有用的农业文献。世界性的通货膨胀，又使农业文献的价格年复一年地大幅度上涨。如中文图书的价格，1995 年比 1985 年平均增长 8 ~ 10 倍，外文期刊价格每年增幅达 50% ~ 60%，使经费紧张的图书情报部门不堪重负。由于书刊价格上涨幅度远远高于文献购置费的增幅，致使收藏能力减弱，文献收藏空间受到压缩，入藏品种和数量以及读者人均拥有新文献数量逐年下降。

（二）有利于缓解图书馆有限收藏与用户无限需求之间的矛盾

知识的发展不只是量的积累，而且发展的形式呈现出复杂的情况。现代科学技术在学科分化和专业深化的同时，由于学科之间的相互应用、渗透而趋向综合化，产生了许多交叉学科和边缘学科。这种趋势使各学科文献在内容结构上产生了交叉。虽然学科越分越细，每一研究领域变窄了，但是科学整体化的趋势使某一专业工作者需要涉猎更为广泛的知识领域。而许多科学技术的交叉应用与渗透，造成与某专题有关的文献往往非常分散。表现在：一是同一专业文献分散在众多的专业刊物上；二是众多学科与专业刊物发表的文献涉及多种学科领域。当代科学发展的这个特点，不仅给文献采集工作带来了困难，对用户利用文献信息的行为也产生了深刻的影响。

与此同时，农业文献的用户并未因文献数量急剧增加和订购价格的大幅上涨而减少对文献的需求。恰恰相反，随着生产、科研向纵深发展，用户对文献的需求量越来越大，范围越来越宽。农业研究的教学人员，不但要阅读大量农业文献，而且还要阅读大量相关学科的文献。再则，社会的发展，科学技术的不断进步，用户对信息资源的需求方式及内容也产生了根本性的变化。单一的馆藏信息服务无法满足用户的信息需求，用户迫切需要的是内容新颖、类型完整、形式多样、来源广泛的信息。从而使图书情报部门有限的文献收藏与用户无限的信息需求之间的矛盾日趋尖锐。文献激增以及随之而来的社会为更有效地运转而对情报信息的日益依赖，出版物价格的飞涨和越来越多地利用新技术，使信息资源共建与共享不仅从经济上考虑是绝对必要的，而且对合理使用图书馆资源也是至关重要的。

第二节　农业文献信息资源共建共享意义

一、信息资源共享的概念

自人类社会产生和有图书馆以后，信息资源共享的实践活动就已经开始了，但信息资源共享只是近年来比较流行的一个新的专业术语。这个新的专业术语大致经历了图书馆资源共享、文献资源共享、信息资源共享等几个概念发展阶段。

在20世纪50～60年代，图书馆界的有识之士正式提出了图书馆资源共享的概念。资源共享最初含义指的是图书馆与图书馆之间的关系，即图书馆之间相互分享资源，为读者或用户提供更多的服务。后来，这个概念在原有基础上又有延伸和扩展，例如美国匹兹堡大学教授肯特（Allen Kant）提出：资源共享是图书馆的一种工作方式，即图书馆的全部或部分功能为许多图书馆所共享。而图书馆的功能又可分为文献采集、加工、存储和流通服务等。他还认为，图书馆资源不仅是藏书，图书馆所拥有的人员、设备、工作成果等都是资源，因而也可以某种方式为许多图书馆所共享。关于共享的目的，肯特认为有两个方面：一是使图书馆的用户获得更多的文献资料；另一个是为图书馆的用户提供更多的服务，而且这种服务比单个图书馆所支付的费用要少得多。

20世纪80年代，肯特有关图书馆资源共享的概念开始在我国流行。90年代，鉴于图书馆资源的概念过于广泛，而资源共享只限于图书馆，过于狭窄，致使图书馆资源共享没有准确地反映事物运动的真实内容和本质特征。我国图书馆学者提出用“文献资源共享”取代“图书馆资源共享”，并提出了相应的定义：文献资源是人类生产、收集、储存和积累的文献的总和，是物化了的信息和知识财富的存在方式，它广泛地分布于社会，形成了庞大的文献资源系统。而“共享”，则是文献资源系统的各个子系统间开展广泛合作，共同开发和利用文献资源的活动，目标是充分发挥文献资源的社会效益和经济效益。

20世纪90年代中期以后，由于图书馆数字化和网络化的迅速发展，文献资源共享的概念已经不能够完全地涵盖图书馆的具体实践，于是“信息资源共享”开始成为一个新的广为流行的专业术语。

二、图书馆文献信息资源共享发展历程

图书馆信息资源共享的思想和实践历史久远。信息资源的共建共享，其社会实践的探索与学术思想的形成和发展相互促进，贯穿了整个20世纪图书馆

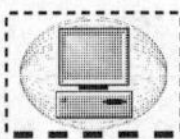

学和图书情报事业的发展史。早期的资源共享主要是文献信息资源共享。文献资源共享是指“将一定范围内的文献情报机构共同纳入一个有组织的网络之中，各文献情报机构之间按照互惠互利、互补余缺的原则进行协调和共享文献信息资源的活动”，它着重于图书情报机构藏书建设与利用的协调。其最早的共享形式是图书馆之间的馆际合作，包括馆际互借和藏书的分工协调。19 世纪中叶，德国的默尔（Robert von Mohl）首次提出了图书馆之间藏书建设分工协调的思想。根据这一思想，普鲁士的 10 所大学图书馆划定了各自的藏书采购范围，并在各馆之间建立了馆际互借关系。图书馆文献资源共享使得每家图书馆不必购买所有的文献资源，图书馆原来的仓储积累、备用资源的基本结构有可能转变为选择积累、目标资源的运作模式。

1917 年，为了促进和完善馆际互借，美国图书馆协会（American Library Association，简称 ALA）颁布了《美国图书馆协会馆际互借规则》（ALA Interlibrary Loan Code），这是世界上第一个馆际互借规则。此规则于 1968 年正式定名为《国家馆际互借规则》（National Interlibrary Loan Code）。此规则经过 1980 年、1994 年和 2001 年 3 次修订，直到今天仍然成为美国图书馆馆际互借指导性文件。

其后，图书馆信息资源共享不断向国际推广。英国、前苏联等国的图书馆也颁布了相应的法令。到 20 世纪 30 年代，英国几乎全部公共图书馆、主要的专业图书馆和许多大学图书馆都参加了馆际互借。1938 年，国际图联（IFLA）制定了国际互借规则，国际性馆际互借业务开始蓬勃发展。

1942 年美国为解决各大图书馆的馆际藏书补充协调问题而实施了法明顿计划（Farmington Plan），该计划是美国第一个在国家水平上进行的合作采访计划。该计划的目标是：通过 60 个大型图书馆联合收集美国科学界、政界、军界必需的外国重要出版物和学术著作。按《国会图书馆图书分类法》列出的 804 个类目，使每一个类目的书刊均有藏书单位认购，并对这些书刊尽快编目，列入《全国联合目录》，从而使美国的各馆藏书基本覆盖了当时世界出版物的各个部类，做到每种研究人员感兴趣的外国书刊都有一个图书馆收藏一份，达到资源共享。法明顿计划前后执行了 24 年，极大地丰富了美国的文献情报资源，被认为是在全国范围内有组织的大规模藏书协调的首创，在美国以及世界上的影响是相当巨大而深远的，是美国 20 世纪最为著名的文献资源建设协作计划。

英国公共图书馆在 30 年代就开始了文献资源共建共享的探索。它以“国家中央图书馆”和地区“图书馆委员会”的组织形式协调各馆的分工入藏，开展全国特别是地区性的图书馆文献资源共建共享工作。

日本的文献资源共享工作起步较晚。但它在20世纪80年代开始建设的全国统一的“学术情报系统”引起了全世界图书情报界的广泛关注。

前苏联的图书馆事业一直是世界图书馆事业的重要力量之一，其数量规模、工作水平、服务质量均处在较先进的地位。1984年最高苏维埃通过了《苏联图书馆事业条例》和《全国图书馆馆际互借统一系统》等法规性文件，为文献资源在全国范围内的共建共享提供了法律和社会管理体制上的保障。

20世纪70年代以来，图书馆资源共享，首先是文献信息资源共享的思想已逐渐成为全世界图书情报界的共识。在全世界范围内实现人类社会文献信息资源共享，使人类智慧和文明成果成为全人类共同享有和利用的精神财富，在实现社会进步的同时实现人类整体素质的全面提高和充分发展已成为当代国际图书情报界共同奋斗的目标。就是说，实现文献信息资源全社会共享，推进人类社会的信息化进程和人类文明的进步已成为全世界有识之士共同关注的课题。国际图联在联合国教科文组织（UNESCO）的大力支持下，进一步致力实现全球范围内的文献资源共享。制定并实施了“世界书目控制计划（Universal Bibliographic Control，简称UBC计划）”和“世界出版物的收集利用计划（Universal Availability Publications，简称UAP计划）”。国际图联（IFLA）在1971年首次提出了“UBC计划”，1973年召开以UBC为主题的年会，专门探讨了“UBC计划”的具体问题。作为一项全球性的计划，UBC致力于建立一个由各国出版界和图书馆界的全国性机构共同构成的世界编目网，使用国际通用的规格和标准，准确迅速地提供世界各国所有出版物的基本书目数据，以达到在世界范围交流书目信息的目的。同时，为了使所有出版物在世界范围内能够很容易地获得，IFLA又提出了实施“UAP计划”其主要内容是力促各国能建立起一个具有文献的出版、发行、采购、加工、存储、保护、馆际互借等基本功能的国家系统，建立国内书目系统和馆际互借网络，在最大程度上向读者提供所需要的出版物。UAP最终目标是实现国际性的文献资源共享。从此国际间图书馆信息资源共享活动向纵深方向不断发展。

随着以电子计算机和远程通信技术为代表的现代信息技术的发展及其在信息资源中的广泛应用，20世纪60年代以后，联机检索系统在全球迅速发展。至1990年，全球已有644个联机检索系统，4 465个数据库，如DIALOG系统、ORBIT数据库、BRS系统、DATA-STAR系统、STN系统、ECHO系统、OCLC系统、RLIN系统、BLAISE系统等。联机检索系统的发展使信息资源共享突破了空间距离的限制，并为以后的基于互联网的网络化资源共享奠定了基础，使

图书馆信息资源共享跨入了一个新的阶段。

文献信息资源共建共享事业，从1901年美国国会图书馆开始组织全国文献资源卡片目录中心时算起，至今已有近百年的历史。这一进程尽管目前仅仅处于起步和探索阶段，但它预示了图书馆事业的历史趋势。这一进程是人类文明和人类社会信息化进程的一个十分重要的组成部分，在人类社会信息化的历史进程中具有不可替代的举足轻重的历史作用。

三、农业信息资源共建共享的内容

农业信息资源共建，是指全国或地区农业图书情报部门与其他系统的图书情报部门联合起来，对文献布局进行规划和协调，分类分工采集收藏各类农业信息资源，形成“你无我有，你有我新”的信息资源体系，构建全国农业信息资源的整体，以最少的投入获得最多的农业信息量，建立起较完整的农业信息资源保障体系，最大限度地满足社会各方面对农业信息的需求。

农业信息资源共享，是指各农业图书情报部门在自愿、平等、互惠的基础上，通过建立馆所与馆所之间和馆所与其他相关机构之间的各种合作、协作、协调关系，利用各种技术、方法和途径，开展共同揭示、共同建设和共同利用农业文献信息资源，以最大限度地满足用户文献信息资源需求的全部活动。

农业信息资源共建与共享是相互依存、相互支撑的一个整体概念，只有共建才有共享，只有共享才能共同发展。共享的基础在于共建，打破馆际之间的界限，各图书馆齐心协力、融成一体，共建农业信息资源共享体系，可有效地利用财力、物力，降低采购成本，避免资源重复建设，大大扩展整体文献信息资源的拥有量，最终提高各自的信息获取能力和信息服务能力。共建依赖于共享各方的明确分工和相互协作，共建信息资源的目的在于开发利用，而实现这一目的的最佳手段是共享。“共建”是“共享”的基础，只有在思想上摆正了“共建”与“共享”的位置，才能在行动上积极共建文献信息资源，促进真正意义上的信息资源共享。

农业信息资源共建共享的目标是提高图书馆的经济和社会效益，即读者可获得更多的资料和服务；各馆可用最少的经费提供尽可能多的信息和服务。共享的资源可以是实物、人员或资金，包括馆藏资料、图书馆目录、工作人员专长、存储设施和计算机等设备。

传统的信息资源共建共享主要是以传统文献信息资源为对象，以提高文献资源保障能力为目标，通过协调采购、联合编目、资料交换、通用借书证、馆际互借、文献复制等多种形式实现资源共建共享。网络环境下，现代的信息资源共建共享是以提高信息资源的可获知能力和可获得能力为目标，以计算机和现代信息技术为依托，通过合作建设馆藏、合作开展馆藏文献资源数字化建设、合作编目与编制联合目录、合作组织开发网络资源、联合数字参考咨询、馆际互借、互借馆藏、合作储存文献、联合培训馆员、合作开展研究开发项目、信息发布等形式实现信息资源共建共享。

（一）合作建设馆藏

这是指共建共享组织在调研成员馆现有资源的基础上，根据各成员馆的资源优势和组织整体资源的薄弱领域，实行分工采购、联合采购和集团采购等合作采购计划，以期既强化各成员馆的馆藏优势，又优化整体资源。“分工采购”早在19世纪末就已在图书馆界使用，意指两个或两个以上的图书馆根据事先约定的分工，主要收藏自己承担的学科、语种、出版地区的文献，并与其他成员馆共享文献的合作活动。它的产生是为合理地使用经费及最大限度地收集文献资源，其初衷是为实现资源共享。历史上最有影响的分工采购计划当属美国研究图书馆协会于1942年发起的，旨在分工采购外国文献的“法明顿”计划。该计划运行30余年，后来由于经费和协调上的困难，于1972年停止。联合采购指成员馆集资购买昂贵的或非经常性使用的文献的活动。集团采购指联盟利用规模购买的优势，对成员馆普遍需求的文献，实行统一价格谈判，统一购买的合作采购方式。例如，对于作用率高的数据库，联盟就可以统一购买其使用权，授权范围涵盖所有成员馆用户。在网络信息资源日益丰富、电子资源使用价格日益昂贵的今天，图书馆有目的的以集团模式采购电子资源变得更加迫切，因而受到各国的重视。我国的电子资源集团采购始于20世纪90年代后期，2003年以来发展迅速，我国的集团采购目前以国家自然科学基金委和国家科技图书文献中心联合进行的“国家采购”与CALIS实施的高等院校集团采购最为成功。

（二）合作开展馆藏文献资源数字化建设

图书馆将有价值的印刷型文献以及声频资料、视频资料等转换为数字化信息，将各种信息以计算机可以处理的字符编码形式、图像形式、多媒体形式，存储在大容量的存储装置中。馆藏文献数字化不仅能节省图书馆的存储空间，而且能方便用户快速检索和远程检索。主要包括联机联合目录数据库建设、联合文献信息库建设、学科信息导航库建设和特色数据库建设。目前，对印刷型文献进行数字化处理的技术主要是扫描技术。这种技术条件下的数字化过程既繁琐，又昂贵，由此产生的费用再加上数字化过程中的其他费用（如版权费），使单个图书馆很难独立承担馆藏文献的数字化。对于那些具有较大数字

化处理意义的文献，如善本文献、高等学校用户集中需求的文献，共建共享组织可以开展分工数字化或集中数字化的形式，建立共同的数字化馆藏。

（三）合作编目与编制联合目录

在手工操作的时代，编目是图书馆业务中最费工时的领域，即使在采用图书馆自动化系统以后，编目工作依然很耗费人力资源，所以合作编目是图书馆为提高工作效率而开展的最早的合作内容之一。这种合作也有多种形式，其中第一种形式是分享编目成果，即对任何一份具体文献，只由一个成员馆（通常是最早获得该文献的馆）进行初始编目，其他馆只需将已有的编目记录纳入自己的目录体系即可，必要时可根据本馆情况进行适当调整。第二种形式的合作编目是由组织集中进行编目，向各成员馆发放编目记录。第三种形式是组织以整体身份参加更大的编目组织（如 OCLC)，共同分享该编目组织的编目成果。联合目录包括综合性联合目录、专科或专题联合目录、期刊联合目录等。它不仅是开展馆际互借和合作采访，以及合作清理图书、合作存储、合作保管的基础，也是反映某一地区文献资源概貌的依据。

（四）合作组织开发网络资源

网络环境下，网络信息资源在其数量的巨大、分布和传播范围的广泛，信息内涵的扩大，信息类型的多样以及信息传递的快速等方面，远远超出了传统的非网络信息资源组织管理办法和技术所能覆盖的范围，传统的以文献为单元的信息组织形式失去了用武之地。组织整理网上文献不仅涉及通常的文献分类、描述，而且涉及文献筛选及质量评价等方面。网络信息资源的组织是一项复杂的系统工程，采用合作的方式开发网络资源既避免了重复劳动和人力、物力资源的浪费，又可集思广益，提高工作质量和工作水平。1998 年 11 月 5 日国家图书馆与北京大学、清华大学共同签署合作协议书，开展文献信息共建共享，合作开发网上资源。

网络资源的开发主要有两种方式：一种是建立网络资源数据库，即搜寻与选择有价值的 Internet 信息资源，下载到本地，加以整理与组织，建成数据库供读者使用；另一种是建立网络资源导航库，即搜寻与选择相关的 Internet 网站或网页，加以整理与组织，建成网络资源导航库，以方便读者从图书馆主页迅速链接到所需要的网络资源。目前，以第二种方式居多。国内知名的合作组织开发网络资源的一个实例是由 CALIS 组建的网站——中国学术资源网，该网站集中了由各个成员馆承担建设的特色数据库和重点学科网络资源导航库，如：由上海交通大学图书馆承建的“机器人信息”数据库和“先进机械制造技术”导航库，由武汉大学图书馆承建的长江数据库和“发展经济与国际经济发展”导航库等。通过中国学术资源网，用户不仅可以检索成员馆馆藏，还可以分享与利用成员馆建设的特色数据库与网络资源导航库。

（五）馆际互借

指图书馆根据用户的特定需求，从其他图书馆借阅本馆未入藏的资料，并根据互惠原则在其他馆提出借阅申请时，向申请馆出借文献的活动。这是最早和最普遍的资源共享活动。它可使一馆的藏书变成社会的藏书，使馆藏资料由在一馆发挥作用变为在本地区、全国甚至世界范围内发挥作用。很多图书馆共享组织，特别是区域性组织建立了专门的馆际互借传递设施，也有图书馆网依靠邮政系统。目前，越来越多的图书馆利用网络技术传递期刊论文等篇幅较短的文献。

（六）互借馆藏

互借馆藏是指图书馆根据协议或事先约定，向共享组织内的其他馆的用户直接出借本馆文献的合作活动，常见于地区性或专业性图书馆共享组织。互借馆藏协议通常需要就如何注册、如何催书、如何罚款、如何赔偿遗失图书、互借权范围（包括用户类型和文献类型）等做出明确规定，有些组织规定用户必须先在本馆借阅，只有当本馆藏书不能满足其需求时才能使用互借权。

（七）联合数字参考咨询

学科交叉、地域差异、语言类别、文化背景等的复杂性带来了信息需求的繁杂和多样性，单个图书馆的参考咨询能力由于人员、资源、专业等因素的限制，它的咨询是有限的。互联网的开放性和分布式的特点决定了信息用户地域分布的广泛性，也决定了用户群体的多样性，没有一家图书馆可以解答所有用户的问题，要满足众多信息需求只能依靠基于社会合作的服务网络。为了寻求协作优势，各图书情报机构纷纷开展进行数字参考咨询服务的社会合作。联合参考咨询由多家成员馆依据协议组成，通过多个图书馆的互联网络，可在任何地点、任何时间，为用户提供参考咨询服务。联合解答咨询能够充分利用各个图书馆的文献、人力、智力资源，提供单个图书馆无法达到的更加优质的参考服务。至 2002 年 11 月，全球范围内出现的数字参考服务合作项目 40 多个，从地区间到全球范围的合作都存在，其中的经典杰作分别是全球范围的数字参考服务联盟 Question Point（QP）和融合各类合作型数字参考服务机构的 Virtual Reference Desk（VRD）。在国内，广东省立中山图书馆的“图书馆专家联合导航站”和上海中心图书馆的“网上联合知识导航站”等，在中国大陆地区图书馆界率先开展数字参考咨询服务合作。北京大学、清华大学、香港科技大学、香港中文大学等图书馆已经加盟全球范围的数字参考服务联盟 Question

Point（QP）项目。

（八）合作贮存文献

合作贮存文献的最常见形式是共同建立贮存图书馆，以便贮存、保管和提供利用那些利用率低、成员馆无力或无意长期保存的文献。除了为这些文献提供一个集中收藏的场所，贮存图书馆还开展基于馆藏文献的复印、咨询、阅览等服务，也经常从事缩微胶卷的制作业务。

（九）联合培训馆员

图书馆共享组织通过设置专门的培训职务，或聘请外部专家，定期为成员馆组织培训班、研讨会等。

（十）合作开展研究开发项目

对于图书馆无力独立承担的研究项目、技术或产品开发项目、新技术和方法的试验项目，图书馆共享组织可以集中人力、物力共同承担。对于一些难度较大的研究开发项目，图书馆共享组织可以集资招标，委托专门的研究机构进行，例如，英国的医学图书馆组织每年都委托英国图书馆信息统计中心对其他成员馆的活动进行统计分析。

（十一）信息发布

图书馆共享组织可以通过网络通信、电子邮件、电子公告牌等形式向成员馆通报有关图书馆职业、图书馆共享组织、图书馆技术与产品等的最新动态，以支持其他成员馆的独立决策。

四、农业文献信息资源共建共享的意义

随着计算机技术、信息技术的飞速发展，现代科学技术在图书情报部门的应用，特别是国际互联网的普及与发展，为信息服务提供了一个全新的信息环境。美国学者贝克（S. K. Baker）在《资源共享的未来》一书的前言中讲到：“今天的图书馆正生存在一个相互依赖的时代。每一个图书馆都必须将自己视为世界图书馆体系的一部分，必须摆脱自给自足的状态，必须发现迅捷而合算地从世界图书馆体系中获取资料并送到自己用户手中的方式，必须随时准备将自己所收藏的资料提供给世界各地的其他图书馆。”就是说，图书馆事业发展到今天，合作已不再是一种选择，而是一种必须，信息技术的飞速发展，使信息资源共建共享成为必然。

（一）信息资源共建共享能充分满足用户最有效的需求

21 世纪是一个创新的时代。图书馆信息资源共享可以加速知识信息的流动，为社会知识创新提供动力和源泉。信息成为推动科学、经济发展的动力，

知识创新对信息资源产生了巨大的需求。知识创新对图书情报工作的要求是快速、准确、及时、系统地提供最新的文献信息。现代网络技术和信息处理技术的发展为图书馆开展以资源共享为主要方式的信息服务创造了十分有利的条件，全方位的信息资源共享是网络时代图书馆发展的根本出路。图书馆之间加强合作，不仅可以协调采购，避免资源的重复购置，避免馆藏文献电子化或数字化的重复开发，而且可以通过网络实现各馆印刷版和其他载体文献资源的共享，从而提高文献信息资源的可获知能力和可获得能力，达到提高信息资源综合开发利用能力的目的。随着网络的普及和信息处理技术水平的提高，图书馆在业务工作上正在加强协作，由传统的独立的个体操作向社会的操作转变。各单位的馆藏正在突破部门和地域界限，互通有无，取长补短。在服务对象上，正在突破行业和单位的界限，由封闭式服务转向开放式服务。图书馆已不仅是具体文献资料的收藏者和提供者，而且在信息生产、加工、获取、提供等环节中扮演着越来越重要的角色。

（二）信息资源共建共享可以大幅度提高用户的文献信息保障率

近年来，随着科学技术的高速发展，各类型的文献的数量迅猛增长。任何一个图书馆都无法收齐世界上所有的出版物。过去那种各自为政的图书馆已经远远不能满足广大读者越来越复杂的文献信息需求。我国是一个发展中的国家，知识信息的供给和投入有限，对文献信息业的投入一直不高。在文献资源建设方面存在着许多不足。首先，文献资源的社会平均占有率比较低。至1998年，全国人均藏书仅为0.26册，每44万人拥有一个公共图书馆，全国至今尚有254个县没有公共图书馆。而在20世纪80年代末期，美国人均拥有图书量1.992册，前苏联为6.868册，日本为0.507册。其次，文献资源布局不合理，覆盖面不全，重复率较高，文献资源建设缺乏宏观调控。据2002年4月调查，我国34个农业信息单位（农业大学和农业科学院信息所各占50%）引进农业及相关学科的外文原版科技期刊2 900余种（不含重复数）。其中重复刊1 800种，达62%。最高重复率为11册。一些学科文献重复严重，另一些学科则文献稀少，甚至是空白。最后，书刊价格上涨，近年来，购书经费短缺已经成为很多农业文献机构面临的共同难题。政府的拨付的经费增长幅度低于书刊涨价的幅度，致使农业文献机构不得不在购置书刊品种和数量上逐年调减，文献入藏量下降。据调查，前几年中文期刊的价格曾以每年23%的速度上涨，外文期刊价格的涨幅也十分可观。然而周期文献购置经费平均年递增却不到10%，有的甚至是零增长。经费短缺导致许多图书馆的文献入藏量急剧下降，很难保证服务对象的最低文献信息需求，资源共建共享无疑是综合

解决上述问题的一条最有效的途径。只有加强图书馆之间的合作，充分利用各馆的特色资源与服务，发挥全社会文献资源的整体优势，才有可能对整个社会的情报需求达到一个比较满意的保障程度。

（三）信息资源共建共享可以大幅度提高馆藏资源的利用率

信息收藏和服务是图书情报机构的基本职能，但是过去以“坐堂服务”为基本模式的服务方式，很难充分发挥馆藏资源的作用，难以大幅度提高馆藏资源的利用率。据美国匹兹堡大学的一项调查表明，在86个月的时间里，该馆有一半的图书从未出借过，流通文献中的20%仅仅来自于2%的馆藏，流通的40%来自6%的馆藏，流通的60%来自11.5%的馆藏，流通的80%来自21%的馆藏。该项调查还表明该馆新入藏图书的40%在入藏的前6年中一次都未出借过，另外60%中的大多数仅被用过一两次。另一所大学图书馆针对期刊利用率的一项调查表明，在该馆76%的期刊中，每种期刊只有一篇文章被索取过，只有3%的期刊有5篇以上的文章被索取。我国的情况也是如此，大多数重要图书情报机构对现有文献资源的开发利用十分有限，许多大学图书馆的图书流通率平均只有30%左右，有些图书馆的藏书利用率甚至只有5%。我国某高校图书馆的一项调查表明，在1997年2月到1998年6月期间，该校订购的41种原版外文期刊中，一次未被利用的有14种，只被利用1次的有9种，只被利用2次的有8种。这种利用率无疑是一种对资源的浪费。形成这种状况，用户群体过窄恐怕是重要原因之一。如果按照资源共享的原则，通过网络将一个馆的实体资源为广泛的互联网用户提供服务，必然会极大地提高馆藏资源的利用率。

（四）是缩小数字鸿沟、实现社会协调发展的迫切需要

根据联合国最新统计，目前占世界人口的16%的发达国家拥有全球90%的网络主机，仅纽约一地拥有的网络主机就比整个非洲的还要多。在接入联网的计算机中，属于发展中国家的不到5%。这表明，发达国家与发展中国家之间的数字鸿沟正在拉大，这导致经济发展上的南北差距也在扩大。在国内的不同地区、不同阶层、不同行业、不同个体之间，“数字鸿沟”现象比较突出。据统计，2000年，中国电脑拥有量1 590万台，平均每万人有88台电脑，排世界第八位；美国电脑拥有量1.641亿台，居世界第一位，是我国的10倍多，平均每万人拥有近5 000台电脑，普及率是我国的55倍。我国国内东西部差距也非常大，全国注册的互联网域名仅北京就占37.9%，而大多数西部各省都还不到1%；北京、上海、广州三地之间上网用户数占全国62.3%，而排在最后的10个省市加起来也只有4.36%，东部地区明显领先于西部地区。我国网络用户持续增长，但其普及和应用主要在城市，网络用户中只有0.3%是农民，城市普及率为农村普及率的740倍。特别是农村通信消费明显低于城市和全国平均水平，截至2001年，全国共有固定电话用户1.85亿户，其中农村用户仅有5 660万户，这与农民占全国人口2/3形成巨大反差。“数字鸿沟”现象的存在，已造成了不同国家及地区间发展的严重不平衡，严重制约着经济、科技、文化发展的均衡性。如何缩小数字鸿沟？实现全球信息资源共享正是向着这个目标迈进的一个重要步骤。

（五）是农业图书馆增强自身核心竞争力的要求

作为知识传播与信息集散地的图书馆，在信息资源激增的情况下，面临着巨大的挑战。搜索引擎等网络信息检索工具极大地方便了用户信息查询，图书馆一向作为知识与信息集散地的地位受到冲击。

在传统信息服务体系中，出版商、发行商、文献索引商、书目与检索服务商和信息机构有严格的有序分工，信息机构在其中扮演主要是信息检索和传递服务的角色。但是，在网络技术和数字化的强力推动下，信息服务体系发生着深刻变化，出版商、发行商、文献索引商、书目检索服务商和信息机构之间的界限变得模糊不清，其角色和功能进行重组，并且相互融合、协作，形成一个庞大的信息资源交流共享体系。几乎所有的主要出版商已建立和提供全文数字化文献（尤其是期刊），直接向用户提供基于网络的免费和收费传递服务，形成不依赖信息机构的可广泛利用的数字化学术信息资源体系。许多文摘索引商和检索服务商正积极将文摘索引检索服务与出版商的数字化资源、图书馆馆藏目录、万维网资源目录，甚至文献传递服务商相连，从而提供包括文献检索、文献传递以及相适宜的功能等全面信息服务。发行商也利用自己与出版社和信息机构的广泛联系，构建新数字信息传递平台，为信息机构及其用户提供一个集成化的检索、利用和管理信息机构所订购的所有虚拟数字化期刊的体系。一些新型的信息服务运营商通过广泛连接（或收购）出版商、检索商或其他信息服务商，并开发新的服务内容，形成新数字化集成服务模式。

因此，现代信息环境提供信息服务的机构不再仅仅是图书馆。图书馆面临用户流失的威胁。图书馆能否生存与发展，在一定程度上取决于用户对图书馆的支持。根据我们的调查，农业生产部门、技术部门、科研部门、教学部门、经营部门对各类信息的需求呈显著增长的势头。但是，信息的供给无论是从数量上，还是从时效上都远远不能适应需要。随着社会的发展，科学技术的不断进步，用户对文献信息资源的需求方式及内容也产生了根本性的变化。用户不再满足于单一的馆藏文献信息服务，迫切需要的是内容新颖全面、类型完整、

形式多样、来源广泛的信息。用户这种全方位综合化的信息需求，显然不是一个图书馆所能够满足的，只有通过多个信息单位协作进行信息资源共建共享才能满足，多个信息单位协作进行信息资源共建共享已成为信息服务界急需解决的问题。计算机技术、网络技术等新技术在图书馆工作中的应用。采用新技术，一方面使图书馆之间的联系、文献信息的利用等方面，减少了地理障碍，使图书馆资源共享有了更好的技术条件；另一方面，由于新的技术装备费用昂贵，这种高额费用只有在资源共享的情况下才能得到补偿，才能充分体现新技术的优越性。现代网络通讯技术将图书馆置于开放的广阔社会空间，图书馆只有实现信息资源的共享共用，并不断完善自己的服务，起到其他信息服务机构不能起的作用，才有可能在竞争中生存和发展。

（六）是我国传统农业向现代农业、信息农业转变的必然要求

在当代，经济增长主要不是靠投资和就业的增加，而是靠技术和知识的投入。美国在克林顿政府期间，由政府直接推出了信息高速公路计划。日本从20世纪80年代起，从“技术立国”转向“科技立国”，仅1996年度的研究开发投资就达15亿日元。环顾世界各国，无不在努力构建文献信息资源共享体系，加快信息资源开发与利用。我国是一个农业大国，随着我国农业信息化战略的实施，我国农业正由传统农业向现代农业、信息农业的转变。在农业发展中，农业信息资源的开发与共享是科技投入的重要途径，构建在现代信息技术基础之上的现代农业需要强有力的农业信息资源体系作为支撑。而目前，我国有相当一部分信息资源的开发和采集还处在手工操作的落后状态，农业信息技术的开发研究尚处于分散无序、部门分割状态，信息资源封闭，不能共享，大量的农业信息资源尚未用现代信息技术开发出来，已开发出来的信息资源得不到有力的维护等问题，这就必然制约着信息技术对农业的促进作用。因此，必须加强我国农业信息资源共建共享建设，加大农业信息资源在农业中利用力度，促进农业科技化和产业化的不断提高，从而加快农业现代化的发展。

第三节 国内信息资源共建共享的历史和现状

一、我国信息资源共建共享的发展历程

图书馆资源共建共享，既是科学文化发展的要求，又是图书馆事业自身发展的必然结果。半个多世纪以来，我国图书情报界矢志不渝地为这个理想而努力奋斗。从20世纪50年代《全国图书协调方案》的出台，及其全国和各省中心图书馆委员会的建立，直到1987年文化部、国家科委、国家教委、中国

科学院、国防科工委等15个部委联合成立的全国部际图书情报工作协调委员会，以及开展的学科文献布局、系统文献资源布局、地域文献资源布局等全国文献资源布局模式的研究和对全国研究级文献的大规模调研等，无不浸透着各级政府和图书情报界同仁对文献资源共建共享的重视及执著追求。

与国际图书馆界相比，我国图书馆信息资源共享的实践相对落后。早在1919年5月，京师图书馆（北京图书馆之前身，今改名中国国家图书馆）、京师图书分馆就签订了互借阅览图书简则及阅览互借图书暂行规则。1921年9月，教育部核准京师图书馆与分馆按互借阅览图书暂行规则互借图书，以便推广阅览。新中国成立后，我国政府早在50年代就开始考虑文献信息资源的共建共享问题，其发展历程大致可以分为4个阶段，即：起步阶段、非常时期、开拓阶段和快速发展时期。

（一）起步阶段（1957～1966年）

1956年，党中央发出了“向科学进军”的号召。为了加强科研服务工作，必须把分散的书刊财富统一调动起来。1957年，周恩来总理指示当时的国家科学规划委员会拟定了《全国图书协作方案》，于1957年9月经国务院第57次会议批准执行。《方案》中决定：“在国务院科学规划委员会下设图书小组，由文化部、教育部、中国科学院、卫生部、地质部、北京图书馆的代表和若干图书馆专家组成，负责全国为科学研究服务的图书工作的全面规划统筹安排。”并决定在北京和上海成立两个全国性的中心图书馆委员会，成立武汉、沈阳、南京、广州、成都、西安、兰州、天津、哈尔滨9个地区性中心图书馆委员会。在国家科委图书小组的领导下，自1957～1967年10年间，建立了中心图书馆委员会，组织开展了全国范围的地区性文献情报资源的采购协调工作，特别是在外文原版期刊的采购协调方面，开展了统一编目和馆际互借等工作，初步建立起外文卡片目录中心，出版了一批急需的联合目录，取得了一定成绩。但是，在这个时期，信息资源共建共享只是在局部开展起来了，全国文献信息资源共建共享并没有多大起色。同时这个时期，信息资源共建共享的范围非常小，仅限于联合编目和部分外文书籍的采购。

（二）非常时期（1966～1976年）

十年动乱期间，我国的信息资源共建共享工作受到毁灭性的打击，已经建立起来并卓有成效开展工作的中心图书馆委员会被取消，藏书分工协调工作被迫中断，文献信息资源共建共享工作几乎没有开展，给文献信息资源共建共享工作造成重大损失。与此同时，西方资本主义国家由于经济的迅猛发展使得图书馆之间的合作也得到突飞猛进的发展，我国与国外的差距进一步拉大。

 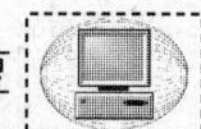

（三）开拓阶段（1978～1994年）

20世纪80年代以来，在人类信息化进程不断加快，信息时代的挑战日益严峻的形势下，我国的文献资源共建共享问题成为国内图书情报界众所关注的课题。我国各省、市、自治区中心图书馆委员会陆续恢复，并逐步组织和开展了一些诸如协调采购、馆际互借等共享工作。1980年5月26日，中央书记处第23次会议上通过的《图书馆工作汇报提纲》指出："1957年国务院颁布的《全国图书协作方案》中规定建立的中心图书馆委员会，是发展图书馆间的合作，充分发挥书刊资料的作用，加强为科技服务的好方法。"1983年4月在全国高等学校图书馆工作委员会的主持下召开了"成都藏书建设研讨会"。1984年9月召开了"大连藏书建设研讨会"。在会议上，明确提出了文献资源和文献资源建设的概念，正式提出了文献资源共建共享的问题。此后，关于建立一个全国范围内的文献保障体系和全国文献资源的合理布局体系便成为我国图书情报界的研究热点。1986年11月，中国图书馆学会学术工作委员会在南宁召开了全国文献资源布局学术研讨会，将这一研究推向了高潮。根据这次会议的倡议，1987年10月成立了"部际图书情报工作协调委员会"，1988年协调委员会组建了"全国文献资源调查"课题组，开展了一次跨部门、跨系统的全国文献资源调查。1988年，上海高校图书馆联合成立了"申联文献信息技术公司"，开展集中采购和编目。受市场经济的冲击，这一时期关于信息资源共建共享的利益平衡问题已经显现出来。

（四）快速发展时期（1994年至今）

随着电子计算机技术、远程通讯技术与数据库技术的结合，电子信息网络技术迅速发展，很快进入了实用阶段，并迅速得到普及。1993年美国率先提出了建设国家信息基础设施（National Information Infrastructures II），随后提出了信息高速公路计划（Information Super Highway），这一计划将图书馆作为一个十分重要的节点。此后各国竞相提出和实施了本国的信息高速公路计划。1995年美国又提出建立全球信息基础设施（Global Information Infrastructures, GII）的倡议，这一倡议迅速得到世界各主要国家的广泛支持和关注。我国政府对此也做出了迅速反应，1993年12月组建了国家经济信息化联席会议，并在此基础上，于1996年3月成立了国务院信息化领导小组，主持我国信息基础设施的建设工作。

随着电子信息网络技术的发展和知识经济的出现，一方面为文献信息资源的社会化共建共享提供了历史条件和技术手段；另一方面又提出了更为深刻的问题和要求。在这一历史条件和国际背景下，为我国的文献信息资源共建共享事业的发展注入了新的活力，使其实现了进一步发展和深化。我国文献信息资源共建共享理论研究与实践都进入了一个新的发展时期，并取得了许多重大进展。

在这一时期，在我国文献资源共建共享事业建设史上发生了3件具有重大历史影响的大事。其一是1994年开始建设，目前已初具规模的中国教育和科研计算机网（China Education and Research Network，简称CERNET）的建设，其二是1999年正式启动的“211工程”高等教育文献保障体系（China Academic Library and Information System，简称CALIS）的建设；其三是1999年1月由122家图书情报单位参加的全国文献信息资源共建共享协作会议的召开。

CERNET是由国家计委批准立项，国家教育部主持建设和管理的全国性教育和科研计算机互联网，是中国政府认定的4个互联网之一。这一网络目前已成为我国高等教育和科研最重要的信息基础设施，在教学、科研和培养面向世界、面向未来的高层次人才方面及建设中国信息高速公路、缩小与发达国家的差距，发挥了重要作用。对图书情报领域而言，则为我国教育系统，首先是高校图书馆系统提供了文献信息资源数字化和共建共享的网络环境。正是以这一基础设施为依托，开展了CALIS的建设工作。

CALIS的建设是在全国高校图书馆系统业已坚持了十几年的文献资源共建共享基础性建设的基础上开展起来的。其目的在于通过改革现有高校图书馆的发展模式，借助现代信息技术，走文献资源“共建、共知、共享”的整体化发展道路，建立全国高校的文献资源共享网络，推动高校图书馆向数字化网络化发展，实现高校图书馆从传统向现代化的转变，使高校图书馆系统特别是其中的骨干高校图书馆的技术设施和服务接近或达到国际先进水平，在国内社会信息化中处于领先地位，以此增强高校图书馆在信息社会的生存能力和综合发展实力。

CERNET和CALIS的建设及其产生的巨大社会效益和影响，有力推动了我国文献信息资源共建共享事业建设的深化。就是在这一背景下，1999年1月14日，由国家图书馆发起并主办的全国文献信息资源共建共享协作会议在北京召开。来自各系统的122个图书情报单位签署了《全国文献信息资源共建共享倡议书》，向全国图书情报单位发出倡议：按照“资源共享、优势互补、互利互惠、自愿参加”的原则，建立以国家级文献信息资源网络为主导，地区级文献信息资源为基础的全国图书馆文献信息共享网络，开展以下方面的文献信息资源共建共享工作：①建立各具特色的馆藏体系；②协调外文书刊文献的订购；③实施全国网上联合编目；④合作开发数字化资源；⑤充分利用网络

开展服务；⑥加强并完善馆际互借；⑦扩大业务交流和培训；⑧建立协调机构。这次会议为建设一个由全国各大行政区域各省、市组成的三级文献信息资源共建共享网络奠定了协作基础。与此同时，我国数字化图书馆的建设也将在这一基础上同时起步。这次会议的召开，预示着我国文献信息资源的共建共享事业在市场经济体制下逐步确立，知识经济即将到来，电子信息网络环境不断延伸、普及和社会背景下，即将走向一个新的发展阶段。

1998 年中国科学院文献情报中心完成了“中国科学院网上文献信息共享系统工程”项目，基本实现了该中心与中国科学院上海文献情报中心、武汉文献情报中心及其覆盖范围内各所之间的互联，实现了局域网、城域网、广域网上的文献信息共享。2000 年 6 月 12 日国家科技图书文献中心成立；2002 年 4 月“全国文化信息资源共建共享工程”正式启动。

在这一时期，随着我国改革开放和社会主义市场经济体制不断完善，信息资源共建共享观念进一步深入人心，共建共享事业也取得了一定成绩。然而，从目前情况来看，我国信息资源共建共享事业的开展还缺乏深度和广度，即不同系统、不同层次的图书情报单位的信息资源共建共享程度还不够，信息资源共建共享工作仍然是以一种零散的、自发的、局部的不规范的方式在进行。“全国文献信息资源共建共享协作会议”的召开，只是使人们进一步认识到了开展共建共享的必要性和重要性，并未对共建共享起到实质性的推动作用；CALIS 建设只是高校系统内的资源共享，而“国家科技图书文献中心”和“全国文化信息资源共建共享工程”则属于专题文献信息资源共建共享领域。与此同时，我国信息资源共建共享事业的开展与国外发达国家的差距仍然较大，图书馆资源共建共享的广度和深度还很不够，还有很大的发展空间。

二、我国信息资源共建共享的现状

20 世纪 90 年代以来，随着互联网的出现和广泛应用，我国出现许多按系统、按地区联合起来的图书情报协作网和共享系统，最有代表性的有以下几个。

（一）全国系统内信息资源共建共享建设

目前，我国公共、高校、科研三大系统图书馆分别建立起本系统的文献信息资源共享保障体系。统一协调系统内各有关单位，统一组织信息，共同构筑系统内文献信息资源管理体系、书目信息存取体系、文献信息资源利用体系及传递体系，使全国系统内的图书馆读者共享系统内的信息资源。全国性的高校、公共和科研院所三大系统的共建共享体系的建立和发展，不仅使我国学科、行业领域范围的信息资源保障能力得到了提高，也为未来三大系统联网，从而实现全国范围内的文献信息资源共建共享打下了坚实的基础。

1. 中国高等教育文献保障系统（China Academic Library and Information System，简称 CALIS）

由国家计委批准立项，国家教委主持建设和管理的中国教育和科研计算机网（China Education and Research Network，CERNET）为高校图书馆系统提供了文献信息资源数字化和共建共享的网络环境，依托这一基础设施，在全国高校图书馆系统业已坚持了十几年的文献资源共建共享基础性建设的基础上，开展了 CALIS 的建设工作。中国高等教育文献保障系统（China Academic Library and Information System，简称 CALIS），是经国务院批准的我国高等教育"211 工程"、"九五"、"十五"总体规划中 3 个公共服务体系之一。CALIS 的宗旨是，在教育部的领导下，把国家的投资、现代图书馆理念、先进的技术手段、高校丰富的文献资源和人力资源整合起来，建设以中国高等教育数字图书馆为核心的教育文献联合保障体系，实现信息资源共建、共知、共享，以发挥最大的社会效益和经济效益，为中国的高等教育服务。

高等教育文献保障体系（CALIS），自 1998 年 11 月国家发展计划委员会批准项目可行性研究报告，项目正式启动几年来，采取"整体规划、合理布局、相对集中、联合保障"的方针，CALIS 建设取得了很好的发展。目前，"全国中心—地区中心—高校图书馆"三级保障网络环境已初步建设，CALIS 全国管理中心设在北京大学，建立了文理、工程、农业、医学 4 个全国文献信息中心，华东北、华东南、华中、华南、西北、西南、东北 7 个地区中心和一个东北地区国防信息中心为主体的文献服务系统，与国内外主要文献信息系统广泛联网，最终实现其总体目标，形成一个具有中国特色的、现代化的高等教育文献保障体系和文献信息服务系统。以及一系列国内外文献数据库。联合目录数据库中包含了 124 个成员馆的 115 万条书目记录、260 万条馆藏记录和 5 500种刊物的 137 万条中文现刊目次记录。开展了公共目录查询、信息检索、馆际互借、文献传递、网络导航等网络化、数字化文献信息服务，形成了中国现代高等教育文献保障体系的基本框架。该系统通过把各高校图书馆连接成一个整体，改变了过去一校一馆、分散发展、自我保障的模式，走资源共建、共知、共享的整体化发展之路。自高等教育文献保障系统建立以来，高校图书馆文献资源共享进入了快速发展时期，已从采购协调、数据共享进入到文献信息服务网络以及数字化文献信息建设多种模式协调发展的时期。

为了适应社会经济和教育事业发展的需要，推动高等学校数字图书馆的建

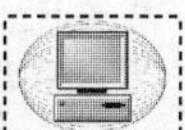

设，中国高等教育文献保障系统管理中心 2002 年 5 月联合 22 家高等学校图书馆共同发起成立中国高等学校数字图书馆联盟。联盟宗旨为“整体规划、统一标准、联合建设、共享资源”。

2. 国家科技图书文献中心（National Science and Technology Library，简称 NSTL）

2000 年 5 月，中国科学院文献情报中心联合中国科技信息研究所、机械工业信息研究院、冶金工业信息标准研究院、中国化工信息中心、中国农业科学院农业信息研究所和中国医科院医学信息研究所等 8 个科技信息机构，共同组建国家科技图书文献中心（National Science and Technology Library，简称 NSTL）。它的成立标志着国家科技信息资源保障体系的确立。同年 12 月，NSTL 服务系统开通，并建立了国家科学数字图书馆。它基于网络环境，按照“统一采购、规范加工、联合上网、资源共享”的原则，运用信息技术和网络环境推进科技文献信息资源的共建共享，面向全国提供服务，在专业上覆盖了基础科学、工程技术、农业科技、医药卫生等四大领域。

目前，国家科技图书文献中心拥有的国外科技文献达 21 000多种，占国内引进的国外文献品种数的 60%，成为我国收集外文科技文献最多的信息机构；中心建设了 3 000多万条国内外科技期刊、会议论文、学位论文、科技报告、专利、标准和计量规程等文献的文摘数据；同时增加了日、俄文期刊文摘数据库，使中心成为国内第一个提供网上日、俄文文献检索服务的机构。该中心的建立不仅使各成员单位共建共享工作逐步科学化、规范化、制度化，而且探索了虚拟式的资源共建共享运行机制和管理体制，对国内农业系统文献信息资源的共建共享，具有重要的意义。这种新的管理体制和运行机制，打破了条块分割，实现了不同行政隶属关系的科技文献信息机构的联合，开拓了资源共建共享的新模式，推动了我国科技文献信息资源共建共享体系的建设，为国家科技基础条件平台建设提供了有益的经验。

3. 全国文化信息资源共享工程

这是由文化部、财政部组织并实施的国家级文化工程，此工程于 2002 年 4 月正式启动，计划 5 年内完成。工程建设遵循“统一领导、统筹规划、分级管理、分级负责”的原则。工程的国家中心设在国家图书馆内。主要职责是：负责工程实施的技术路线；组织起草有关项目管理办法与验收办法；制定、推广有关标准规范；具体组织全国性的数字资源建设；指导各省级分中心的业务建设；承担“共享工程”系统的日常运转工作。共建省级分中心 31 个、基层中心 345 个、已建资源 220GB，整合了包括图书馆、博物馆、美术馆、艺术院团、研究机构等现有的文化信息资源，利用先进科技手段传播、建设先进文化的大型的公益性的文化网络工程，旨在整合中华优秀传统文化以及现有的各类文化信息资源，通过互联网、卫星宽带传输和光盘将数字化文化信息资源传输到群众身边，扩大网上中华文化信息资源的存储、传播和利用，实现优秀文化信息资源在全国范围内的共建共享，满足广大人民群众日益增长的文化需求，整体提高文化资源的利用率。建成互联网上的中华文化信息中心和网络中心，实现优秀文化信息通过网络为大众服务的目标。

建立全国系统内的文献信息资源共建共享网络，最大限度地避免系统内文献信息资源建设的重复现象，集中使用系统内文献信息、人力、物力、财力资源。同时，它不是封闭的，也欢迎其他系统的图书馆加盟。如国家科技图书文献中心虽然主要以中心成员馆为服务对象，但也为全国各个系统的图书馆和非图书馆用户服务；中国高等教育文献保障体系虽然主要以“211 工程”的高校为主，也同样欢迎其他大学的图书馆加盟。

（二）地区内跨系统的信息资源协作网建设

全国性系统内信息资源共建共享可以有效地减少文献信息资源建设中的无谓的重复现象，从整体上提高国家文献信息资源的保障能力，从而最大限度地实现文献信息资源的共享。但也存在着灵活性差和不能进行跨系统共建共享的缺陷。区域性文献信息资源共建共享模式恰恰能在一定程度上弥补全国性系统内文献信息资源共建共享模式的不足。比如协调相对简单，建设速度快、见效快，更新改造容易。我国区域性文献信息资源共享建设在过去的几年里从未间断过，并积累了丰富的经验。如由 19 家图书情报机构参加成立于 1994 年的上海市文献信息资源共建共享协作网，在资源共建共享方面迈出了可喜的一步，成功地实现了区域文献信息资源的采购、协调、联机联合编目、计算机网络和数据库建设、馆际互阅与互借、网上信息资源共享等方面的共建共享。积累了宝贵的经验，起到了试点作用，产生了示范效果。

2000 年 11 月上海的中心图书馆系统建设正式启动，它纵连市和区县公共图书馆两级管理体制，横连学校、科研等系统图书馆，采取在不改变原有行政隶属关系、人事关系和经费来源的情况下，以上海图书馆为总馆，其他图书馆为分馆，各方面联手共建的方式。在此前提下，逐步建立以“一卡通”为技术特征的公共图书馆共建共享网络，以网络资源共享为特征的公共图书馆与高校图书馆联合模式，以文献资源的共同建设、共同开发、共同利用为基础的公共图书馆与专业图书馆之间的协作方式，使上海实现各级各类之间的优势互补、资源共享。分馆制的实行使上海文献信息资源的布局得到进一步优化，各

分馆的藏书得到进一步充实，各馆的特色资源和服务得到进一步加强，它打破了原来各自为阵的服务模式，极大地方便了读者。上海市中心图书馆已建立了21家分馆，其中有14家区县图书馆，5家高校系统图书馆和2家专业图书馆作为上海市中心图书馆的分馆在为大众服务。

广东珠江三角洲地区文献信息资源的整体化建设也卓有成效，在20世纪90年代就建立了珠江三角洲公共图书馆网络，实现集中编目和联机检索，提供远程服务。同时，广东地区高校系统也建立了“广东高校图书馆文献信息网络系统（NULG)”，并与CERNET和因特网相连，在全省高校范围内实现信息资源的整体化建设。

第四节　文献信息资源共建共享主要发展模式

一、文献信息资源共建共享的模式分类

（一）按管理体制分类

（1）集中型模式是指有跨部门的信息资源共建共享管理机构，统管全国的信息资源共建共享工作。如前苏联的三级文献资源保障体系，就是这类集中型模式。集中型模式一般产生于高度集中、高度统一、实行计划经济体制国家。它便于组织，便于集中管理，文献信息资源可以大范围内实现共享。但是在数字资源建设、数字图书馆软硬件基础设施建设、应用系统开发、标准规范与法规的制定和推行、以及人才培养等方面都要预先做一些准备工作，奠定好这方面的基础，情况较复杂，指挥协调难，并需要强有力的协调机构，严密的组织形式和巨额投资。

（2）分散型模式是指无统一的、具有行政干预能力的全国性管理机构领导信息资源共建共享工作，而主要靠社会组织和社会力量来组织和调节信息资源的工作与共享。如美国和日本对此项工作的管理就是分散型模式。分散型共建共享模式建设规模小，资金投入少，资源组织容易，相互协调简单，人力资源可就地开发启用，建设成效快。问题是协调困难，需要有高度的协调、配合和管理来实现系统目标。

（二）按共享的区域范围分类

（1）国内型又分全国共享型和地方共享型、系统内共享型、跨系统共享型。

（2）国际型是指跨洲的多国共享型，如目前的OCLC，它既是国际联机图书馆中心，也是世界上最大的图书馆自动化网络和共享机构。

(3) 区域型是指少数几个洲或一个洲内多国参加的资源共建共享模式。如亚太地区、东南亚地区所形成的信息资源共享组织（尽管目前尚未实现）。

(三) 按层次分类

(1) 中央型是指国家级文献情报中心所组建的信息资源共建共享模式。它将国家图书馆和各系统所有大型图书情报中心联合起来，形成中央型信息资源共建共享网络。

(2) 地区型是指某一地区内（如华东地区）各系统图书馆共同组建的信息资源共享网络。

(3) 省市型是指以省（或直辖市、自治区）为单位，建立一个省（市、区）范围跨系统的信息资源共建共享网络。如"上海市文献资源共建共享协作网"(1994 年成立)、河南省省数字图书馆工程（1999 年开始实施，实行跨系统的数字化信息资源共建共享)。

(四) 按系统分类

(1) 系统内型又分高校图书馆系统、公共图书馆系统和科研图书馆系统。系统内型又分为全国性和地区性两类。就系统内而言，目前，我国已基本形成了公共、高校、科研三大系统三足鼎立的文献信息资源共建共享格局。建立全国系统内的文献信息资源共建共享网络，可以最大限度地避免系统内文献信息资源建设的重复现象，集中使用系统内文献信息、人力、物力、财力资源。同时，它也不是封闭的，也欢迎其他系统的图书馆加盟。如国家科技图书文献中心虽然主要以中心成员馆为服务对象，但也为全国各个系统的图书馆和非图书馆用户服务；中国高等教育文献保障体系虽然主要以"211 工程"的高校为主，也同样欢迎其他大学的图书馆加盟。

(2) 跨系统型指不同系统共建共享。跨系统型也分为全国性和地区性两类，是指以省、市为单位建立省、市范围内跨系统或系统内文献信息资源共建共享网络。地区性具有协调相对简单，建设速度快、见效快，更新改造容易的特点。就跨系统而言，已如上述，上海市及河南省等地区在跨系统信息资源共建共享方面都取得了成功的经验。

(五) 按共建共享所形成的体系结构分类

1. 链式网络结构模式

第一级是国家级文献情报中心，是资源共享的调控机构，担负着总书库的职能，负责解决下一级（链）机构的有关问题和复制服务等。第二级为省级网络中心。它以高校图书馆为核心，横向联系各省高校馆，形成二级链式网络，并建立地区型网络中心，再通过省际协作协调，建立跨省的网络机构中

心。第三级是中小型图书馆网络，进行馆际互借等交流活动。

2. 根状结构模式

把国家图书馆作为全国图书情报事业的中心点，将各省、直辖市、自治区馆作为国家图书馆的分馆。将各地市县馆和其他图书馆（情报所）作为省一级馆的分馆。这样组织起来，全国的图书情报网络结构像树根一样。

3. 纵向结构模式

指按系统建立的共享模式。

4. 横向结构模式

指同一地区跨系统共建的共享网络。纵向和横向结构模式都必须有一个或两个图书馆牵头，并签订共建共享详细协议，在平等、互惠互利的情况下，所有参加馆形成一种纵向或横向的体系结构。

（六）按共建共享所形成的网络的性质分类

（1）学术性网络是指高校系统图书馆形成的共享网络、科研系统文献情报中心形成的共享网络以及高校和科研系统共建的共享网络。

（2）大众图书馆网络是指由公共图书馆系统组建的共享网络。

（3）混合型网络是指跨系统（公共馆必须参加）的共建共享网络。

（七）按共建共享的内容分类

1. 以采购协调为主的资源共享模式

文献协调采购是图书馆面对书刊价格上涨而采取的协作措施。这种协调主要以地区联盟方式进行。自 CALIS 对引进数据库实施集团以来，以数字资源采购为主的资源共享成为高校图书馆引进数据库的一种主要方式。为避免数字图书馆建设中的资源重复和浪费，促进高校图书馆整体效益的提高，通过政府行政投入等方式，以省、地区、行业集团采购的方式也日渐增加。由于市场竞争格局的不同，采购协调主要集中于价格较高、用量较大、出版商或经营者具有垄断地位的外文期刊和数据库产品。通过买方市场联合，图书馆增加了与代理商谈判的实力，有效地抑制了文献资源供应价格的上涨，提高了服务质量。

2. 以书目信息利用为主的资源共享模式

随着 MARK 格式的应用和推广，书目数据共享成为传统图书馆自动化过程中的迫切需要。图书馆自动管理系统的普及使得这种资源共享方式迅速发展，CALIS 联机编目的成员馆也从 2002 年中不足 200 家发展至 2005 年 1 月 497 家。联机编目的发展促进了图书馆自动化工作的开展及文献编目数据的标准化，为使图书馆间基于 Z39. 50 协议、OPAC 系统开展馆际数据传输及文献互借服务，一些省、市、地区图书馆甚至使用了统一编目软件及自动化管理系统。联机编目公共检索系统缩小了图书馆间因技术及人员能力而产生的差距，也为馆际互借服务的开展打下了基础。

3. 基于网络的数字资源共建共享模式

除通过省际、行业集团购买数字资源外，一些图书馆通过参与 CALIS 特色全文数据库、学科资源导航、教学参考资源建设等项目，实现数字资源的共建共享；一些服务能力较强、资源较为丰富的图书馆通过自己的 OPAC 系统或联机 OPAC 系统提供馆藏资源的因特网检索，并提供用户网页表单发送文献需求信息，利用电子银行、E-mail 或文件传递协议等方式将用户所需文献直接发送到用户电子信箱或指定的接收地址。随着开放式互联协议 OAI（Open Archives Initiative）的应用，各图书馆不同的电子资源可通过联合检索方式实现不同数据库统一检索，文献共享的范围也从单一的传统的纸本文献扩展到数字化文档。

4. 地区性文献互阅互借的共享模式

同一地区的高校图书馆之间达成协议，相互间免费或有偿使用对方的资源，通过共同租用运输工具等方式实现纸质资源的定期传递或提供成员馆读者免费阅览各图书馆资源。在有条件的省、市，数字资源或自动化系统采用政府购买统一使用的方式，有效地促进了这种资源共享模式。北京地区高校图书馆开展的馆际互借服务，海南省大学图书馆间的馆际互借系统等正是这一模式的应用。随着 OPAC 检索系统的建立以及馆际互借系统的完善，这一共享方式将逐渐在同城大学图书馆间得到普及。

二、国外资源共建共享的主要模式

1984 年，联合国教科文组织对文献资源共享提出了 4 种组织形式：一是建立一个全国文献中心，凡其他馆借不到的文献资料，都有最大可能从该中心借到；二是集中几个图书馆，按学科分工，全面入藏所分工的文献资料；三是按地区分配，即在一个地区内的各图书馆或几个图书馆之间进行分工，或建立地区文献中心；四是根据现状分散采集，即不改变各馆原来的采集方针，对采集工作进行适当协调。发达国家大都实行第一、二种组织形式，由国家投资组建国家文献中心，并形成四通八达的联机网络，用户通过终端即可利用中心的文献资料。发展中国家由于受到财力、技术的限制，基本上实施第三、四种形式。

（一）行政性经费资助的资源共建共享模式

这种资源共建共享模式一般受到政府的扶持，行政力量在一个国家、地区

或系统的资源配置和合理利用中起到很大的作用，经费相对比较充足、稳定，发展比较迅速。它一般通过标准化控制、制度化、过程化管理等各种手段，通过成员馆联机编目建立联合目录数据库，借助于网络提供共享服务。这种模式又可以分为两种：政府倡导建立的、有一定强制性的资源共建共享模式，如日本学术资源中心（NACSIS）；民办公助的资源共建共享模式，如 OhilLINK。

1. NACSIS 模式

日本文部省学术情报中心（National Center for Science Information Systems，简称 NACSIS）是一个独立的机构，隶属于文部省，有固定的专业技术、管理和科研人员，有充足的经费来源。

NACSIS 起步于 1983 年，在东京大学成立文献情报中心，先期开始建立联合书目数据库，提供馆藏目录信息服务，并和日本东京工业大学图书馆连接形成网络。1986 年，文献情报中心脱离东京大学，进行改组，日本文部省学术情报中心正式成立。成为日本国立、公立、私立大学研究者都可以利用的资源共享机构。经过十几年的发展，NACSIS 已经发展成为：有全国国立、公立、私立大学等共同参加，以人文、社会、自然科学等各领域的学术信息为对象，通过计算机和数据通信网连接大学的大型计算机中心、综合信息处理中心、图书馆等，形成了一个收集、整理并迅速、准确地为研究者提供所需学术信息的全国性综合信息共享系统。

NACSIS 的信息资源共建共享活动主要包括以下主要内容：

建立链接校园网、研究者终端、省际研究信息网、民间网及国际网的学术研究专用信息通讯网，在全国设置了 29 个节点，连接 700 多所大学和研究机构。

通过联机编目建立全国大学图书馆书刊馆藏联合目录数据库系统，可以提供日文图书联合目录、西文图书联合目录、日文期刊联合目录和西文期刊联合目录 4 个数据库的服务。读者可以通过该系统查询日本国内文献收藏情况。同时建立馆际互借系统，并和英国图书馆文献提供中心（BLDSC）、日本国立国会图书馆实现了馆际互借功能。

通过自建数据库、从数据库公司引进数据库和其他机关、研究者等建成的各种专题数据库，向国内外用户提供网上检索服务。

提供电子图书馆服务。这是将学术杂志的论文直接电子化，能和书目信息同时检索的信息服务，可在因特网上利用，具有二次文献数据库的检索功能和文献页的显示功能，杂志的封面和论文页均可直接显示。在研究者的计算机上，不仅可以将标题、作者等信息作为检索点进行检索，还可以从杂志封面、目次查找文章，像翻页一样阅读，并可下载、打印输出。

NACSIS 在提供学术信息服务的同时，还致力于信息管理、数据库建设、数字图书馆等方面的综合性研究开发。

2. OhioLINK 模式

俄亥俄合作网是以州为单位组建的图书馆联盟模式。这一模式被美国高等教育理事会和州政府理事会评为创新和增效的先锋，也被世界同行视为图书馆合作集中投资和有效服务的模范。

美国俄亥俄州图书馆与信息合作网（Ohio Library and Information Network，简称 OhilLINK）是由该州大专院校图书馆和公共图书馆联合发起的、州政府提供经费支持的地区性资源共建共享网。该系统利用俄亥俄州计算机和电信基础设施，实现资源存储、协调采购、联机编目、馆际互借、网上资源开发利用等资源共建共享功能。

俄亥俄合作网通过新建一个独立的中心系统，借助网络实现各图书馆之间的合作。它具有丰富的书目数据、电子杂志、文献全文数据库和多媒体数据库，并提供多种服务。联合书目数据库存放在俄亥俄合作网的网络中心，而电子杂志和电子文献资源存储在州的超级计算机中心。

俄亥俄合作网的管理架构是一个管理委员会（Governing Board）主导全局的大政方针，交委托一个执行主任在技术顾问理事会（Technical Advisory Council）、图书馆顾问理事会（Library Advisory Council）的协助下主管合作网的具体运作。执行主任配有一工作班子负责中央系统的日常工作。两个理事会下辖信息资源合作管理委员会（Cooperative Information Resources Management Committee）、用户服务委员会（User Services Committee）、校际服务委员会（Intercampus Services Committee）、资料库管理和标准委员会（Database Managemtnt and Standard Committee）和首席执行员联席会（Lead Implementers）。各常设委员会又根据需要组建特别工作组（Task Force）、兴趣团体（Interest Group）或工作小组（Working Group），探讨和解决专门问题。

俄亥俄合作网的经费来源主要是州政府的财政拨款。州政府每年给予固定经费支持全州的资源共享，包括设备购置、文献采购和运营费两大部分，这是系统运作的主要资金来源，成员馆均不必交会员费。俄亥俄合作网是以州为单位组建的图书馆联盟模式，其优点在于同属州政府行政体系，容易达成共识和取得经费。其系统设计充分利用计算机技术的最新成果，兼顾整体的一致性和个体的灵活性，达成虚拟集中和实体分享的目的。俄亥俄合作网的经验表明，印刷资源仍然是人类知识的主要载体和学术研究的主要材料，快速有效的馆际

互借和文献传递仍然是资源共享的重要手段。联盟式采购具有强大的谈判优势和经济效益，尤其是在采购或租用电子资源时。合作的成功还有赖于参与的图书馆愿意投入人力与时间，有高度的专业责任和良好的合作精神。最后，合理的组织管理机构，完善的政策、程序、规章、制度、技术标准是这个系统有效运行的保证。

（二）非营利性图书情报机构协作的资源共建共享模式

这种资源共建共享模式一般由多个成员馆在自愿的基础上共同参与组成，以图书馆联合目录数据库为基础，逐渐发展和完善馆际互借系统、信息检索系统、文献传递物流系统以及电子文献传递系统。OCLC 是一个典型代表。

OCLC（Online Computer Library Center，联机计算机图书馆中心）始建于1967 年。通过 36 年的发展，由最初俄亥俄州 54 所大学图书馆组成的州内图书馆协作网，发展成今天世界上最大的图书馆网络，向全球 84 个国家和地区的 45 000多个图书馆提供信息服务。其特点如下。

1. 会员制度

OCLC 的成功与其会员制度是分不开的，而会员制也是协作精神的具体表现。OCLC 在多年的发展中，建立并逐步完善了一整套会员机制。通过这种机制，OCLC 会员馆得以行使自己的职责和权力，从宏观上监管 OCLC 章程的制定，经营的策略，以及发展的方向。OCLC 监管机制由 OCLC 监管会员图书馆（Governing Member Library）、会员委员会（Member Council）和理事会（Board of Trustees）由下而上组成。OCLC 的这种监管机制，有利于激发会员馆的参与积极性，同时 OCLC 也从会员图书馆听取广泛的意见和建议，从而对市场的需求变得更加敏锐，改进和开发出更多的信息产品和服务项目，使得 OCLC 得以不断发展进步。

2. 非营利性

OCLC 从创始之初，不以营利为自身存在和经营之目的，而是要建成一个致力于促进教育和科研，从事公益事业的机构。自始自终以“扩充获取世界信息的途径，通过提供服务来降低图书馆和用户获取信息的费用”为使命。这就使得它能够获得美国联邦政府、州政府及地市政府对于非营利机构在营运上给与优惠政策，得到美国联邦所得税的豁免和享受到其他税务法规定的优惠待遇。因而使它们能够降低产品和服务价格，便利客户，增强了同营利机构进行竞争的能力。同时也是由于法律、政策的约束，OCLC 将所得的盈余再全部投入对现有的产品和服务的改进，新产品和服务的开发与研究，资助会员项目和设立奖学金等。这使其在开拓市场、提高服务质量和水平、高新技术研发应用方面始终走在前列，大大增强了自身的竞争能力。

OCLC 提供的主要服务有联机编目系统、馆际互借系统、参考咨询服务和馆藏采集系统。其发展之迅速、势头之强劲，至今有增无减。随着信息技术的发展，OCLC 的运行日益规模化，服务功能日益完善，服务内容不断深化，并向非营利、企业化、商业化方向发展。除主导的联机编目业务外，通过检索服务、回溯服务等增加收入，稳固了协作网的经济基础，从而推动了共建共享的进一步发展。

（三）商业机构之间竞争合作的资源共建共享模式

这种模式是数据库生产者和信息服务中介商借助市场化手段，采用整合、租赁、授权等多种手段联合开发、集成数据库产品，提供统一的检索界面，建立具有一定规模的信息服务系统，向用户提供有偿的信息检索、原文提供、定题跟踪等服务。

这种共建共享模式可以从两个层面来阐述：一是数据库生产者之间以及数据库生产者和信息服务商之间的资源共享；另一层面是面向所有用户的共享服务。ISI Web of Knowledge 体系（简称 ISI 体系）、Dialog 系统都是这种模式的代表。

1. ISI 体系

ISI 利用自身优势，在整合自身出版的系列数据库的同时，也建立了同其他公司出版的数据库、原始文献、网络资源之间的链接，构建了基于知识管理的学术资源体系。

ISI 以 Web of Science（SCI、SSCI、A & HCI 三大引文数据库）为中心，建立起内部与外部的有效链接，包括与 Web of Science Proceeding、Derwent Innovations Index（简称 DII，是 ISI 与全球最权威的专利文献信息出版机构 Derwent 公司之间共同建立的网络版专利信息数据库）、BIOSIS Preview（美国生物科学信息服务社出版的世界最著名的生命科学数据库）等不同类型、不同学科数据库之间的双向链接。同时，它还提供二次文献和事实文献、全文原始文献等的链接。

这种开放式链接共建共享机制实现了不同类型文献、不同来源文献之间的整合和沟通，拓展了文献之间的内在联系，提高了知识体系的完整性，可为科学研究提供全方位的资源保障。这也将是共建共享向深层次的知识管理体系发展的一种模式。

2. Dialog 系统

Dialog 通过建立计算机服务网络，集中各个数据库生产商的产品，形成一

定的数量和规模，通过统一界面向用户提供有偿服务，并不断根据用户需求调整产品和服务方向，逐步从面向所有用户的信息收集者转变为面向特定信息需求的综合方案服务网络体系。

总体看来，商业机构之间的资源共建共享具有数据库主题范围广、服务项目多、规模化、以用户需求为中心等特点。它们之间有相对明确的分工，同时，随着技术的发展，各种出版商也开始利用网络直接面向用户提供服务，它们之间也有强烈的竞争。

第五节　国内农业文献信息资源共建共享存在的问题

一、我国农业文献信息资源共建共享存在的主要问题

实行图书馆资源共建共享的必要性和紧迫性是不言而喻的。但是由于多种因素的制约，使我国图书馆的合作与资源共享处于较低水平，其主要问题概括起来有如下几点：

（一）管理体制存在严重缺陷

传统的组织管理体制和运行机制仍然制约着资源共建共享。体制上的多头领导、条块分割、各自为政的多元管理体制，难以发挥整体功能。反映在资源共享上，就是合作不易，协调艰难，造成我国图书情报界长期存在一种："怪圈"，一方面高喊资金短缺，另一方面还在大量重复建设，造成国家财产、人力、物力的极大浪费；一方面惊呼文献信息资源匮乏、滑坡，另一方面文献采集大量重复与遗漏长期共存的管理体制是实现我国跨系统文献资源共建共享的首要障碍。传统的组织管理体制和运行机制严重地阻碍着资源共建与共享。众所周知，我国的图书馆分别隶属于不同的管理部门，各个图书馆分别履行着管理部门规定的不同职能。为了履行主管部门赋予的职能，各个系统的图书馆必须根据本馆的性质和任务不断地充实藏书以满足读者的信息需求。然而，不论付出多大的努力，任何一个图书馆依靠自身的藏书都无法满足读者日益增长的广泛的信息需求。体制上的多头领导，条块分割，各自为政，馆与馆之间难以配合，藏书建设无协调计划，信息检索无联合目录，馆际互借没有好办法。缺乏强有力的组织领导和监督。当开展跨系统的区域性或全国性的文献信息资源共建共享活动时，首要任务是成立跨系统的协调机构。目前，各图书馆的协作，基本上无统一组织和领导，完全处于一种非正规的自发状态，各协作网颁布的规章协议等都不具有法律功效。各种民间组织自发成立的协调机构没有强

制性的行政权利，因此，也就缺乏行政的权威性。这样，当某些成员馆为了维护自身的利益而发生不符合协作组织章程的行为时，协调机构往往显得无能为力。正因为如此，各协作网开展的各项工作在立题、论证和决策等方面都存在严重的问题，有很多本当是很好的设想都在无休止的“协商”中流产，少数实施方案也因缺少有力的组织领导和调控措施而进展缓慢。民间自发性的跨系统的文献信息资源共建共享活动要么发动不起来，要么发动起来了也是由于形式，发挥不了真正意义上的协调作用。在这种情况下，人们更多地寄希望于由政府成立全国性跨系统的具有行政权威的文献信息共建共享协调机构，以此来解决管理体制带来的障碍。

我国农业系统各图书馆在互愿互利的基础上自愿结合，形成文献资源共享协作网。协作网各成员馆通过自觉履行共同商定的文献采访、收藏、互借协议，开展协作网内的文献资源共享活动。如1986年成立的东北地区高校图书馆协作委员会，1994年成立的华东地区农林院所信息共享协作网等。这种自下而上自发产生的组织，属于“民间”组织，未纳入政府有关部门。因此，其领导机构缺乏行政上的权威性，无法采用行政、资金等调控手段全面落实共同商定的协议，而且，协议对成员馆没有太大的约束力，容易产生各取所需或短期行为。这种组织形式基本上不改变成员馆的采访方针，因此，文献资源建设协调的面十分有限，无法进行较长远的规划。实践证明，这种组织形式，阻碍了农业图书馆系统文献资源共享工作向更高层次发展。文献资源共享实践是一个造福千秋万代的系统工程，必须克服自发性、盲目性，走有规划、有步骤、有目标、分层次发展的道路。

（二）共享意识薄弱，缺乏全局观念

本位主义是阻碍文献资源共享的大敌，地域、行业、部门意识是制约资源共建共享健康发展的主要阻力。长期以来，在商讨文献资源共建共享时，人们较多地是考虑本系统、本馆的利益而忽视全民族的利益，强调是利益基本对等而轻视奉献。具体表现在对利用其他馆的馆藏感兴趣，而个别馆利用自己的馆藏顾虑重重，甚至拒绝价格昂贵、自认为“重要”的书刊进行共享；只考虑文献资源的共享，而忽视文献保障体系的共建，在文献资源共建方面缺乏热情，不愿自己的馆藏建设受到协调，各地方、各单位馆藏信息结构雷同，特色不明显，宣传揭示程度不够。没有结合当前我国农业发展形势和各地区农业发展特点，形成分工明确、特色突出的、科学的农业文献信息资源空间布局结构。农业文献信息机构的馆藏特色与当前我国农业科技创新、农产品竞争力提高和农业可持续发展的信息需求脱钩。因此，选择共建的文献范围小、品种

少，有的仅是某些昂贵的外文原版书刊，这虽然对提高文献的利用率和整体的文献保障率有一定的帮助，但并不能从根本上阻止全国农业原始文献复盖率大幅度滑坡。这是因为各图书馆都根据相关文献分布规律来征订所承担的服务领域相关的核心文献。因为各图书馆的资金都很短缺，他们都只能征订极少数最基本的核心文献。结果是，各图书馆所收藏的文献都基本相同，能够进行交换的文献很少。更严重的是，当文献资源共享协作网和利益与成员馆的利益发生冲突时，往往抛弃共同商定的协议，不履行自己的职责，自行其是，回到“自给自足”的老路上去；多年来图书馆间的协作成员能坐在一起商讨问题的总是同一系统内、而且是地位或规模相当的图书馆。在观念上，缺乏合作创新意识。在长期计划经济体制下，农业图书馆基本上处于封闭、半封闭状态，形成了“小而全”、“大而全”、“自给自足”的管理模式，片面强调馆藏文献数量或馆舍规模，求大求全，造成了文献收藏的低水平大量重复；在行动上，重藏轻用，不予人，不求人，即使资源匮乏，资金短缺，也不愿意通过资源共享来解决问题。因此，当农业生产教学科研对文献资源需求的矛盾不突出时，对文献资源共享抱着观望的态度。20 世纪 80 年代以来，农业图书馆事业的发展跌入低谷，文献资源建设严重不足，农业图书馆被迫走文献资源共享道路。图书馆参与文献资源共享活动的目的，主要是为摆脱购书经费紧张造成的困境，而较少考虑文献资源共享协作网或农业图书馆系统文献资源保障体系的建设。所以，文献资源共享活动缺乏内部强大的动力。

（三）缺乏必要的法律保障

任何一项活动的开展都必须有一定的规则来约束，否则，必将各自为政，致使活动难以正常开展。文献资源共建共享也是如此。从国外的经验来看，确立必要的规章制度及法律制度是促进资源共享的有力保证。国际上文献资源共享观念早已深入人心。美国、英国、日本等经济发达国家及新加坡、韩国、印度等国家对文献资源共享工作极为重视，纷纷颁布各种法规、条例来保证文献资源的收集整理，以更好地为广大读者服务。而我国目前文献信息资源共建共享的立法几乎还是空白。由于没有法律的约束，随意性大，影响了资源共建与共享的进程，虽然目前也有一些协调规则，但大多属于社团性质的“民间规则”，因其缺乏权威性和法制性，往往流于形式，很难具体实行。自 20 世纪 50 年代末以来，我国图书馆界相继制定了一些地方性或系统性的馆际互借规则，对文献信息资源的共建共享活动的开展起到了一定的促进作用。然而，这些地方或系统性的馆际互借规则要么过于简略，要么过于苛刻，不能很好地规范文献信息资源的共建共享活动。

（四）投入不足，经费拮据

实现资源共享可避免浪费，节约经费，但在一定时期内必须有更多的资金投入。目前，我国各级财政作为投资主体，对知识产业和信息服务业的资金投入严重不足。首先是文献购置费明显不足，文献信息资源的整体保障能力严重不足。20 世纪 80 年代中期，原苏联和美、日、英、荷、德等世界上主要农业图书出版国每年出版有价值的农业图书 1 万种以上，1978 ~ 1987 年我国共收集外文农业图书共 1.5 万种，年均 1 500种，约为上述六国出版农业图书量的 1/7。近年来，由于书刊涨价，各单位采取舍书保刊的策略，每年引进的外文新书仅为 1 000种左右，占上述六国出版有价值农业图书的 1/10。另据统计，1998 年，我国引进的外文原版杂志只有 2.6 万种左右，其中，国家图书馆只有 6 000余种（只有日本国立国会图书馆的 1/3），高校图书馆只有 8 000余种（不到日本大学的一半）。其中，北京大学图书馆是我国大学图书馆中订购外刊最多的，只有 2 932份，加上中文期刊，最多不超过 1 万种。而美国的哈佛大学、加州大学的现刊都有 9 万 ~ 10 万种。目前，全世界大约出版期刊 20 万种，其中有价值的约 5 万种。因此，发达国家一般以 5 万种为引进目标。相比之下，我国的外文文献保障能力明显不足。

其次，文献信息资源共享本身的经费投入难以满足各项工作的开展。无论是事业网还是技术网都迫切需要稳定的资金来源，如建立书目数据库、联合编目、联机网络以及建立协调机构等都需要大量的专项经费。充足的资金是文献信息资源共建共享活动得以成功的根本保障。如日本图书馆的外国杂志中心是日本文部省专项资金支持的文献信息资源共建共享项目，我国的 CALIS 也是国家拨款支持的文献信息资源共建共享项目。有专项资金支持共建活动才能持续开展下去。美国图书馆著名的文献信息资源共建共享计划——“法明顿计划”就是因为资金难以为继而在持续了 30 年后被迫终止。

另外，一次文献的经费投资不足，只相当于书款购置费的 2% ~3%，而美国的书目控制所占资金高达 70%。由于经费的投入不够，造成共享资源匮乏、共建困难，同时人才也大量流失。文献信息资源的共享活动如果没有必要的资金作前提条件，则将始终在文献资源共享的低级阶段徘徊，难以取得实质性、卓有成效的进展。

（五）文献信息资源保障体系不完善

具体表现为：一是由于对信息资源建设缺乏统一的规划与布局，未形成完整的文献资源保障体系，文献资源分布不平衡、不合理，共享性差。农业文献高度集中在北京、上海和东南沿海地区，西南、西北地区成为农业文献的贫乏

区。从我国各省、市图书馆的分布来看，图书馆的网络建设呈现由东部—中部—西部逐渐递减的趋势。中国城乡之间的数字鸿沟明显。我国农业网站地域分布极不均匀。总体上看，网站分布表现出与区域经济显著的相关性，与本地农业生产没有明显的关联性。主要集中在北京和沿海主要省份，其中北京、浙江、江苏、山东、广东五省区的网站总和占全国总数的49.27%。北京集中了大量的中央农业科研单位，是主要的农业信息源。西部12省区的网站总和仅占全国总数的14%，个别省份甚至没有建立农业网站。二是文献入藏结构不合理，全国农业文献总量严重不足，特别是外文文献总量明显不足；三是在文献品种明显不足的情况下，又存在不合理的重复，造成了“你有我也有，你无我也无”的局面。这种不合理的重复，既浪费了资金，又导致了文献品种的短缺，学科范围覆盖面不全，难以形成农业文献中心和数据中心。

（六）图书馆自动化进程缓慢，网络化程度低

文献资源共享与图书馆自动化发展的进程密切相关。国内外的专家一般将图书馆自动化的进程分为4个分阶段：第一阶段是以图书馆内部业务处理为核心的图书馆管理自动化；第二阶段是面向用户的文献信息服务自动化；第三阶段是以网络为基础的文献信息服务自动化；第四阶段是图书馆自动化的高级发展分阶段——数字图书馆阶段。发达国家的图书馆，网络化信息服务早已蓬勃开展，数字化图书馆的基本技术已趋成熟，总体上已处于第三阶段，现在正在从第三阶段向第四阶段迈进。我国农业图书情报部门的自动化发展还很不均衡，目前大多数地市级以上图书馆，均不同程度地实现了图书馆业务管理自动化，少数发达地区半数以上县图书馆实现了采编、流通业务自动化，高校和科学院系统图书馆比公共图书馆略先进一些。在总体上，我国图书馆自动化仍处于第一阶段；相当部分图书馆未进入第一阶段，还在为生存而奋斗；少数图书馆已开始进入第二阶段。我国尚不具备大规模开展现代意义上的资源共享的技术条件。

所谓网络化，是指图书馆自动化系统的相互链接。信息资源共享与网络的关系极其密切，网络是信息资源共享的基础，只有实现了网络化，才能充分地实现文献信息资源的共建、共知、共享，才能大大地提高文献信息资源共建、共知、共享的效率。没有网络就无法实现信息资源共享。要实现全国乃至全世界范围内的资源共享，就必须完善各地区乃至全国的联机网络。然而，目前我国图书馆的网络化水平极不平衡，广东、上海、北京等地区和科学院系统以及高校系统的重点大学图书馆网络化水平相对较高，联网率也较高。而其他地区图书馆的网络化水平较低，造成这种现象的根本原因是我国的图书馆自动化系统不是在网络环境下开发的，使得全国几十种独立开发的自动化集成系统绝大部分缺乏联机编目和馆际互借的功能。因此，造成很多实现了管理系统集成化的图书馆无法与其他馆联网，严重地削弱了信息技术给文献信息资源共建共享带来的巨大作用。而众多尚未实现管理系统集成化的中小图书馆则更无法体验网络化给文献信息资源共建共享带来的巨大便利。

（七）基础业务工作薄弱，数据库建设滞后

书目数据库的共享编目是文献信息资源共享工作的重要功能之一。我国国家书目控制系统无论是在广度、深度，还是在兼容性、实用性、时效性等方面，都存在明显缺陷。

联合目录又是共享的重要手段和内容。文献信息资源共享的前提是共知，即共享网成员馆彼此掌握对方的馆藏书目信息，从而能够用最短的时间向文献拥有馆发出借阅申请。传统图书馆获取其他馆书目信息的工具主要是书本式联合目录。而书本式联合目录的编制时间较长，且收录的图书或期刊品种有限。因此，此种方式存在着检索范围窄、时效性差等缺点。

网络环境下馆际互借的书目信息获取方式有了巨大的变化。通过联机联合目录或网上公开的联机公共目录（OPAC）可以批量检索网络成员馆的书目信息，或单一地检索具体图书馆的馆藏书目信息。从而大大提高了文献的查全率，缩短了馆际互借的周期。自20世纪90年代以来，随着我国图书馆自动化和网络化程度的逐渐提高，我国图书馆的联机公共目录和联机联合目录建设取得了显著的成绩。北京、上海、广东等地区的一些图书馆已经实现了联机联合目录检索，一些图书馆在网上公开了本馆的OPAC，从而极大地提高了文献信息资源共建共享的效率。但是从总体上来看，目前我国大部分图书馆仍是通过传统的书本式联合目录等方式获取其他馆的书目信息。这必然影响文献信息资源共享的效率。

现有的农业文献信息由不同的部门归口管理或者由不同单位负责建设，各部门和各单位都依靠各自独立、薄弱和不规范的信息系统进行信息采集与资源开发，标准不统一，方法不规范，资源采集与体系建设存在交叉重复等问题；据CNNIC发布的报告显示，截至2005年12月31日，全国的网站总数约为69.4万，农业网站仅占0.66%。且大多数农业网站缺乏高质量数字化的农业信息资源，内容泛泛、重复严重，“网络雷同”；信息的时效性、实用性差，缺乏互动性，成为一个个“信息孤岛”。

在农业数据库建设方面，我国数据库量不足世界的10%，数据库容量不到世界的1%，数据库产值不到世界的0.1%；由于数据库建设缺乏统一的领

导和统一规划协调，与国外农业文献数据库相比，我国现有的农业文献数据库普遍存在数量少、规模小的不足，特别是规模小的问题尤为突出。上万条记录的数据库不多，有些甚至只有几十条。而国外农业数据库规模较大。如世界三大农业数据库 CABI、AGRIS、AGRICOLA，其年文献报道量分别达到 10 万 ~ i2 万条。目前，我国数据库建设尚存在缺乏统一规划，结构不合理，商业化程度低，标准不统一，规范性差，服务能力不强等问题。

第六节　农业文献信息资源共建共享的原则

一、信息资源共享的原则

1999 年，全国文献信息资源共建共享协作会，通过了“文献信息资源共建共享倡议书”，按照“资源共享、优势互补、互利互惠、自愿参加”的原则，建立以国家级文献信息资源网络为主导，地区级文献信息资源网络为基础的中国图书馆文献信息共建共享网络。互惠互利，自愿参加被定位为信息资源共享的原则之一。纵观人类社会图书馆的历史，我们不难发现：在信息资源共享的发展历程中始终存在着政治、经济、文化、技术等各种各样的困难和障碍。虽然这些困难和障碍时常极大地影响着信息资源共享的发展，但是全球图书馆信息资源共享的步伐不仅没有因此而停止，而且还越来越快，其重要的原因就在于自愿、平等、互惠的信息资源共享原则越来越受到世界各国图书馆界的认同，日益成为各国图书馆界在信息资源共享实践中普遍遵守的基本原则，并因此奠定了全球信息资源共享的共同基础。

（一）自愿原则

自愿原则是信息资源共享的前提条件。所谓自愿原则是指信息资源共享的参与者主观意志和主观行为的自觉、自主、自为和自律。信息资源共享本身就是一种自愿行为，非自愿性的信息资源共享实际上不能称之为“共享”，因此，自愿原则是信息资源共享自身的本质决定的。自愿本身就意味着积极参与，有利于充分地调动全体参与者的积极性和主观能动性，这是信息资源共享得以持续发展的重要保障。

虽然在图书馆的信息资源共享活动中，政府或者政府间的行为，如建立统一的管理体制、制定统一的行动计划与措施等，对信息资源共享具有重要的作用，但政府或者政府间的行为是一种行政行为，虽然行政行为有利于自上而下地贯彻落实，但是行政行为在大多数情况下都具有一定的强制性，缺乏灵活性，因而往往难以全面调动参与图书馆的积极性，或者会挫伤参与者的积极性。而自愿是参与者主观意志和世界各国图书馆信息资源共享的实践证明：政府或者政府间的信息资源共享行为通常难以长久维持，历史上许多政府性的或者政府主导的信息资源共享计划的最终结果基本上都是无疾而终；只有以自愿参与为主导，以政府支持为辅助，信息资源共享计划或活动才能得以广泛推行和持续发展。

（二）平等原则

所谓平等原则是指无论图书馆规模大小，无论发达或落后，只要是信息资源共享的参与者，那么在信息资源共享的体系中就都具有平等的责任、权利和义务。平等原则主要包括平等权利、平等责任、平等义务的基本内容。在信息资源共享中，平等权利是平等责任与义务的保障，只有在享有平等权利的前提下，参与者才有可能精诚合作，才有可能积极地履行其责任与义务。因此，在信息资源共享中，所有参与者都应该享有平等的权利。包括：平等参与各项政策建设与管理决策的权利；平等参与各项计划与活动的权利；平等利用信息资源的权利。

在信息资源共享中，所有参与者在享有平等权利的同时，还必须履行平等的责任和义务。信息资源共享的实施有赖于所有参与者根据具体分工，积极地履行各自的责任和义务。包括：第一，执行统一的技术规范，如统一的用户界面、数据格式、数据库建设规则、信息交换协议、馆际互借协议等。第二，执行统一的管理规范，如用户权限管理规范、馆际互借规则、文献传递规则、成本核算办法、服务收费标准、费用结算办法、评价考核办法等。第三，执行统一的共知共建共享任务，如联合编目、联合采购、分工与协调采购、数据库共建、馆际互借、文献传递等。

（三）互惠互利原则

所谓互惠互利原则是指所有参与者在信息资源共享中彼此之间都能够获得平等的利益，并由此最大限度地满足图书馆用户的信息资源需求。一个合理的共享体系，不能建立在无私奉献的基础之上，也不可能建立在外力强迫的基础之上。而要建立在合理的、内在的动力之上。而互惠互利正是信息资源共享“合理的、内在的动力”的重要因素之一。

在目前的信息资源共享中，信息共享的参与者之间本质上不平衡的和不对等的，大型的、基础好的图书馆经常是资源的输出方，而中小型、基础差的图书馆总是受益的资源输入方。这是影响我国信息资源共享的主要原因之一。信息资源共享不是一个单纯的公益行为，信息资源共建共享中的成本和利益机制是需要考虑的重要因素。信息共享的哲学不是利他主义，而是互惠互利，贡献和回报是相应的。信息资源共享要考虑权利与义务的均衡，按照效率优先，兼顾公平的原则，确立参与者是权利与义务均衡的行为主体。如果不承认各参与者的相对独立性和合理权益，就难以激发其参与共享的积极性，相互之间难以形成合力，信息资源共享的目标也就难以实现。

二、确立农业文献信息资源共建共享模式的原则

（一）适应国情原则

任何一个国家的信息资源共建共享模式都是该国政治、经济、科技、教育、文化、地理等人文和自然因素综合作用的产物。农业信息资源共建共享的模式首先要和我国的国情相适应，这是一条最基本的原则。只有立足国情，信息资源共建共享才有坚实可靠的基础，才具有科学性和可行性。

具体地说，适应国情原则包括以下两个方面的内容：

1. 农业信息资源共建共享模式的确立，必须符合国家的政治、经济体制现状。一个国家的政治、经济体制与信息资源共建共享模式有着直接的联系。高度集中的政治体制和计划经济体制容易形成集中型的共建共享模式，如前苏联集中型的三级文献资源保障体系（英国主要是因为国土面积小而采取了集中型的模式）。而多党制的政治体制和市场经济体制的国家一般采取分散型的模式，如美国、日本等。我国目前的政治体制是高度集中的体制，而经济体制则是市场经济体制。这与发达国家的政治经济体制、国情有很大的区别。因此，确立我国的信息资源共建共享的模式必须符合目前的政治经济体制，而不能照搬外国模式。

2. 农业信息资源共建共享的模式应该适应我国经济的现状与发展步伐。信息资源的共建共享是一项投入较高且需要持续稳定投入的系统工程。不论文献信息资源建设，还是网络的建设，都必须有充足的资金作保障。信息资源共建共享模式的确立要立足于国民经济发展的现实基础和可能的条件，不能超越经济发展所允许的速度和规模，盲目追求高速度、大规模。否则，资金不能到位，其“模式”也难以实现，信息资源共建共享活动则难见成效。

（二）便于获取原则

信息资源共建共享的根本目的是为了使用户能够最大限度地方便、快捷地获取到所需要的信息。因此，确定信息资源共建共享模式应充分考虑用户获取文献信息资源的难易度。而影响用户方便、快捷获取远程文献信息资源的主要因素是地理障碍。一般来说，从时间和经济的方面考虑，人们认同在距离较近的场所获取所需的文献信息资源。我国地域广阔，人口众多，各地的图书馆和

信息机构成千上万，尽管有全国性文献保障系统，能够为获取文献提供最后的保障，但就近利用文献仍然是一条便捷的渠道。虽然网络环境下数字化信息资源的获取已经没有了空间的障碍，但由于知识产权、经济水平、网上阅读能力及阅读习惯的限制，目前乃至未来相当长的时间内，大量的文献信息资源仍以或仍将以纸本形式存在。考察美国的情况，在计算机网络服务已达到相当水平的情况下，读者利用文献的95%以上还是从本地区获得，利用全国性网络系统获得的只占一小部分。这说明即使在网络化时代，相当长时间内大多数文献需求仍然将在地区内解决。因此，信息资源共建共享的网络建设应考虑地理上的便利因素，使用户能够在最短的时间内获取到所需要的信息。

（三）适度超前原则

确定信息资源共建共享的模式要立足现实，又不能完全囿于现实，还必须考虑适度超前的原则。这是因为既定的信息资源共建共享的模式应具有较强的稳定性，不宜随意更改。否则，将影响信息资源共建共享的进程；同时，也会给国家带来不应有的损失。充分预测未来的发展趋势是确立最佳模式所必须考虑的一个重要条件。

（四）渐进发展原则

所谓“渐进发展”，在此是指选择最佳模式时，必须考虑到共建共享的实现是一种循序渐进的过程，必须经过一个过渡阶段，而不能一次完成。所以，就我国目前之国情，必须选择那种过渡型最佳模式，而不是理想的一次性完成模式。因为那种一次性完成模式既不符合事物发展规律，又不符合我国国情。像CALIS等都是过渡型模式。

（五）灵活多样原则

我国幅员辽阔，各个地区间的经济、科学、教育、文化发展不平衡。长期以来，我国已经形成了一定的文献资源分布状况，并呈现出强烈的梯度差。我国图书馆条块分割的管理体制以及地区间自动化和网络化程度的极不平衡，以及文献信息资源分布的不均衡性，要求我们在制定信息资源共建共享模式的时候必须采取因地制宜、灵活多样的原则，绝不能搞一刀切的模式，必须量体裁衣，多种模式共存并用。只有这样，才能使我国的信息资源共建共享充满朝气和活力。

第七节　农业信息系统共建共享对策与措施

一、实现我国农业文献信息资源共建共享的对策

（一）提高认识，强化信息资源共享观念

全国农业信息资源的共建与共享是关系到我国农业信息化建设的大事，是一个复杂的系统工程，应该引起各级领导部门和各个阶层的高度重视。加大舆论宣传，提高人们对资源共享的重大意义和作用的认识，牢固树立资源共建共享的观念，彻底摒弃信息资源共建与共享的保守主义、本位主义，更新观念建立信息资源社会所有观念、效益观念和全局观念。从建设战略资源的高度，搞好我国的信息资源共建共享。以电子信息、网络技术为代表的现代信息处理和传输技术的飞速发展，大大加快了人类社会的信息化进程。文献信息资源是稳定、成熟、系统、可重复利用的人类文明的历史记录和人类知识的历史积累，在这一技术背景下，特别是在知识经济日渐兴起的社会条件下，文献信息资源在人类社会信息化进程中的基础性作用和战略性地位日益突出。在激烈的国际竞争中，信息资源已成为各国争夺的重点，对信息资源开发和利用的程度，已是衡量一个国家经济发展水平和综合国力的重要标志之一，有效地利用信息资源已成为各国争夺社会经济发展的最重要的手段。加快网络化进程，迎接全球网络化新时代的到来，实现资源的共建与共享，最大限度地充分利用现有资源，是我们刻不容缓的责任。

（二）建立国家和地区两级农业信息保障组织管理机构

长期以来，各图书馆间的联系仅停留在馆际互借等浅层次的合作之上，各图书馆实际上处于相对封闭的独立运作模式，造成各图书馆之间的资源建设重复等问题，更不要谈深层次及实质性的合作。究其原因，除体制因素外，主要是缺乏强有力的、具有权威性的组织协调机构。合理的体制应该是多元化、立体的、综合的。最好建立统一协调、条块分割、布局合理，能确保进行宏观调控的管理体系。针对我国农业信息资源建设的现状，尽快建立全国性、地方性的农业信息管理机构，是推动我国农业信息资源共建共享的关键所在。全国性农业信息资源管理职能机构，负责全国农业信息资源建设、布局、共享及优势互补的总体规划和组织实施全国农业科研与农业高校系统、各地区图书馆合理配置信息资源，对其信息资源共建共享统一协调管理，对自动化网络化建设与发展等进行统一规划和指导。由于农业文献具有鲜明的地域性，因此，还必须根据不同地域的特点，按照区域建立相应的组织管理机构，协调和统一各类图书馆信息资源共建共享，减少重复投资与建设，组织地方性的农业信息资源共建共享，使不同的图书情报机构信息资源建设做到各有侧重、优势互补，使整个系统主次有别、配套成龙。

通过全国与地区两级管理机构对全国农业图书情报机构的文献信息资源共建与共享进行组织与协调，体现了农业文献信息资源共建共享整体性建设和分布式处理的关系，是保障农业文献信息资源共建共享系统得以建立并可持续发展的重要途径。

（三）加强法制建设，完善政策法规

如果说文献信息的储存、检索和提供以及原始文献的获取是过去我国文献资源共享的主要障碍，随着信息技术的迅速发展，影响信息资源共建共享的技术因素正在逐渐消失，然而各种人文社会因素不但没有消失，相反变得日益复杂，这就需要政策发挥调节作用。

政策法规与规章制度是实现农业文献信息资源共建共享的基本保障。要用法规和制度规范农业文献信息资源共建共享主体的行为。完备的法制建设是图书馆文献信息资源共建共享工作的行动指南。信息资源共建共享是一个需要多部门参与和协作的系统工程，为了协调不同部门之间的利益和职责，需要制定相应的政策法规，明确各馆参与信息资源共建共享的权利和义务，建立一种利益的平衡机制，使各图书馆之间能依据他们在资源共建共享中的投入和贡献，获得相应的利益，以保证参加合作的成员馆都能得到实惠，调动其积极性。在市场经济体制下，一切活动都必须按规则进行。国内外的信息资源共建共享实践表明，成功的信息资源共建共享活动都有完善的规则做保证。如保护知识产权，鼓励知识创新，防止文献资源的重复建设，仅依靠人们的思想觉悟和事物的一般运行方式来解决问题，效果是非常有限的，必须通过一定的法律、法规才能使问题得到真正的解决。要尽快出台我国的《图书馆法》及与之相配套的政策法规，必须对信息资源共建共享的社会地位、经费保障、各成员的权利和义务，以及信息资源共建共享体制和运行机制、总体布局等做出明确规定；必须对信息资源共建共享引起的一系列问题，如版权保护、文献复制、传递、编目、检索、互借等，要制定统一动作的标准规范；必须高起点创造性地预测可能会产生的各种问题和矛盾的解决途径及办法，保证广大用户能够充分利用公共信息。

（四）增加投入，多渠道筹集经费

资金一直是困扰我国图书馆事业发展的问题。农业文献资源保障系统的建立，资源共享网络的建设，数据库的开发等都需要投入大量财力，必须有足够

的资金作为后盾，仅靠信息单位是无能为力的，还需引进外部资金。国外的经验证明，外部经费的支持是一条“有效途径”。这对于自我资金本来就十分薄弱的农业文献信息机构显得格外重要。农业是国民经济的基础产业，农业的发展关系国计民生，农业又是经营风险高、经营收益相对较低且需要政府支持和保护的产业。因此，从农业文献信息机构的主管部门到农业行政领导部门，直到各级财政部门，都应该视农业文献信息资源体系建设为己任，为了“全面推进农业信息化”，实行经费单列、保值和逐年增长的政策，在尽快抑制传统农业文献信息资源滑坡的同时，增加对电子文献资源建设的必要经费，避免再度出现文献信息资源萎缩断层的现象。对于现代网络建设经费，应该给予最基本的保证。

（五）建立完备的农业文献信息资源保障体系

文献信息资源体系是指在一定范围内，经过布局、收集、整理、保存并提供利用的所有文献信息的集合。只有经过整序并具有目录检索点的文献信息集合才能成为文献信息资源体系。目前，文献信息资源体系的层次结构有：单位、地区、国家和国际四级。

单位文献信息资源体系。这是指一个单位内部建立的或独立文献信息机构建立的文献信息资源体系，主要功能是满足本单位用户或某类文献信息用户或用户对某种文献信息的信息需求。单位文献信息资源体系是构成文献信息资源体系的基本单位。

地区文献信息资源体系。这是指非全国性的，主要服务于某特定区域的文献信息资源体系。它包括省（市、自治区）、地区（市、州）、县（市、区）的各种文献信息机构及其联合体的文献信息资源。

国家文献信息资源体系。这是指在地区文献信息资源体系基础上，通过一个或多个协调中心将各地区文献信息资源体系联系起来所组成的全国性文献信息资源网络系统。该体系的建立能保证最大限度地利用一个国家的信息资源，是一个全国性的文献信息资源社会保障系统。这一社会保障系统应该是一个集资源建设、组织管理与社会共享三大功能为一体的社会实体。

国际文献信息资源体系。是以国家文献信息资源体系为基础，以现代化技术为媒介，以国际文献信息资源共享为目的的集成系统，是文献信息资源体系发展的最高形式。目前，尚无专门组织来研究设计这一体系，但在一些发达国家里已出现了一些全球性系统的端倪。

文献信息资源体系的基本特征是：集合性、系统性、可检索性、可利用性。

要实现农业文献信息资源共享，首先必须有可供共享的文献信息资源。为了保证文献收藏的完备，同时又达到最佳的投资效益，只有通过全国统一分工合作，才能最经济、有效地建成完备的农业文献信息资源保障体系。通过全国与地区两级管理组织机构对全国农业图书情报机构的文献信息资源共建共享进行组织与协调，建立起国家和省（市、区）两级农业文献保障体系。

以国家农业图书馆为主，组织京内各农业图书情报单位，建立国家一级文献保障体系。其文献信息收集、加工、存储和传递应面向全国科技界，除主要收集农、牧、副、渔业、农业经济、农业生物技术、宏观林业、水产、食品加工、农产品加工与储藏等学科资源外，还应对农业相关学科及交叉学科文献资源进行有选择的采集，重点收集齐全核心期刊、重要国际会议录、权威参考工具书和检索工具书，著名的专著、国外优秀教材和教学参考书以及世界上重要农业数据库的光盘，使外文农业文献保障率接近70%，能够支持全国性重大农业课题、高新技术研究、博士生培养、理论著作和大型工具书的编写、教材的更新，并能快捷、方便地向全国提供服务。

以部和省属重点高等农业院校图书馆的文献为基础，协同省农、牧科学院图书馆以及中央级研究所图书馆建立地区级农业文献保障体系。它们将根据本馆的方针任务开展微观文献建设之外，在宏观文献建设上，特别要把本省（区、市）出版的有关农业的书刊、会议资源、土壤、生物、农业等资源调查的统计和基本资料收集齐全。形成具有学科特点的、地方特色的文献收藏。应基本能够支持本省（区、市）的农业科学研究、教材更新、地方志的编写及世界农业信息的检索。同时，要根据本馆已具有优势的学科文献收藏，有计划、有重点地确保某个或某些学科在全国布局中的优势地位，并向全国提供服务。

农业部和中国农业科学院直属研究所的图书馆、中国热带农业科学院和中国水产科学研究院及其直属所应努力把本学科专业文献收集齐全，成为全国文献布局中专业学科文献布局的重点或学科专业文献收藏利用中心，在为本单位服务的同时，并向全国提供服务。

（六）大力推进文献数字化建设，加强农业特色数据库建设

网络环境下，每一个机构只是网络整体的一个节点和一部分，当一个信息服务机构的收藏转化为文献数据库并提供网上信息服务时，其他的机构再把相同的资源进行加工上网就没有意义。即如果一个机构的数据库资源被网上其他机构的数据库资源体系所覆盖的话，它的网络生命力和生存价值就会大大降低。我国农业图书情报单位大多成立早，经过多年的发展和积累拥有丰富的信

息资源，形成了以农业及相关学科为优势和特色的藏书体系。这部分资源是图书馆人员多年来精心积累下来的宝贵财富，且已经加工、整理，是有序化的信息资源，是进行数字化建设的基础。将这些特色资源进行有效组织数字化，通过图书馆网址实现与因特网的连接，成为网上信息资源的一部分，从而丰富网上农业信息资源的品种和数量，实现资源共享。

数据库是网上信息资源的重要组成部分，数据库是连接传统信息开发利用和服务与现代信息开发利用和服务的纽带，是网络环境下信息资源共建的重要内容，是实现农业文献信息资源共享的基础。特色数据库是图书馆特色资源的集中反映。特色数据库建设不仅是整个数字图书馆行业的资源建设热点，同时也是农业图书情报单位发挥自身的技术和资源长处，体现自身学术水平以及与整个行业共同发展和资源共享的基础。数据库建设是一项耗时长、耗费高的系统工程，各馆在数字化建设过程中，如果缺乏协作和分工，势必在建设过程中造成再一次的重复劳动和浪费。在开发数据库时要充分利用各级资源中心的领导和协调功能以及资源网络的潜能，本着统一规划、分工协作的原则，采取自建、联合共建、购置等多种方式，构建一个基于网络的大型数据库系统，形成国家级和地区级农业科技数据库建设基地和应用服务基地，通过提供全文数据库、电子全文链接、原文投递等多种服务，为农业科技信息用户提供文献信息和科学数据资源，使农业科技信息用户最终能享受到“一站式”服务。在数据库建设中，对于昂贵的外文数据库可以采用联合购置或交换等方式引入；对于具有独特地方特色的数据库以及学科专业数据库，各地区组织机构则可根据各图书情报机构的馆藏特色资源优势进行整体协调，采用分工自建的方式，全面构建地方性的信息资源保障体系；而对于文献型数据库可以采用部分自建或联合建设的方式进行建设。其次，数据库建设要统一规范、统一机读格式。

书目信息资源的充分共知，是文献信息资源有效共建的必要保障。文献信息资源的共知，是文献信息资源共建共享的前提。因此，要加强书目数据库的建设，加快联机公共检索目录（OPAC）的建设使之成为共享网络的重要组成部分。

（七）依托国内农业信息网络建立迅速高效的文献传递服务系统

文献传递服务指各种信息服务机构通过互联网或其他渠道向全球用户提供各种原始文献的传递服务。服务方式是用户通过互联网将自己的请求传递给信息服务机构，随即由这些机构通过电子邮件、传真、邮寄、联机下载等方式将原始文献传递给用户。

文献信息共建的目的是为了实现共享，而要实现共享就必须建立一套全新的文献信息传递服务系统。建立一个方便快捷的文献传递服务体系是保障农业信息资源共建共享得以最终发挥作用的关键；实现文献的传递才能最终满足用户的信息需求，真正实现信息资源的共享。网络环境下，建立和利用农业信息网络开展数字化文献信息服务是实现农业文献信息传递服务最有效的手段。

计算机、信息技术的发展为图书馆的信息传递服务提供了新型服务手段，使得信息传递服务效率大大提高，图书馆的信息传递服务也呈现出新的面貌和特点。近几年来，网络信息传播日渐普及，电子文献、网络文献、全文期刊数据库迅速增长，网络信息传播迅速快捷，双向互动，由于网络环境的形成，提高了图书馆文献信息的可知性与可传输性，不但用户在得知文献信息线索后纷至沓来，图书馆也可以扩大信息传递服务的范围，缩短信息传递的时间。

在20世纪80~90年代，我国先后开展了一系列馆际之间文献传递服务的试点，文献传递服务开始快速发展。在“中国高等学校文献资源保障计划”（CALIS）的主持下，文献传递服务有了很大的发展。2004年5月10日起，CALIS“西文期刊目次数据库”（简称CCC）开始集团采购工作，作为“中国高等教育数字图书馆”的重要组成部分，重点解决国内外期刊馆藏的联合揭示，并在后台与CALIS馆际互借与文献传递体系、各引进全文数据库相连，对有权限获得CALIS文献传递和全文下载的高等院校，可方便地构建从检索到全文获取的综合文献服务环境。

近年来，我国图书馆网络信息传递服务工作发展迅速，正在逐步建立自己的馆际互借与文献传递服务系统。在高校图书馆界，CALIS管理中心在资源建设方面的统一规划和科学组织，使高校图书馆的集团采购、资源共享、馆际互借、网络信息传递服务等工作迅速开展。一批规模大、馆藏丰富、人员素质较高、服务意识较强的单位迅速发展成为我国文献传递服务的核心单位。2000年6月12日，由科技部联合财政部、国家经贸委、农业部、卫生部和中国科学院等有关部委成立了国家科技图书馆文献中心（NSTL）。2002年4月份访问检索NSTL的人数为1 420 341人次，5月份为14 886 480人次。全文请求由2001年1月份的68份增长到2002年5月份的18 246份。全文请求量呈现迅速增加的态势。中国科学院也在积极建立面向全院的信息传递服务系统。2003年3月初，中国科学院馆际互借与文献传递服务系统（简称CSDL-ILL系统）面向整个科学院研究人员试用。到2003年6月下旬，中国科学院共有75个研究所、学校、公共支撑类单位正式成为该服务体系的成员馆；网上服务系统处理“求借”事务2 755次，提供文献1 700篇，满足率为73.26%。随着网络环境逐步形成，网络信息传递方式将逐渐取代传统信息传递服务形式，成为图书

馆发挥信息服务职能、实现信息资源共享的重要形式和手段。

（八）加强人才培养，促进农业信息资源共建共享的不断发展

网络环境下农业文献信息资源共建共享的实现离不开一支高素质的、符合网络环境下要求的图书情报工作人员队伍。现阶段，图书馆的体系结构已由传统和实体图书馆向实体图书馆和虚拟图书馆并存转移，用户要求的是可以在任何地方（包括跨地域）、任何时候自由地咨询、搜索、利用虚拟图书馆及传统图书馆中的信息资源，不受借阅时间、期限与区域的限制，是信息资源真正共享的“大公共图书馆”服务模式。这就迫切需要各图书馆积极采用中文信息处理技术、缩微技术、数据库技术、多媒体技术、光盘技术、网络通讯技术、虚拟现实及计算机应用等新技术，引进适应图书馆信息资源共建共享发展需求的现代技术设备及掌握该技术的人才。所有图书情报工作人员和广大科技人员应结合图书馆信息资源共建共享进行系统软件的开发、设计和制作，加强图书馆局域网、广域网及因特网等系统工作人员高级技能的培训普及和深层次继续教育，为图书馆信息资源共建共享提供良好的技术保障。

共建农业文献信息资源体系，是一项涉及多学科高技术的系统工程。资源共享中的图书情报工作的电子化、网络化、国际化对图书情报工作人员的知识结构提出了更高要求，这种人才应该是复合型的、多层次的，不仅要求图书情报人员要有一定的图书情报知识，还要掌握现代技术应用知识和能力，具备良好的外语水平。培养这种人才的有效途径是重点引进与内培职工相结合。一方面制定出台吸引人才的优惠政策，按需要有计划地引进现代网络建设人才，网上资源开发人才。另一方面，强化在职职工再教育，选拔事业心强、业务基础好的职工，送出去进修培养。对于其他职工，也要采取定期或不定期地举办培训班、学术报告会、专题讲座等形式进行培训，增强工作人员的“大图书馆”和“大服务”观，以提高职工的综合业务素质。

二、我国农业信息资源共建共享中应注意的几个问题

（一）更新观念建立新的管理体制与运行机制

20 世纪 80 年代以来，国内文献信息资源共建共享从理论到实践进入一个新的发展时期。20 世纪 90 年代以后，国内信息网络环境的形成，使国内的文献信息资源共建共享成为现实。在国家科技图书文献中心，所有互联网用户均可利用中心网络服务系统免费联机检索科技文献。用户如有需要，可针对任何一条检索结果通过网络索取文献全文，各成员单位在两个工作日之内将全文向用户发送，从而开创了我国科技文献信息服务的一种全新模式。我们必须更新

观念，充分借鉴目前国内不同系统、不同地区在文献信息资源共建共享方面的先进经验，特别是 CALIS 的管理体制和运行机制以及国家科技图书文献中心虚拟式的资源共建共享运行机制和管理体制，通过建立新的管理体制和运行机制促使农业文献信息资源共建共享尽快取得实质性进展。

（二）充分发挥农业图书情报学会和文献信息资源共建共享支撑单位的作用

中国农学会农业图书馆分会和中国农学会科技情报分会是全国性学术团体，是发展我国农业图书情报事业的重要社会力量。目前两分会的理事中，相当一部分是各农业图书情报机构的现任领导，他们具有一定的决策、行政权力和操作权力，应当重视和充分发挥两分会对农业文献信息资源共建共享的推动作用。即由中国农学会农业图书馆分会、中国农学会科技情报分会提出全国农业文献信息资源共建共享的规划和实施方案，报请有关领导部门批准后负责组织实施。由分会所设各大区协作委员会主任委员提出本地区农业文献信息资源共建共享的规划和实施方案，并负责组织实施。

在参加农业文献信息资源共建共享的成员中一定要有一批拥有较多馆藏，经费比较充裕，自动化、网络化程度比较高的图书情报单位作为主要支撑。如，中国农业科学院文献信息中心、中国农业大学图书馆。作为湖南农业大省唯一一所农业高等院校湖南农业大学图书馆，现有馆藏近 125 余万册，2006 年图书馆经费 1 500万元，2007 年搬入 3.2 万 m^2 的新图书馆，图书馆农业资源极为丰富，设备优良，管理手段先进，技术力量雄厚，应当作为中南地区农业文献信息资源共建共享主要支撑单位之一。确定和充分发挥农业文献信息资源共建共享主要支撑单位的作用，是保证农业文献信息资源共建共享得以实施，并发挥效益的关键。

（三）解决好资源共享与利益均衡的关系

文献信息资源共建共享需要足够的物质基础，需要一定量的人力、物力和财力的支持，涉及物质投入，必然会引起利益关系的平衡问题。从整体上看，文献信息资源共建共享对国家、社会、图书情报部门和信息用户都是有利的。然而，具体到每一个图书情报单位，情况又是不同的。由于同一地区各图书情报单位分别隶属不同系统，同时在馆藏基础、设备条件、经费来源、人员素质等各方面都有着较大的差异。一般来说，规模大、基础好的图书情报单位在文献信息资源共享中，“输出” 多，“输入” 少，因而在无形中增加了自身劳务和费用的负担；而那些规模小，基础差的图书情报单位则是“输入” 多，“输出” 小，因而在无形中成了“免费搭便车”。在缺乏合理的利益平衡机制的情

况下，必然会使规模大、基础好的图书情报单位对资源共建共享的投入得不到相应的回报和补偿，从而对文献信息资源共建共享持消极态度。如果只谈共建共享，而不考虑单位利益的均衡，就会挫伤参加单位的积极性。单纯的资源共建共享，虽然可以建成较为完善的信息资源共享体系，但是在资源建设以及设施更新上，将会因为缺少经济上的强有力、可持续发展的支持，致使文献信息资源体系陈旧，技术装备不能及时更新。因此必须考虑引进有偿服务机制，例如，CALIS 文献传递服务收费标准为：扫描 3 元/页，电子邮件 0.1 元/1K 字节，打印0.3 元/页。引入有偿服务机制，有利于调动共建单位的积极性，有利于共建共享的可持续发展。同时要充分考虑中小型图书情报机构和用户的接受能力，制定合适的收费标准。

（四）制定统一的标准和规范，在建设中合理分工与协作

信息资源的规范化、标准化、数字化建设对于信息资源共建共享的平台建设至关重要，要积极采用和推进国际标准，研制建立符合国际发展趋势的中国标准，克服网络环境下“信息孤岛”的窘境。标准的统一是农业信息资源共享的前提。农业信息资源共享体系合作共建的前提和基础是必须建立有约束力和规范力的建设标准，并切实规范执行。在文献的加工、记录、检索、传递及控制中实现规范化与标准化，要严格遵守编目条例、著录标准的国际国内标准，无论是书目数据库、文摘数据库还是全文数据库都要充分重视格式的标准化，加强文献内容，如名词术语、文献著录、文献标准、文献数据格式及字符集等的标准化，在词表的选择上也要考虑标准化的问题，只有按照标准建立起来的文献资源，联机检索资源共享才能实现。在数据库建设和服务体系建设中，参加馆都要坚持执行统一的标准规范，如统一的用户界面、数据格式、数据库建设规则、信息交换协议等；数据加工处理采用各种国际标准和国内标准，如 AACR2（英美编目条例），国际图联（IFLA）名称规范系统，ISBD（国际标准图书著录格式），CNMARK（中文机读目录通讯格式），连续出版物著录标准等，以确保资源共享。服务系统软硬件配置，要采用国际通用的开放式操作系统平台技术，网络通讯协议 TCP/IP 技术，面向广域网的数据库技术等，以保障系统的计算机网络支撑环境，使其能在广域网上互联，尽可能配置统一的服务软件，如数据库管理系统、公共服务软件等。

（五）增强信息素养教育，培育农业信息需求市场

用户信息意识的提高是推进我国农业信息资源共建共享事业发展的重要途径。当前，我国社会正处于从工业社会向信息社会转型的初期，由于经济发展的不平衡，加之受经费、技术、设备、观念的诸多限制，全民族的信息意识还很薄弱，尚缺乏对信息价值的正确认识。据统计，在我国上亿网民中，其中农、林、牧、渔业用户仅占1.3%，这说明农业信息用户对图书馆信息服务的认识模糊，往往不能把信息需求及时转化为获取和利用网络信息的行为。

再者，众多的农业信息用户是开发利用文献信息资源的主体，无不渴望快速获取信息。但当前他们因缺乏相应的信息利用技能和基本知识，在网络环境下处于不利地位。网络使图书馆的利用环境发生了质的变化。近年来，与国外信息系统的广泛联系，大批联机数据库的问世、电子出版物的出版和传统印刷型文献的数字化转换，数字信息资源在整个信息资源中所占的比例越来越大，已成为农业信息重要的信息载体。数字资源对于使用者的文化程度、网络检索技能都有相当程度的要求，用户必须熟练操作计算机，掌握上机及检索技巧，具备阅读各种数字文献信息的能力，掌握必要的数据库检索技术、多媒体技术和一定的网络技术。

由于我国的用户教育起步较晚，主观重视不够，农业信息用户获取信息的能力处于低水平，农业信息资源利用率低。据罗紫初等人对我国网上科技文献利用情况的调查，在调查中，95%的调查对象拥有大专以上学历，但仍有超过15%的调查者认为自身使用网上科技文献的主要障碍是“缺乏专业科技文献检索技术”或“不善于利用网络和计算机”。因而农业信息用户的教育培训显得十分重要。图书馆可采用走出去、请进来，聘请有关专家举办系列讲座，利用网络远程解答疑难，印发实用信息教育手册等各种行之有效手段和方法，对涉农人员进行广泛而有效的信息素养教育，培养他们主动、自觉地对外界信息进行选择吸收利用的感觉意识。同时，要利用光盘检索、联机检索、网上检索等，对用户进行现代化检索技能培训，造就一批高素质的信息应用人才。农业高校培养大量的农业科技人才，源源不断输送到农业各条战线，在学生中加强信息、信息检索、信息利用以及现代化技术的教育与培养，使他们成为发展农业信息服务需求的领头羊，以带动全社会利用信息知识与能力的提高，促进形成良好信息需求氛围。

第八节　网络环境下我国农业信息资源的共建与共享

在传统条件下的信息资源共享主要是信息物质载体的共享，即文献的共享。这种共享由于受共享交易成本的限制，只能在一定时间、空间范围内有限的共享。而网络的兴起和数字化技术、通信技术的飞速发展为信息资源共享带

来了新的契机，开辟了信息资源无限共享的新天地。

一、网络环境为信息资源共建共享提供了十分有利的条件

（一）丰富的网络信息资源，为农业信息资源共建共享奠定了物质基础

随着计算机技术、网络技术、通信技术的飞速发展，Internet已经成为人们工作、生活、学习中重要的信息交流途径，网络以其信息资源承载量大、传输速度快、传播范围广等超时、跨界的特点日益受到广大读者的青睐。网络环境下，传统的馆藏概念发生了根本的改变。文献资源不再仅仅局限于本馆馆内所藏文献资源，而且包括所有能从网上获取的潜在的文献资源，数量上后者甚至远远大于前者，用户可以利用的文献资源范围大大扩展了。据有关资料统计，目前互联网上可查到6 000多个图书馆馆藏数据库，4 000多个学术机构馆藏机读数据库；互联网上已拥有50多万个Web网站，总计共100多万个信息源，为全球提供信息资源交流与共享。国际互联网络上拥有丰富的农业信息资源，为广大农业科研、教学、生产者和相关领域的科学家提供基础的网络环境、各种检索工具和大量的信息资源。高度发达的网络为全球的学术交流与合作、信息资源共享创造了条件。

（二）网络环境的建立，为文献资源共建共享提供了技术保障

信息技术的迅猛发展和网络化环境的不断完善，使得图书馆靠较少的投入共享到大量的文献资源成为可能。计算机网络能够随时随地给用户提供大量的信息资源。数字化技术使信息的复制变得更加简单，网络传输使信息能够达到遥远的地方，无线通信能够轻松地跨越地域的障碍，可将时间和距离几乎缩小为零，使世界成为一个“地球村”。正是由于网络这种无限扩展的特性，使每个国家、单位、个人都有可能联入网络，实现跨时空的信息资源共享。在网络环境下，信息异地传播的成本将极大降低，几乎可以忽略不计，充分发挥网络跨时空的资源共享优势。

在网络环境建立以前，由于技术手段落后及地理位置等原因，图书情报部门之间，虽然编制了馆藏书刊目录，开展馆际互借等文献资源共享活动，但范围小、速度慢、效率低。图书馆自动化集成系统在图书馆界广泛推广后，图书馆内部形成局域网，信息资源共建共享的程度大大地提高，为多个图书馆之间的联网奠定了基础。局域网建成后，图书情报部门与所属机构之间的信息交流与合作更加方便。设有多处分馆的大型图书馆，通过互联网，同样可使各分馆互通有无，高效的协同工作。互联可以把地理上分散的、区域性的，甚至是全球的多个图书馆联合起来，及时实现资源共建共享。用户可以使用网上的信

息，获取信息快捷，地理位置的制约大大减小，大范围、深层次的文献资源共建共享得以实现。

（三）为图书馆开展广泛多样、个性化的信息服务创造了条件

网络环境下的信息资源共享能在全球范围内充分开发利用信息资源，是一种信息资源生产者、加工者、服务者与用户之间的广泛共享，他们的职能不再泾渭分明，角色区分变得模糊，是一种真正的信息共享，不再是文献载体的共享。

网络化的图书馆所容纳的信息远远超出传统图书馆馆藏所提供的数量，网络的发展已经使衡量图书馆功能的标准发生了变化。在网络出现以前，图书馆强调馆藏文献的拥有，包括馆藏数量、结构、重点，实际评价的对象是所占有的文献本身。网络走进人们的政治、经济、文化、生活后，读者主要是依赖网络来获取所需要的信息，他们希望通过网络以十分方便快捷的方式获取广泛多样、个性化的信息服务，也希望通过网络得到异地或异国图书馆的信息服务。就文献要求而言，他们不仅要求及时获得文献的线索，更希望足不出户获取文献的全文。从这个角度出发，一个图书馆藏书量的多少已不再是该馆规模和服务质量的主要标志。检索的质量将逐渐取代馆藏质量，对图书馆和其他外部信息资源的存取能力，变得越来越重要。用户是否能在终端上用最短的时间获得自已所需的本馆本地区本国乃至全球的信息，将成为评价图书馆的重要标准。

二、网络环境下信息资源共建共享的特点

网络环境下文献信息资源的共建共享是指图书馆根据用户对社会文献信息的需求，通过网络，利用计算机、通信、电子、多媒体等先进的信息技术，高度理想化地对各馆藏文献信息资源和网络资源进行综合协作开发和利用的活动。

（一）全球性服务

1999 年 2 月，美国总统信息技术咨询委员会（PITAC）提出的《信息技术：投资我们的未来》的报告中将数字图书馆的研发列入美国十项“国家级挑战”之一；2001 年 2 月该委员会再次向布什总统提交了名为《数字图书馆：实现对人类知识的普遍访问》的报告。据此也说明了信息资源共建共享的重要性和广泛性，它具有全球性的服务特点。

（二）信息资源的海量性

信息资源种类繁多，其分布、创建、存储、异构都不同。包括有政府机构和学术组织发布的公共信息资源、电子期刊、研究报告、网络数据库、自行开

发的信息资源等很多内容。因此，海量信息资源的存储与收藏具有多样化与分散性的特点。

（三）多层次描述和相互关联

信息资源具有多层次描述和相互关联的特点，仅文献信息而言就有书目、篇名、目次、题录、文摘、引文等，而同一母体文献信息又具有很多的衍生信息，且不同母体文献信息的衍生信息可能相同或相近。

（四）资源共建共享的全球化服务体系

网络环境下，用户对信息的需求已从特定部门向跨行业、跨地区、跨国界转变，信息服务已逐步趋向社会化、国际化，信息服务组织趋向联合与协作化。资源共建共享的全球化服务体系的基本架构是通过元数据或目录体系实现资源的共建共享。全文、图像、音视频等信息对象通过开放链接（动态链接）技术获取，版权保护后可以通过多种方式获取授权服务资源，通过个性化、知识化信息服务进一步提升服务质量。

（五）标准规范繁多

信息资源的共建共享需要许多的标准或规范，如 XML、Web 服务、Unicode、多媒体对象内容检索、OCR、异构资源整合、分布式检索和互操作、资源调度、数字版权管理、个性化知识化信息服务、收费体系和规则网格计算等。由于标准或规范繁多，信息资源的统一调度和共建共享困难。

三、网络环境下实现图书馆信息资源共享的条件

（一）要有全国性的计算机网络系统

图书馆资源共享是一个系统工程，要实现全国乃至全世界范围内的资源共享，就要有一个全国性的计算机网络系统。计算机网络系统不仅是传统图书馆的基础，也是现代化信息服务的根基。目前我国的网络得到了迅猛发展，相继开通了 CERNET、CHINANET、CSTNET、CHINAGBN 四大主干网。在此背景下，我国相当一部分图书情报机构自身的自动化、信息化建设水平也显著提高。在此基础上我国农业信息系统已初步具有连接全国农业科研机构、农业高等院校和政府农业管理部门和农业科技信息网络。这些网络及体系的建设为农业信息资源的共建共享提供了必要保障。

（二）要有网上的电子信息资源

要进行图书馆资源共享，就要有网上的电子信息资源。图书馆资源共享服务依赖于各种计算机网络数据库的建设。资源共享首先要查找文献的收藏图书馆和收藏地点，这离不开由各种联合目录组成的检索系统。因此，要由地区中

心建设集中型的联合目录数据库和公共查询系统，包括联合书目数据库、联合期刊数据库、学位论文数据库、电子资源联合目录等。然后在地区联合目录的基础上，由国家中心建立全国的集中型联合目录数据库和公共查询系统。通过全国协作网的集体契约方式，合作购买和建设一批基本覆盖主要学科的文摘、索引书目信息数据库和网络数据库，特别是那些能进行"一站式"文献传递服务的大型商业数据库，以集中使用和网络分享的方式把各图书馆拥有的数据库的重复率降到最低程度，从而降低用户利用成本，充分提高文献利用率。

（三）资源共享协调机构

资源共享是一项需要经费投入的服务，支持这一服务需要造价昂贵的基础设施。因此，资源共享要建立权益机制，规范收费标准。由全国中心会同各地方中心制定统一的馆际互借和文献传递收费标准，建立符合国情的资源共享和文献传递的价格体系，避免不合理收费。各图书馆应减轻用户负担，鼓励用户广泛地利用资源共享和文献传递，提升图书馆服务的整体形象，促进资源共享和文献传递服务工作的健康发展。

（四）要有资源共享的协议

目前各图书馆在资源共享信息服务内容、收费标准、联机共享数据库等方面缺乏统一协调，各行其是。因此，开展资源共享业务，要在专职人员，各资源共享成员馆应通过协商，就组织模式、经费结算方式和标准、传递文献的速度等达成管理协议，规范网络传递服务标准，简化手续，建立良好的馆际合作运行机制，提高文献传递服务的效率。图书馆资源共享服务要以满足用户需求为目的，服务费用要充分考虑用户的承受能力。

图书馆要制定资源共享的手续和规则，主要包括以下内容：开展资源共享的目的；明确资源共享服务对象；资源共享双方共同遵守的权利和义务；资源共享关系的有效期限；资源共享的手续；规定资源共享的范围、数量、期限，有偿收费的标准以及损坏、遗失的赔偿办法；其他事项包括特殊情况、要求等。

四、网络环境下我国农业信息资源共建共享的现状

（一）农业信息资源共建共享网络平台逐步完善

回顾我国文献信息资源共建共享的曲折历程，末达到理想的境界的原因，除了理念和体制因素之外，资源共享基础平台的缺乏则是技术方面的一个重要制约因素。目前，我国信息基础设施已初具规模。我国的农业信息网络建设虽然起步较晚，但"金农"工程的实施，使我国起步较晚的农业信息化建设取

得了长足的发展。1993 年以来，农业部信息中心逐步增加了农业经济信息网建设投入，实现了与各省农业厅局的联网，促进了全国农业经济信息的交流。1994 年国家农业部建立的“中国农业信息网”，成为了为我国农业提供信息服务的重要载体。中国农业信息网开通以来，网站影响不断扩大，全国有 3 000 多个网站与中国农业信息网建立了链接，目前日均点击数近 200 万次。据世界网站排名机构 Alexa 发布的全球互联网站排名资料显示，中国农业信息网的访问量在国内各部委网站中居第二位，在全球农业网站中也仅次于美国农业部官方网站，位居第二位。

1997 年 10 月中国农业科学院建立的“中国农业科技信息网”开始运行。其总体建设目标是：利用现代信息技术，建立集多个农业信息网络于一身的高速、宽带的全国性农业信息广域网络，与全国省（区）农（牧）科院、农业高等院校及相关部门的计算机网络互联，与国际性学术计算机网络互联，成为世界上著名的农业科技网站。

在国家积极建设农业信息网络的同时，各省市有关农业政府部门、农业科研和教育机构及社会网络企业也纷纷投资于农业网站的建设。各省（市）农业网站也相继开通。目前，我国 81% 的地级和 38% 的县级部门建立了局域网，83% 的地级和 45% 的县级农业部门建立了农业信息网站，75.9% 的县建立了信息服务平台。1999 年以来，我国的农业信息网站如雨后春笋般出现。据农业部信息中心统计，截止到 2000 年底，我国农业信息网站已由 1998 年不足 200 个发展到至今 2 200家，所属行业和信息内容涉及 18 大类 127 子类，涵盖了农业和农村经济的主要内容。2003 年 3 月底，我国的涉农网站已经增至 6 389个，超过了法国、加拿大等发达国家，如果加上中国台湾和香港的农业网站，中国农业网站的数量可以排在世界前 5 名以内。国内农业信息网站的建立与发展，成为了传递农业科技信息、实现农业信息资源共享的重要手段，为实现农业文献信息资源共建共享提供了良好的技术环境。

（二）农业信息资源服务体系基本建立

目前，从农业部到各省市农业行政主管部门都建立了农业信息工作的职能部门。据调查，全国 333 个地市中，有 323 个地市设立了农业信息服务机构，占地市总数的 97%；全国 2 861个县市区中，有 2 489个设立了农业信息管理和服务机构，占总数的 77%；全国 43 000多个乡镇中，有 22 500多个建立了农业信息服务站，占乡镇总数 52.3%，我国农业信息服务组织体系已经形成。

由中国农业科学院农业信息研究所、中国农业科学院部分专业研究所、中国水产科学研究院、中国热带农业科学研究院等单位参加建设“国家农业科学数据中心”，是科技部“科技条件大平台”支持建设的9个数据中心试点之一。该中心立足于农业部门，通过集成、整合、引进、交换等方式汇集国内外农业科技数据资源，并进行规范化加工处理，重点整合作物科学、动物科学、水产科学、农业科技基础、农业资源与环境、农业生物技术与生物安全、农业信息与科技发展等科学数据，分类存储，形成一个覆盖全国、连接世界，可提供快速共享服务的网络体系。该项目致力于：

1. 实现农业科研信息共享

通过建立一个完整的农业信息资源中心，支持全国农业科技信息共建共享，在全国范围内实现农业科技公共数据和文献信息的网络化共享。

2. 实现农业科研活动协作

通过建立网上合作机制，支持异地合作基础研究与新技术开发，快速交流创新性学术思想和研究成果，从而促进科研数据和仪器设备共享的目的，为国内1 200多个农业科研院所提供良好的合作研究环境。

3. 实现农业科研管理信息化

应用成熟、智能的信息技术，以科研管理为核心，全面整合、优化整个科研活动的人力资源、财力资源、项目资源的管理流程，为科研管理者提供计划、运行、监控、决策、检查评价等综合服务的网络化支持平台。

该项目从全国农业科学数据共享的角度出发，已经搭建了农业科学数据共享平台的总体框架，研发了基于元数据的农业科学数据共享系统，建成开通了农业科学数据共享网（http://www.agridata.cn），整合和链接的数据库有65个，数据量27GB，这些数据库已全部实现网络化共享。这个项目为农业科技协作与科研信息共享构建理想平台，将有力地推动农业科研人员科研协作，带动全国农业科研资源的共享，提高农业科研资源利用率，使有限的资源发挥更大的总体规模效益，从而促进我国农业科研创新能力和国际竞争力的提高。

（三）农业数据库建设初具规模

网络环境下，我国农业数据库的共建共享主要是从两个方面入手。一是加强引进国外农业及其相关学科的文献数据库。我国主要引进了世界4个大型农业数据库，即联合国粮农组织存取数据库（AGRIS）、国际食物信息数据库（IFIS）、美国农业部农业联机存取数据库（AGRICOLA）、国际农业生物中心数据库（CABI）。这4个大型农业数据库的引进，对于改进和发展我国的农业数据库建设，为我国广大农业工作者及时了解世界农业科学技术和生产动态，提供了大量的国际农业信息资源，也推动了我国数据库技术的进步。二是加强国内各单位自建农业及相关文献数据库的建设。我国于20世纪80年代初，开

始着手自建农业数据库，尽管起步较晚，但发展比较快。目前，我国已建成大型涉农数据库100多个，约占世界农业信息数据库总数的10%。其中，最主要的有农业科研单位建立的CABI、AGRIS、AGRICOLAHE、FSTA等数据库，以及由中国农业科学院牵头开展的农业数据库和农业光盘服务网络，具有代表性的数据库有：中国农林文献数据库、中国农业文摘数据库、农副产品深加工题录数据库、植物检疫病虫草害名录数据库、农牧渔业科技成果数据库、中国畜牧业综合数据库、全国农业经济统计资料数据库、农产品集市贸易价格行情数据库、农业合作经济数据库等。

五、我国信息资源共建共享发展前景

在未来若干年中，我国信息资源共建共享将呈现以下发展趋势：

（一）人们对信息资源共建共享的重视程度将不断增加

随着市场经济的迅猛发展，网络技术的不断更新，以及信息时代的到来，决定了未来图书馆的发展趋势是实行文献信息资源的共建共享。美国学者贝克（S. K. Baker）在她编辑的《资源共享的未来》一书的"前言"中写到："今天的图书馆正生存在一个相互依赖的时代"。进一步讲，每一个图书馆都必须将自己视为世界图书馆体系的一部分，必须摆脱自给自足的状态，必须发现迅捷而合算地从世界图书馆体系中获取资料并送到用户手中的方式。必须随时准备将自己收藏的资料提供给世界各地的其他图书馆。网络环境下图书馆信息服务最深层的本质是信息资源的共建共享，这已成为图书馆界的共识。

在信息化程度高的社会，信息资源作为经济增长的内生力量起着越来越重要的作用。随着全球经济的发展，各国正在融入到世界经济一体化的潮流中去，相互之间的依存性越来越强。这种依存性必然带来对信息资源的共享需求。

（二）信息资源共享的法律环境将会更加完善

信息法律环境建设是国家信息基础设施中最核心的方面。为保证信息活动的顺利进行，调整与信息活动相关的个人、组织、国家的关系，必须对这类的信息行为进行有效的社会控制，主要包括信息资源管理、国家信息政策制订、信息伦理道德建设、信息法律建设等方面。

信息资源共享是一个需要不同地区、不同系统的图书馆参与的社会活动。为了协调不同主体之间的利益和职责，就需要政府出面制定相应的政策和法规，规范各方的行为，确保各方的利益不受侵害。美国、英国、德国等发达国家都十分重视制定各种法律、法规，来保证信息资源共享活动的顺利进行，而我国在信息资源共享的立法方面恰恰是薄弱环节。

我国信息政策的研究和制定起步较晚，进入20世纪90年代后，面对全球的信息化浪潮，中国政府在信息政策的制定、实施等方面给予了高度的重视。近年来，立法的进程已明显加快。一是不少城市，如北京、上海、深圳等，已相继出台了地方性的图书馆事业管理法规，其中包括了有关信息资源共享的内容。二是我国的图书馆法的制定已进入立法程序，它的出台应该不再遥远。图书馆法应该会涉及图书馆信息资源共建共享、国家文献信息资源整体布局的目标、总体要求、原则、组织与协调方式等问题。三是近年来国家和政府出台的若干法律、法规、条例，如信息工作方面的法规、出版方面的法规、标准方面的法规、知识产权方面的法规等，都包含了有关信息资源共享方面的内容。2004年10月27日召开的国家信息化领导小组第四次会议，通过了《国家信息化领导小组关于加强信息资源开发利用工作的若干意见》，把对信息资源开发利用工作提高到了前所未有的高度。为了贯彻这次会议精神，国务院信息办和有关部门正在研究制定一系列关于信息资源开发利用的法律法规和政策文件。毫无疑问，随着我国法制建设进程的加快，我国信息资源共享将会有一个良好的法律环境。

（三）网络技术将会为信息资源共建共享提供一个崭新的信息环境

现阶段正在研制的下一代因特网与网络技术将会对信息资源的共建共享产生革命性的作用。解决现有因特网在传输能力上的限制是下一代因特网目标之一。1996年10月，美国政府提出了下一代因特网（Next Generation Internet）的规划，简称NGI，旨在强化其在互联网为代表的新经济中的领先地位，保持美国在经济、政治、军事等方面的领先优势。由于下一代互联网在社会和经济中的重要作用，日本、欧盟等国家和地区也非常重视，我国也密切关注它的最新发展，并积极研究。

2004年12月25日，国家发改委、教育部等八部委联合宣布，中国第一个下一代互联网暨中国下一代互联网示范工程核心网（CERNET2）正式开通，这是世界上规模最大的纯IPV6（互联网协议第6版）互联网，标志着我国下一代互联网建设全面拉开序幕，并在世界下一代互联网发展上取得先机。下一代互联网的开通，意味着中国在下一代互联网已经和美国、欧盟、日本一起走在了第一方阵。通过下一代互联网，人们将进一步享受到网络带来的好处。高清晰度电视、强交互点到点视频、语音综合通信、智能交通、环境地震监测、远程医疗、远程教育等都将得以真实实现。

使用网络技术进行信息资源共享是当前国际研究的一个热点，这意味着信

息资源开发利用的技术正在整体换代。传统的文本信息检索向高精度检索、多媒体内容检索、文本挖掘、知识发现、信息内容可视化、概念词库、知识搜索引擎等发展。国外进行了一批网络信息资源共建共享的整合项目，典型代表是美国科学信息服务社（ISI）的 Web of Knowledge 服务体系，它是对全方位的学术信息资源的集成。使用时，不仅可以从核心的引文数据库检索相关信息，而且可以通过链接，自由进出相关数据库进行查询。不仅在深度上发展到了数据库记录级别，资源整合范围也扩展到多种不同的信息服务机构领域，保持了信息资源之间、学术研究之间的内在联系，体现并保持了知识体系的完整性。

（四）信息资源共建共享体系向着数字图书馆的方向发展

数字图书馆是利用现代高科技支持的数字信息资源系统将分散于不同载体、不同地域的信息资源以数字化方式储存，以网络化方式互相联结，是学科导航模式的进一步延伸和专业细化的进一步体现，以形成便于使用的、超大规模的知识中心，改变目前互联网上信息无序、不便使用的状况，提供全球资源共享平台。也就是说，数字图书馆是超大规模的、可以跨库检索的海量数字化信息资源库。它的特点是“收藏数字化、操作电脑化、传递网络化、信息存储自由化、资源共享化和结构连接化”。数字图书馆给读者带来的最大好处就是信息资源全球化和获取信息资源的快捷。读者可以在线检索馆内外资源，实现局部文献下载和传输，远距离文献下载和传输。

目前，实体资源共享建设与虚拟的电子资源共享结合在一体，特别是电子资源集团采购和以 Web 方式进行的资源导航、馆际互借及文献传递已成为文献资源共建共享体系的主要功能。随着 Z39.50 协议的应用以及一些支持性网络设备和软件的安装，各共建共享体系内成员间的资源已经实现了无缝连接，传统图书馆的围墙荡然无存。在网络环境下，图书馆突破了地域空间的有形限制，不仅能向用户提供本馆所收藏的文献，还可以提供网络中其他图书馆的馆藏文献。数字资源通过计算机直接检索和利用，有效地控制了各馆文献资源重复收藏，有利于文献资源的合理配置，使读者全面快速地获取文献信息，实现信息资源的完全共享。

我国数字图书馆的大规模研发工作是 1996 年在北京召开的第 62 届国际图联（IFLA）大会以后开始的；1997 年 7 月由文化部牵头的“中国试验型数字式图书馆项目”的实施是我国数字图书馆建设开始的标志；1998 年 10 月，文化部与国家图书馆启动了中国国家数字图书馆工程，在全国范围内掀起了数字图书馆建设和研究的热潮。尽管数字图书馆的建设和发展还存在种种困难和误区，但是数字图书馆作为一种全新的图书馆形态，正在被越来越多的人所接受。发展数字图书馆不是目的，而是为了实现人类的信息资源共享。目前，我国已有的文献信息资源共建共享体系中已孕育了数字图书馆的雏形。全国文化信息资源共享工程依托的正是国家图书馆建设的数字图书馆工程的资源成果，它提供的文化信息服务也完全是在网上进行的。

（五）图书馆联盟将成为我国实现文献信息资源共享的重要组织形式

图书馆联盟（Library Consortia）是近年图书馆界用于描述一种信息资源共建共享的组织形式所使用的一个概念。所谓图书馆联盟是指为了实现资源共享、利益互惠的目的，以地域、图书馆类型、学科领域等为基础建立的，在一个中心机构的协调和管理下，协同性地执行一项或多项资源共享计划的正式图书馆合作组织。它的目标是帮助成员馆更经济、更高效地实现各自的目标，使信息资源得到最大程度的开发和利用，使用户需求得到最大程度的满足，使整体效果大于部分（独立状态下的各图书馆）效果之合。

对于中国来说，图书馆联盟这种组织形式还有特殊意义，那就是它能有效地克服我国信息资源共享的体制性障碍。多年以来，人们一直在批评我国图书馆事业的管理体制是“条条”、“块块”各自为政，相互之间缺乏联系和协调，资源不能共享。于是有人提出要建立一个统管全国各类型图书馆的行政职能部门，对全国的图书情报事业，包括文献信息资源共享进行集中管理。这一想法是不现实的，因为它不符合我国经济体制和性质管理体制改革的方向。而具有可行性的做法就是建立这种横向协调的图书馆联盟。在我国，图书馆联盟仍然由政府实施宏观管理，有较严密的组织形式，但主要是通过自愿建立起来的，参与的成员主体地位平等，参与的程度由成员自主决定，参与的利益由成员分享。因此，这种联盟既是与国际接轨，又符合中国的实际情况。

我国图书馆联盟建设始于20世纪90年代中期，2002年以来发展迅速。我国建立的图书馆联盟主要有全国性的专业图书馆联盟、全国性的综合性的图书馆联盟、地区性的专业图书馆联盟和行业性的联盟。比较成功运行的有中国高等教育文献保障系统（CALIS）、科技部、财政部等部委启动跨系统的科技文献共建共享项目——中国科技文献资源网络服务系统、中国数字图书馆工程、上海高校网络图书馆、江苏高等教育文献保障系统等。从发展趋势来看，今后几年，我国将出现较多这类图书馆联盟。

（六）信息资源共享的基础建设将加快步伐

数字化信息资源是网络环境下信息资源共享的基础。目前我国数字化信息资源的建设已有相当大的规模。国家对文献资源数字化增加了投入，许多大型科学文献数据库、国家资源基础数值数据库、基础科研数值数据库以及经济、

企业、产品、成果及人才数据库等正在建设中，引进国外数据库的力度加大。尤其值得指出的是，国内许多数据库生产商正以产业化、市场化的运作方式，介入数字化信息资源的建设。他们的数字化产品，如电子图书馆、期刊全文数据库、博士、硕士学位论文数据库、会议论文数据库、报纸数据库等，大大丰富了我国的数字化信息资源。毫无疑问，我国数字化信息资源建设将继续保持良好的发展势头。

以计算机和现代信息技术为依据，建立一个完备的书目信息网络，是信息资源共享的重要前提。目前，我国各大中型图书馆都已拥有较为先进的计算机设备和软件，建立了各自的局域网并逐步实现了与广域网的连接，从而为实现书目数据库共享提供了关键的技术条件。我国的文献编目标准化工作已初具规模。自 1993 年颁布《文献著录总则》至今，已正式发布执行有关文献标准多种，为规范控制的标准化提供了保障。国家图书馆从 1988 年开始制作 CNMARK 至今已积累了 20 多万条机读中文书目数据，并向全国发行，从而为书目数据资源共享提供了主要的书目数据源。此外，我国已有若干地区性的集中编目机构，这些机构为建立全国性联合书目中心奠定了基础。由于以上条件的具备，建立一个覆盖面宽、利用便捷的书目信息网络，是完全可行的。

信息传递服务是极为重要的图书馆信息资源共享形式。通过信息传递服务进行资源共享，可更多、更快地为用户提供服务。信息资源共享的实现，有赖于建立一个迅速、高效的文献传递系统。而随着网络的发展，文献信息的传递完全突破了时间、空间的限制，网络信息服务已出现了信息多样化、方式网络化、范围全球化、服务一体化、结算电子化的发展态势，为用户提供了一步到位的周详服务。因此，以网络为依托的电子文献传递成为信息资源共享的重要形式。在我国，建立电子文献传递系统和条件已基本具备。我国的四大主干网发展势头良好，高校校园网和各种地区性网络普遍建立，并实现了网络互联。可以预见，电子文献传递将会成为我国图书馆在网络化环境下实现信息资源共享的方便快捷的途径。

参考文献

[1] 毕强，杨文祥. 网络信息资源开发与利用. 北京：科学出版社，2004

[2] 曹臻，赵海星. 我国农业系统文献信息资源共建共享探讨. 农业图书情报学刊，2002，(5)

[3] 曹作华，张长安．论我国信息资源建设的宏观协调处微观发展．情报学报，2003，(10)
[4] 陈丽丽，蒋志斌．CALIS 与高校图书馆文献资源共建共享．大庆高等专科学校学报，2004，(3)
[5] 陈玉霞．图书馆文献信息资源共建共享模式探讨．山东图书馆季刊，2005，(1)
[6] 程焕文，潘燕桃．信息资源共享．北京：高等教育出版社，2004
[7] 董焱，邢素丽．数字时代的图书馆与图书馆员．北京：北京图书馆出版社，2006
[8] 范烨．文献信息资源共建共享模式研究．黑龙江大学硕士论文，2004
[9] 高波．文献信息资源共建共享模式新论．中国图书馆学报，2002，(6)
[10] 国家科技图书文献中心．http://www.nstl.gov.cn/index.html. 2006 - 12 - 13
[11] 赖毅，方英．高校图书馆信息资源共享模式探析．图书馆建设，2006，(2)
[12] 李家清．我国网络环境下的资源共建与共享．图书馆建设，2000，(4)
[13] 李家清．我国文献资源共享中存在的问题及对策研究．中国图书馆学报，2002，(1)
[14] 李家清．信息资源共建共享环境下的信息服务发展趋势．情报科学，2004，(4)
[15] 梁震宇．面向知识创新的文献资源共建共享．图书馆研究与工作，2005，(2)
[16] 马费成．信息资源开发与管理．北京：电子工业出版社，2004
[17] 农业文献资源调查与布局研究课题组．全国农业系统文献布局和资源共享方案．农业图书情报学刊，1995，(增刊)
[18] 欧阳少春．OCLC 成功之路．图书与情报，2002，(2)
[19] 潘淑春，马亚敏等．全国农业文献信息资源发展与协调．农业图书情报学刊，2002，(5)
[20] 全国文化信息资源共享工程．http://www.ndcnc.gov.cn/libportal/main/libpage/gxgc/main.htm，2006 - 12 - 13
[21] 宋小华，涂湘波．高校图书馆和各类型图书馆文献信息资源共建共享和问题和举措．农业图书情报学刊，2004，(3)
[22] 王大可．Ohilink 的网络建设与信息资源共享．现代图书情报技术，1999，(6)
[23] 王贤甫．农业信息．情报理论与实践．北京：中国农业科技出版社，1993
[24] 伍玲．试论农业信息资源网络化建设与开发．情报科学，2004，(2)
[25] 夏建敏，蔡路．网络环境下信息资源的共建共享．高校图书馆工作，2005，(6)
[26] 夏力苗．我国文献信息资源共建共享体系之构建．赤峰学院学报（汉文哲学社会科学版），2005，(1)
[27] 肖希明．我国信息资源共享的发展趋势．图书馆杂志，2004，(5)
[28] 薛冬哥．日本高等教育文献保障体系—日本文部省学术情报中心．大学图书馆学报，2000，(6)
[29] 杨尚通．图书馆文献信息资源共建共享的研究及对策．图书馆论坛，2003，(5)
[30] 杨文祥，王秀亮等．文献信息资源共建共享的历史回顾与现实任务．大学图书馆学

报，2000，(2)

[31] 于良芝．图书馆学导论．北京：科学出版社，2003

[32] 张爱霞，刘春燕等．网络环境下资源共建共享的发展模式探讨．情报科学，2003，(5)

[33] 张靖，吴顺明．论信息资源共享的互惠原则．图书馆理论与实践，2006，(3)

[34] 张树华，王京山等．数字时代的图书馆信息服务．北京：北京图书馆出版社，2005

[35] 中国高等教育文献保障系统．http://www.calis.edu.cn/calisnew/calis_ index.asp?fid=1&class=1.2006-12-13

[36] 中国图书馆学会专业图书馆分会．图书馆品牌建设．北京：北京图书馆出版社，2004

[37] 中国图书馆学会．图书馆的现代化服务．北京：北京图书馆出版社，2004

第四章
农业文献信息资源保障体系建设

第一节 建立农业文献信息资源保障体系的必要性

资源文献保障体系是为了满足资源及相邻学科研究对资源文献的需要而建立的一个文献支持系统，它是在网络环境下的文献信息共享体系。其核心内容是：文献信息资源的共建、共知、共享。其实质是利用现有网络通讯条件，按照资源共建、共享的原则，协调文献信息资源在时效、区域、数量、结构上的分布，使布局更加的合理，使用户信息需求得到更大地满足，使得文献信息资源发挥最大效用。其主要目标是：①有计划、有步骤、有系统地收集国内外有价值的文献情报信息资源，形成有特色、高质量、成系列、较完备的文献体系，以满足科研人员和广大信息用户对资料和数据的需求；②对历史文献进行收藏和保管，以供需要时随时调用；③为各种资源数据库建设提供数据源；④在囊括各种文献资源的同时，建立广泛共享的网络，实现系统内成员资源的共建、共享、共知、共用。而农业文献信息资源保障体系是为了满足农业信息资源需求而建立的一个农业文献支持系统，它的建立对于我国农业经济的发展和农业高等院校图书馆事业的发展等方面具有重大的意义。

一、建立农业文献信息资源保障体系是农业经济建设发展的需要

众所周知，信息化对于我们来说已经不是一个陌生的概念，它的兴起和发展已将全球的经济紧密地联系在了一起，知识、信息、文献在经济和社会的发展中所起的作用从来没有什么时候像现在这样变得如此重要。信息化给处于不同发展阶段的国家（或地区）带来了新的发展机遇，也提出了更为严峻的挑战。我国是一个农业大国，农业在国民经济中占据极大的比重，农业人口占据了全国的总人口的80%以上，而且农业整体水平较低，发展较慢。因此，我国要进一步发展，就必然面临着工业化与信息化的双重重任。只有利用信息化带给我们的新机遇，不断加大我国信息基础设施建设的投入、加快信息保障体

系的建设，才能把我国经济发展融入国际大舞台，促进和加快我国农业、工业的现代化步伐，加快高新产业及其他行业的发展，全面实现我国“追赶型、跨越式”经济发展战略。

而农业文献和信息资源的开发利用是国家信息化建设的关键。这是因为农业文献信息资源是国家信息资源的重要组成部分，是基础性、战略性资源，它的开发利用程度直接决定国家信息化的进程。国内外大量事实也证明，农业文献信息资源对于推进农业科技进步，加快农业经济发展，加速农村向城镇方向发展，都起着不可替代的支撑与保障作用。20世纪末以来，以计算机多媒体技术、光纤和卫星通讯技术为特征的信息化浪潮席卷全球，世界进入了全面的信息化时代，而作为人类生存基础的农业也在向着现代化和信息化迈进。而在农业信息化进程中，农业文献信息资源成为了当代经济竞争的制高点，怎样开发农业文献信息资源也一跃成为了农业信息化建设的重点。实践表明，如果农业文献信息开发利用得好，那么就能使农业用户快速有效地获取、使用文献，利用文献信息资源创造财富，真正将知识迅速转化为生产力，从而实现农业经济增长和农业知识创新、技术创新。文献信息资源的开发利用水平与国家的科技和经济发展有着紧密的关系，凡是对文献信息资源开发利用的战略意义重视不够，投入不足的国家或地区，在农业可持续发展和综合竞争力方面都会处于落后国家或者落后地区。而相反就可能会成为发达国家或地区。

例如在美国，农业部已形成了庞大、完整、健全的信息体系和制度，建立了手段先进和渠道畅通的全球电子信息网络，建立了完善的信息资源保障体系和制度，并不断加强对农业信息资源的开发和利用。从20世纪50年代初美国首次利用计算机进行饮料问题的研究至今，计算机应用已渗透到农业的各个方面。目前，美国信息业对国民生产总值的贡献率超过了50%，信息产业的就业人数也超过了50%。美国农业信息化强度高于工业81.6%。正是对农业信息的不断开发利用，正是对世界各种信息资源不断收集，才使得美国农业信息化大步迈进，也正是这种高度发展的农业信息经济铸就了一个异常强大的美国。

而中国作为世界上最大的发展中国家、最大的计算机市场和传统的农业大国，农业信息技术有着巨大的应用空间和广阔的发展前景。从总体上看，我国农业信息化发展还是较快的，并没有落后于其他产业。从有关统计数据看，截至2000年底，我国农业信息网站已由1998年不足2 000个发展到2 600多个，其中近1 600个保持正常运行状态，占总数的72.89%。全国在省级农业行政主管部门建立局域网的基础上，有近一半的地（市）和1/5的县级农业部门也建立了局域网。随着我国农业信息化的快速发展，我国农村经济正从以物质与能量为经济结构的重心，向以信息与知识为经济结构的重心转变。虽然近几年我国农业有了快速的发展，并取得了一系列可喜的成绩，但现代化和信息化水平与发达国家还存在很大的差距。我国农业信息技术整体水平不高，信息资源的数量与质量还不能满足农业生产、科学管理的需要；大部分农业生产者文化程度较低，信息意识不强；农民缺乏有效的信息做生产指导，不能做到产品销售对路、高产出收到高效益；我国农业现在还处在传统农业向现代农业、市场农业转型时期，农业科技成果转化为生产力的速度慢，科技贡献率低。信息资源建设方面也存在信息量缺乏，质量不高，内容重复，共享性差等缺陷。据有关资料显示，我国的数据库大约为全世界的1%，农业数据库仅局限于单机服务，农业信息网络服务能力尚未形成，信息资源共享性差。因此，我国农业信息资源建设仍需提高信息质量，挖掘信息潜在价值，更新现有数据库内容，更好地满足不同对象的需求。此外，必须解决信息的标准化问题，只有信息与信息技术的标准化，才能做到信息共享，系统兼容。只有解决以上问题，才能加快我国农业信息化进程，从而使我国早日迈入发达国家行列。

农业文献信息的开发利用在国家信息化建设中具有十分明显的作用。在我国，一方面各类农业信息用户群体、特别是广大的农业科研、教学人员，他们是我国农业科技进步、农村经济发展的中坚力量，迫切需要农业科技信息；另一方面，我国充足的农业科技信息资源亟待开发利用，据统计，我国每年有4 000多项农业科研成果和6万余篇农业科技论文问世。但由于开发利用水平不高，农业科技成果转化率低。据报道，我国的科研成果转化率只有15%，技术进步对经济的贡献率仅为29%。这是我国生产力水平不高经济落后的一个重要原因。农业资源保障体系的建立有助于农业科研成果及在研项目的及时收集整理，有助于农业科研成果的总结、记录、存储、交流、传播、推广和普及，使其转化为生产力，有助于农业科研工作的互相借鉴，促进我国农业事业的发展。此外，农业文献保障体系建设中的农业科学学位论文数据库的建设，有助于提高农业科学学位论文的使用率，有助于农业科研工作者及时了解当前农业科研的动态，有助于互相交流和学习，从而带动科研工作者的进一步提高和发展。

农业文献信息的开发利用目前仍处于非常薄弱的阶段，随着网络时代、信息时代的到来，知识快速增长与更新，更大规模、更高质量地开发利用农业文献信息资源已成必然。农业部也始终对农业信息化高度重视，把推进农业信息化，用信息技术手段推动农业现代化，不断改进农业行政决策的信息技术支持

手段，满足广大农业生产经营者对信息的需求作为自己重要的职责。把不断开发和利用文献信息资源作为农业信息化的基本手段，通过各种途径加强农业信息资源的收集、开发和利用，从而不断完善农业文献信息资源保障体系。

二、建立农业文献信息保障体系是我国农业院校高等教育发展的需要

高等教育的发展离不开良好的实验设备，离不开雄厚的师资力量，同样离不开文献资源的保证。丰富的文献信息资源是农业高等院校发展的源泉，是农业高等院校教学、科研必不可少的条件。农业高等院校通过对农业文献信息资源进行采集、收藏、加工、整理和开发，最终应用于农业高等院校的教学和科研，成为了农业高等院校的宝贵财富，是农业高等院校得以运作的基本物质保证，也是农业高等院校师生的精神财富。农业高等院校的图书馆是文献信息资源的集散地，是文献信息资源建设的重中之重，只有建立以它为依托的农业文献信息资源保障体系，才能真正保证农业高等院校的顺利发展。

从我国农业院校面临的困境来看，建立农业文献信息保障体系势在必行。21 世纪将是知识经济的世纪，知识在国民经济发展中占据举足轻重的地位。谁拥有了知识，谁就是世界的强者。而知识是人类经验和智慧的结晶，是人们科学认识世界和改造世界的有力工具。知识一经产生，便以声像信息、实物信息、文献信息的形式加以传播。人类知识的完善过程实际上就是不断获取和利用信息的过程，也就是文献信息资源不断完善的过程。世界发达国家无不拥有完备的信息资源体系，而我国长期以来忽视文献信息资源的开发和利用，尤其是农业文献信息资源的开发利用，所以经济发展不快，这样就必然落后于世界发达国家。随着改革开放的深入和我国加入 WTO 的成功，文献信息资源将在我国经济中发挥越来越重要的作用，研究和利用文献信息资源已经成了刻不容缓的事情。而我国高等教育也在知识经济的背景下面临重重困境。就文献信息资源建设而言，截至 2004 年底，全国普通高校图书馆共拥有图书 101 032万册，电子图书 1 053 365片，但是和国外平均水平相比，由于起步晚，基础薄弱，投入力度不够，致使我国文献信息开发程度还相差很大的距离。而且我国目前高等教育进入了高速发展时期，招生规模急剧扩大，2005 年全国招生比 2004 年增加 57. 12 万，增长 12. 77%，到目前为止我国共拥有高校 2 273所，比 2004 年增加了 37 所（包括成人高等学校），在校本（专）科学生 15 617 767人，研究生（包括硕士、博士）978 610人，其中高等农林院校 74 所，在校本（专）科学生 711 164人，研究生（包括硕士、博士）34 548人。

庞大的信息用户必然要求充分的信息保证，如果高校不加大文献信息资源的开发力度，那么要满足或者尽可能满足用户信息要求就成了一句空话，同样高校的可持续性发展也是一句空话。因此正是在这种国情和现实之下，由国务院批准首先成立了 CALIS-中国高等教育文献保障体系，管理中心设在北京大学，下设全国中心、地区中心和成员馆三层结构，设在中国农业大学的农学中心自成立起，为全国农业文献信息的保障做出了卓越贡献，为全国农业信息开发利用开辟了一片光明灿烂的前景。

三、建立农业文献保障体系是从根本上解决农业高等院校，尤其是农业高等院校图书馆面临的困境的有效途径

改变我国农业高等院校图书馆的困境需要新的发展模式。就目前的现状来说，我国图书馆主要面临如下困境。

（一）购书经费的增长跟不上书刊价格的大幅增长，各馆新的文献收藏量严重滑坡

随着生产力水平的提高，经济得到了不断发展，国家也加强了对教育的重视。而在信息化社会中，图书馆在高等教育领域越来越发挥重要的作用。于是国家在近几年加大了对图书馆的投资比重，购书经费相比前几年已经有了很大的改善。但是另一方面，书刊的价格却持续上涨，品种数量成倍增加，致使增加有限的购书经费不能增加书刊的购置比重。据美国《图书馆杂志》的价格索引报道，十年来世界出版物价格上涨了 3 倍多。另据前苏联《报刊发行》杂志报道，1987 年全世界杂志价格上涨 22. 3%，其中美国、加拿大上涨 38. 9%，英国上涨了 15. 7%，其他国家上涨 12. 3%。而近几年书刊价格更是呈几何级数倍增。因此，世界各国图书馆都饱尝书刊价格上涨的痛苦，我国作为一个发展中国家更是叫苦不迭。相比以前，新书的入藏量不是增加了，相反是减少了。连年的书刊价格的上涨，严重地影响我国文献信息资源建设，也大大地影响了我国文献信息资源收藏的完整性和连续性。据教育部高等学校图书情报工作指导委员会调查，1991 年我国高校文献购置经费比 1986 年增加了 43. 1%，但是实际购置到的文献量却减少了 67. 04%。而我国农业院校图书馆经费的投入在全国更是居于末尾，平均占学校事业费的 1. 65%，与原国家教委颁发的《普通高等学校图书馆规程》规定的 5% 相距甚远。在这样经费紧张的情况下，各农业高等院校只有根据自己的实际情况，采取“砍书保刊”，“砍外文保中文”以及“保常用刊和核心期刊”的做法，而在常用刊和核心期刊中，又采用“砍高价刊保低价刊”，这样就使得各图书馆不得不对许多价值

极高的优秀期刊忍痛割爱，尤其是一些重要的国外学术期刊在高校乃至全国范围断档。大量的有用文献严重缺藏、漏藏。而连年来的连续扩招，使得在校学生数量急剧膨胀，人均占有的图书当然大大滑坡。就连发达的北京市公共图书馆截至2000年底人均拥有藏书量也仅仅为0.64册，和国际图联拟定的人均标准藏书量2册相比也还有一段距离，至于偏远的西部、中部不发达地区，情况就更加恶劣。

我国自1990年9月颁布《著作权法》后，先后加入《世界版权法》、《伯尔尼公约》、《日内瓦公约》及《专利合作公约》等，故国外文献主要以购买为主。另外，我国于2001年正式加入WTO，这对于我国经济的发展来说是一件大喜事，给我国经济发展带来了机遇，但同时也给我国经济提出了挑战。就图书馆来说，影响最大的是外文书刊的订购。加入WTO后，我国必须全面履行知识产权协议，外文书刊的知识产权受到全面保护，这对我国各类图书馆的外文原版资源馆藏都产生了很大的影响和冲击，特别是对小型馆的冲击最大。过去我国没有加入WTO，我们可以订购外文原版的影印版。但是现在不行了而一种外文原版书刊的价格有些高达几千甚至上万美元。按照加入WTO前的书刊订购比例，我国大约要增资20亿~30亿元，相当于入世前的10倍。昂贵的外文书刊订购费用使得本来就经费紧张的图书馆，在外文原版书刊面前只能望而却步，这就直接影响了馆藏。

（二）各自为政的一校一馆自我保障模式，使得文献收藏重复率高

长期以来，我国分散在各地的图书馆并没有形成一个统一整体，而是按照各自的模式发展“小而全”和“大而全”的文献收藏形式。由于购书经费的增长远远跟不上书刊价格的上涨，致使各图书馆纷纷减少书刊征订的品种和数量，但是各馆又在小范围追求文献的收藏完整性，致使一些常用的书刊各个馆都有收藏，而一些昂贵而价值大的书刊，各个图书馆均没有收藏。这就造成整体效益低，经济浪费大。以北京为例，北京大学图书馆外文原版期刊约为1 200种，其中约1/3与北京图书馆重复；清华大学图书馆外文期刊与北京图书馆重复的约占1/2；中国科学院图书馆900多种外文期刊，与北京图书馆重复的达到2/3。这种同地区同种文献信息资源重复的现象全国各地比比皆是，特别是经济文化发达地区更为普遍。

据我国部际图书同时情报工作协调委员会调查报告显示：（1）外文期刊资源的2/3集中在北京、上海等经济较发达的东部地区，中西部与东部的“外刊信息鸿沟”越来越大。（2）外文期刊重复率一度达到60%（现已降到50%），文献资源浪费严重。（3）外文期刊断档、空缺严重，连续性差，如某科研院所的图书馆，收藏外刊1万余种，比较完整的为几百种。（4）外文期刊利用率低，馆际互借范围狭窄，文献传递服务落后，不少外刊长期无人问津，据一些高校图书馆统计，外刊利用率为10%～20%。

从以上数据可以看出，这种单馆自我保障的模式，在经济、科技飞速发展的时代，在文献量迅猛增长的今天，日益暴露出其弊端。各馆缺乏统一分工协调和有组织的整体化建设，造成文献收藏缺漏、重复、分散，使得本来就经费紧张的高校图书馆不能充分利用有效经费购置资源，当然不能很好地完成读者服务。

（三）文献收藏地区分布不平衡

由于我国地大物博，各地地理位置不同，其气候、物产和经济发展水平也有很大的差别。再加上国家对所处不同地理位置的各图书馆扶持力度不一样，文献的地理分布也有很大差异。一般而言对于东部沿海地区国家扶持力度大，每年向图书馆投入经费较多，当然购买的文献相对较为完善，集中全国文献比重较大，尤其外文文献比重较大。而内陆分布较少，这样就使得某些地区文献畸形富集，而某些地区却极为贫乏，甚至存在相当部分空白点。

（四）文献收藏的结构不合理

所谓馆藏结构是指图书馆根据本馆的对象和任务，把不同学科、不同水平、不同语种、不同形式的知识载体，收集整理，形成一个有主有从、有专有博、互相配合的整体。当前图书馆购书经费紧缺，书刊价格上涨幅度大，而用户信息文献需求迫切，在这样严峻的形式下，各图书馆只有通过调整藏书结构，突出重点，实现藏书整体功能的优化，才能解决以上矛盾。但是又由于各馆片面追求“小而全”、“大而全”，再加上这几年书刊价格增长较快，各馆新书入藏率较低，所以各馆藏书就年代结构来说，老旧书刊占据了图书馆藏书的极大比重。很多图书馆大部分馆藏都是20世纪80年代前后采集的文献，这些老化的文献大大超过了文献的半衰期。甚至有些支持重点学科的基础文献也因年代久远，质量下降，使用价值大大降低。就文献收藏的学科结构来说，搭配也极不平衡，有些学科缺少及时的文献保障。随着高等教育的发展，学科不断细化，新兴学科像雨后春笋一样层出不穷。而对于图书馆的藏书结构来说，它是一个多维整体，其完善程度就是看各学科的文献所占馆藏的比重。但是因为近几年出版不均匀，某些重点科技出版物出版不景气，再加上书刊价格上涨，而购书经费投资有限，所以某些学科，甚至重点学科文献收藏较少。尤其新兴学科收藏更少，如果不加紧补充完善这一部分文献，必然就会使得我国图书馆内文献收藏学科结构更加分化，这会严重制约某些学科的发展，给我国学科建

设带来很大损失。就文献收藏文种来说，以中文书刊比重较大，而价格昂贵、价值较高的西文书刊只占据极小比例。

（五）现代化进程缓慢，服务手段落后

由于我国图书馆事业发展不快，再加上网络通讯技术在图书馆应用还不够成熟，使得我国图书馆的服务水平停留在比较低的阶段。尽管过去那种手工操作的程序已经逐渐被计算机操作所替代，但是其自动化水平仍然大大落后于世界发达国家。而读者的信息意识需求却在不断增长，这种相对落后的服务手段与读者的信息需求之间形成了一个瓶颈。这样就不仅使得各馆现在的实体馆藏的使用受到制约，而且严重影响网络“虚拟资源”的利用。至于那些还在使用手工操作的图书馆是更加达不到满足用户信息需求的目的了。另外，各图书馆由于经济条件不一，所以采用的图书馆自动化管理系统也不一样，有些图书馆根本就没有自动化管理系统，所以满足读者信息需求的程度自然也不相同。而我国农业院校图书馆自动化、网络化建设更是远远落后于世界平均发展水平，网络普及不高，自动化管理系统应用不广，数据库开发人才缺乏，数字化建设进程缓慢。我国农业院校尽管这几年网络发展有了大幅度改善，但是仍然需要投入大量资金，另外，要以文献保障体系为依托，采用协作办馆的方式来改变这种现代化程度不高的现实。

当今时代进入了一个全新时代，图书馆只有本着以人为本的思想，才能适应时代的需求。而我国作为一个经济落后、图书馆事业发展缓慢的不发达国家，要赶上世界先进行列，只有采用全新发展模式，才能带领图书馆走出当前困境。我们要坚持整体观念，通过建立完备的文献信息资源保障体系，然后通过联合采购、联机编目、共享数据等方式，通过馆际互借、文献传递等手段，按照实体印刷馆藏和虚拟网络馆藏相结合的途径，才能解决高校尤其是高校图书馆目前面临的困难。

四、建立农业文献信息资源保障体系，是农业高等院校图书馆事业发展的需要

中国是一个历史悠久、文化遗产异常丰富的国家，图书在很早的时候就已经出现，图书馆事业的发展也经历了两千多年的历史。图书馆在各个时代的政治、经济、文化等社会生活中都发挥着重要的作用，而其事业的发展又依赖于各个时代的政治、经济、文化等社会环境，尤其与经济的繁荣息息相关。当今时代已经是一个知识经济的时代，信息、知识在图书馆事业的发展中占据举足轻重的地位，信息的不断深化和发展又给图书馆事业的发展带来了新的机遇和

挑战，图书馆事业进入了一个飞速发展的时期。但是我们应该看到繁荣背后隐藏的忧虑，图书馆经费短缺、设备陈旧、人员不稳定等种种因素困扰着图书馆事业的发展，要解决这些办法，除了通过各种方式增加对图书馆的投资之外，图书馆自身得寻找出路。而解决经费短缺成为图书馆事业发展过程中各种矛盾得以顺利解决的关键所在。当然我国在现有经济发展的制约下，单靠国家投资是不能解决经费的问题，而只有通过资源共享、分工合作的形式才能利用有限的资金，发挥最大效能，从整体上缓解矛盾，并最终解决矛盾。图书馆事业在全球化背景下，不再是一个图书馆的事业，而是一个整体的概念。而资源保障体系的建立是这一整体性事业中的很重要一环，它的完备程度和普及程度实际上直接决定一个地区、一个国家图书馆事业的成败。如果图书馆事业要继续向前发展，资源共建、共享、共知的理念必须深入到从事图书馆事业的每一个人的心中。

第二节　建立农业文献信息资源保障体系的条件

既然农业文献信息资源保障体系的建立具有如此重大的意义，那么我们就必须利用一切可能的条件，尽可能完备、系统地建成这个体系。那么，这个保障体系的建立究竟需要哪些条件呢？

一、资源条件

我们知道资源保障体系不仅仅是一个概念问题，它不是图书馆内人员人为想象出来的一个空架子，它要有实质的内容，才能真正达到建立这个体系的目的。而这个实质内容就是文献信息资源的保障，它是这个保障体系的核心。没有文献信息资源的保障，那么保障体系的建立只是一句空话。而文献资源保障又包括以下几个方面：

（一）文献信息资源保障条件

纸本文献信息资源是一种以文献作为载体形式的纸质信息资源，是人类特有的信息源，是人类社会发展到一定阶段的产物，它以文字、图形、符号等形式记录人类的活动信息和知识信息。它按照来源一般可以分为非出版物纸质文献和出版物纸质文献。非出版物纸质文献是指未经正规出版渠道而加以保留的人们的书信、笔记、手书、草图和其他记录品。而出版物纸质文献是指经过正规出版渠道加以出版发行的印刷出版物，主要包括图书、报刊、单件文本、回忆录、会议资料、图谱、类书等。但是不管非出版形式的纸本文献，还是出版

形式的纸本文献，都是以纸作为记录载体的文献。这里的纸的概念非常广泛，包括古代的甲骨、拓片、丝绸、竹片等其他形式，但是不包括磁、光等介质。这些资源一般是肉眼可见，可以反复利用的资源，而且可以通过复印、临摹、抄写等形式加以复制而使资源得以再生的文献。它占据了信息资源中的极大比重，对于一个图书馆来说，它是其最重要的资源。虽然现在提倡“无围墙图书馆”和“虚拟图书馆”等建设，但是纸本文献仍然因为各种因素在图书馆中占据重要地位而不能舍弃。因此要办好图书馆，要建立一个完备的文献信息资源保障体系，就必须具有充足的纸本文献信息资源。

（二）数据库、电子图书、电子期刊和电子报纸的保障

当今时代已经进入了信息化时代，计算机等多媒体通讯技术的发展，使得文献信息不再是过去单纯的纸本形式，而出现了以光、磁介质作为存储载体的新形记录知识的方式。也就是我们平常所说数字化信息资源。而数据库、电子图书、电子期刊就是众多数字化信息资源中的一部分。数字信息资源和传统印刷形纸本文献资源相比，具有如下特点：

第一，存储介质和传播形式不同。传统纸本文献一般以纸作为存储介质，而数字化信息资源是将传统的图书、期刊中的文字、图片以及各类音像资料中的声音、动态图片等融合加工之后，利用现代数字技术进行制作，存储在光盘、磁盘、硬盘、磁带等载体上。然后通过网络传播，提供给用户终端使用的一种信息资源。这种存储方式和传播方式与传统方式相比，具有存储容量大、传播速度快的优点。例如，一张 VCD 光盘的最大存储量是 600 兆（MB），一套标准版的《不列颠百科全书》即可存储在一张光盘上，即使是多媒体版的也只需要两张光盘，而一张 DVD 光盘的存储量更是多达 4 700兆（MB），存贮的容量就更大了。就传播速度来说，从网上正常下载一篇几千字的文献最多只需要 1 分钟左右的时间，而快的甚至几秒钟就可以了。这么大的存储容量和这么快的传播速度，使得数字资源占据空间较少，便于随身携带。

第二，多媒体作为内容特征，集文本、图片、动态图像、声音、超链接等多种形式为一体，全方位、生动、具体、形象地向用户展示信息，深入细致地向用户阐释信息内容特征。

第三，信息资源类型多种多样。数字化资源既包括上面提到的数据库、电子图书、电子期刊、电子报纸等正式出版物，也包括学位论文、教学课件等灰色文献，还涵盖了新闻组、电子公告板等非正式出版物的数字信息资源，此外，各种声像磁盘、磁带、光盘等都是数字化资源。

第四，多层次的信息服务功能。数字化信息资源发展时值今日，已经由当初的主要信息检索服务功能发展了一系列新的功能：主动报道，如期刊目次报道服务、新书通报服务等；文件传递，如FTP服务；信息探索，如网络资源学科导航、分类主题指南等；网上讨论，如BBS、新闻组等；参考咨询，如FAQ等。这些服务功能拓展了数字化资源的功能，使其能够更大地发挥其效应。

第五，更新速度快、时效性强。数字化资源由于采用光磁等介质进行存储，不像传统印刷物一出版就很难更改，它可以方便地反复进行修改。而且其更新和发布也容易得多，因此，它的更新速度是传统纸本文献望尘莫及的。这样，信息资源就可以及时送到用户手中，让用户及时掌握最新动态。

第六，检索方便。数字化信息资源具有检索方便的特征，尤其是随着全文检索技术的不断完善，数字化信息资源再也不需要像传统纸本文献一页页翻阅文献，而可以直接命中到需要查找的信息点。

第七，不受时空限制。存储在光、磁介质中的数字化信息资源突破了地域和时间的限制，用户只需要具备网络和多媒体技术的条件，就可以在任何时候、任何地点、方便地使用这些资源。

而数据库是众多数字化信息资源中最先产生的一种形式。1960年初，最早的数据库“化学题录”和“医学索引”便相继产生。至1965年，据《Computer-Readable Databases：a directory and data sourcebook》一书统计，已经大约有20个数据库可供使用。而时值今日，全世界拥有的数据库更是举不胜举。而且数据库无论是存储介质，还是表现形式都已经发生了翻天覆地的变化。我国数据库研究工作始于20世纪70年代中期，80年代初开始自建数据库的工作。90年代以后，我国数据库事业得到快速发展，一些大型数据库开始进入市场流通，比较著名的有中国数字化期刊数据库、重庆维普公司的“中文科技期刊数据库”、万方数据库公司的“中国企业、公司及产品数据库”、国家专利局的“中国专利数据库”等。1993年，我国第一家数据库专业制作公司——北京万方数据库公司宣告成立，之后类似专业数据制作公司便如雨后春笋般兴起。到目前为止，我国数据库内容覆盖工业、农业、交通、国防、教育、工程、科技、商业、金融、财政、文教、税务、卫生、新闻出版、图书馆等各个行业和国家事务的方方面面。而且总体规模不断扩大，水平不断提高。这些资源蕴涵宝贵的知识，是科研、教学等方面不可或缺的，因此，必须包含在文献保障体系中，如果文献保障体系中缺乏这些资源，那么其完备程度就可想而知。

电子期刊是指以数字（或称电子）形式出版发行的期刊，最早产生于20

世纪 80 年代，进入 90 年代以后发展迅速，成为电子出版物中的后起之秀。1996 年我国由中国学术期刊（光盘版）电子杂志社发行的“中国学术期刊”（光盘版）开始正式发行，成为我国第一份电子期刊。电子期刊具有出版周期短、时效性强、检索功能强大、访问方便、保存便利等优点。也是文献信息资源保障体系中不可或缺的一环。

电子图书是指提供在电脑上阅览的一种新型数字化书籍，是多媒体技术和超文本技术结合的产物。具有容量巨大、稳定性强、价格低廉、阅读方便、质量优良的优点。它最早出现于 20 世纪 40 年代的科幻小说中。1995 年 10 月，美国发明了一种可以阅读和存储任何形式文本的袖珍装置，叫做“软书”，而随后由美国诺瓦梅地亚公司推出“火箭书”。这两种新电子产品的出现标志着电子图书的诞生。1998 ~ 1999 年岁末年首，电子书在经历重重挫折之后终于正式出台，几家公司几乎同时宣布自己拥有了电子书产品。之后电子图书开始迅速发展。目前国内有名的有超星数字图书馆、“书生之家”之“中华图书网”、方正阿帕比电子图书、中国数字图书馆有限责任公司的“网上图书馆”。电子图书是电子资源的重要组成部分之一，它也是图书馆各类型的电子资源建设必不可少的一环，而且学术性电子图书是一次文献中非常重要的资源。它通过网络数字图书馆新书品种的增加给采购人员提供采购信息。各图书馆电子图书一旦购入，就能同时提供给许多读者使用，不仅补充了馆藏品种，增加了馆藏藏书复本量，而且节约了购书经费。是目前解决文献资源不足的一种有效方式，是文献信息资源建设中很重要的一个方面。增加了文献信息资源保障体系的完备程度，满足了读者的信息需求。

电子报纸是多媒体技术、网络技术和通信技术的产物，它不同于某些单纯使用了电子排版技术的报纸或是某些以光盘为载体发行的报纸，这些报纸只是在报纸形式的某个环节利用了现代化电子技术，并不能称为电子报纸。真正意义上的电子报纸是指将电子技术应用到涉及报纸出版、发行、利用全过程，真正消灭报纸的一种电子出版物。它包括报纸电子化、出版电子化、发行电子化、阅读电子化几个方面，具有快速及时、时效性强、经济性强、使用方便等特征。世界上第一家基于互联网的电子报纸是美国的《圣何塞信使报》（San Jose Mercury News）。1987 年，这家位于美国硅谷的报纸首先以电子报刊的形式出现。随着因特网的成熟和迅速发展，尤其是 20 世纪 90 年代中期万维网和浏览器的出现，电子报刊迅速增长。这些电子报纸丰富了文献信息资源，也是文献信息资源保障体系不能缺少的。

（三）多媒体声像资源的保障

这里所指的多媒体声像资源也是数字化资源之一，是指采用多媒体技术对声音、文字、图像、视频以及音频等进行处理之后实体介质资源。主要包括磁带、磁碟、光盘、录像带、影碟等，具有形象、生动、直观等特征。它也是文献资源建设中一个重要的部分。尤其随着网络和多媒体技术的发展，多媒体声像资源会越来越多，也越来越受用户的青睐，我们只有把它纳入文献信息资源保障体系建设中来，才有可能收集完整文献信息资源，来充分满足用户信息需求，真正达到文献信息资源保障体系建设的目标。

二、网络信息技术条件

图书馆是人类文化典籍的集散地，担负着文化积累和延续的重要作用。图书馆的发展必须适合社会发展的步伐。而在信息时代，信息技术的发展和应用，改变了图书馆资源结构和信息获取的方式，也改变了信息服务模式，使得图书馆由传统的功能模式向开放式、网络式信息服务模式转变。图书馆要发展，就必须依靠信息技术。许多新的信息技术的出现，带给图书馆新的变革。计算机的普及和计算机技术的日趋成熟，将计算机应用于图书馆的管理已经成为了一种必然。互联网的普及，图书馆又将面临这如何在互联网世界里实现资源的共建、共享的问题。网络化信息资源的增多和社会化，使得拥有一台计算机并与网络连通，就能享用网络信息资源。

Adams 在 1986 年就预言：“信息交流的方式将继续呈现多样化。”Taylor 等人也认为：电子形式将逐渐成为信息的主要载体与传递方式。Woodsworth 等人认为未来的研究图书馆将围绕着三项重要的活动来进行组织：信息管理、检索系统、评价用户需求和向服务部门传送信息。这种预言将逐步成为现实。“信息高速公路”开通以后，读者将可在办公室或家中工作，打破时间、空间的限制，利用信息网络，通过文献中心、数据库去查找自己所需资料、数据、背景情况……实现文献资源共享。

图书馆如果在当今时代依然采用过去陈旧的手工操作方式，就会延缓图书馆发展速度，最终使得图书馆不能跟上时代需求而被淘汰。图书馆只有用现代信息网络技术武装自己，才能维持图书馆的生存和发展。另外当今时代是一个合作和竞争并存的时代，任何人、任何企业、任何单位都不可能只简单的利用自身资源得到发展，而必须充分地借用他人资源。对于图书馆来说，目前面临经费短缺等一系列难题，要解决这些问题，单靠一个图书馆，甚至几个图书馆是无济于事的。而必须着眼全局，充分与它馆合作，建立一个广泛的文献保障

体系，才能保证其可持续性发展。长期以来，图书馆管理一直延续“小而全”、分散的文献体制模式。这种体制模式在一段时期促进了高校教学、科研的发展，但是随着信息化浪潮的到来，图书馆正在走向数字化和虚拟化。传统图书馆“重藏轻用”的思想严重，各个图书馆封闭性强，图书馆之间条块分割严重，资源浪费和闲置普遍存在，这些都不利于资源的共享，那么就必须用全新的网络文献体制模式加以代替，才能实现图书馆信息化的最终目的。而要在相距不近，甚至很远的两个图书馆之间，保证这个文献保障体系良好的运转，没有良好的网络信息技术保证也是不可能实现的。

网络信息技术条件，主要包括以下方面。

（一）网络设备

要有网络，首先必须有网络设备，也就是我们经常在网络中使用到的网线、网卡、路由器、交换机、调制解调器等，它是提供网络互连和通讯的设备。这些设备是网络的基础，没有这些，网络就不可能组建。另外，计算机终端也是网络互连中不能缺少的设备，因为所有信息资源都必须通过计算机终端加工，才能提供共享，并发布使用。而所有的用户也只有通过计算机终端，才能看到通过网络传输过来的供共享的文献信息资源。

（二）网络技术人员

网络的组建和维护不是自动完成的，它需要投入大量的人力物力资源。而网络技术人员是保证网络每天能够得以正常运转的关键因素，它的质量高低直接决定其网络畅通程度。这里所指的网络技术人员不仅仅指对网络进行日常维护的人员，还包括网络资源制作人员、网络资源管理人员、网络软件开发人员，甚至网络硬件开发和制作人员，是一个广泛的概念。如果缺少网络技术人员，那么网络设备只是一堆废物，就像无人驾驶的轮船一样。正是这些信息网络技术人员不断努力，对资源进行开发、制作和维护、对资源制作管理软件进行开发，对网络进行管理和升级，再加上对信息资源进行定位、分析、评估，才确保了文献信息资源保障体系中网络的流畅性。

（三）网络技术

网络技术是计算机技术和通讯技术密切结合并迅速发展的新技术，在当今信息化社会得到了广泛应用。它涉及数据通信、网络理论、各类网络标准协议及众多相关技术，融合了信息采集、存储、传输、处理和利用等一切先进信息技术。网上资源的开发利用，应有一个统一的宏观调控机制进行协调，使各馆在资源选择方面有所分工。图书馆在收藏网络信息资源下载时，可以采取两种主要方式。其一是下载网络资源，然后组成各种数据库，并按主题词、关键词、作者、篇名等进行标引，使之成为图书馆的虚拟馆藏。再放到图书馆的Web服务器上进行发布，供大家共享使用；其二是要开发自动跟踪网络资源的软件，建立动态的信息资源指引库，向用户提供多个检索利用的途径。网络技术的发展和成熟，给社会生活的各个方面带来了翻天覆地的变化，也给社会生活带来了极大的方便。图书馆网络就是在专门机构协调管理下按照一致的技术标准工作程序，通过一定的信息传递机构执行一项或多项馆际合作功能的图书馆合作组织。发端于近代图书馆之间的合作，是图书馆合作联合的扩大和发展。其协调和协作涉及藏书建设、编目、文献资源共享、人员培训和业务辅导、图书馆学研究等广泛的领域。同样对于图书馆的文献保障体系来说，其网络和网络技术的进一步发展，必然使得文献保障体系更加完备和便利，也使得文献保障体系中的资源共建、共享更加方便快捷。

三、管理软件的建设

对于文献信息资源保障体系的建设来说，除了资源、网络的建设之外，管理软件的建设也是一个重要的条件。文献资源保障体系是一个活的概念，其建立的目的是为了把资源提供给用户使用，以求最大可能地满足用户信息需求。当今时代，信息化浪潮席卷全球，要保证文献信息资源保障体系有效运作，没有先进的资源管理软件，是达不到效果的。图书馆作为文献信息资源保障体系的核心机构，要对资源进行有效管理，并尽快发送到用户手中发挥效应，就必须具备图书馆自动化管理软件、图书馆馆际互借软件、联机编目软件、文献传递软件等。

图书馆自动化是利用自动或半自动的设备完成图书馆各项业务工作，以代替人工直接操作的措施。主要涉及文献采访、编目、流通以及连续出版物管理、索引编制和情报检索等方面。其目的是要提高图书情报工作的效率，有效地加工处理日益增长的文献情报，迅速、准确地为社会经济、文化、科学的发展提供有用的信息。图书馆自动化管理软件主要是指各图书馆普遍使用的图书馆集成系统，它是在生成和处理数据的过程中，各个工作流程互相联系的图书馆自动化系统。即由图书馆各个工作流程的自动化系统连接而成的有机整体。具有采访、编目、流通、连续出版物管理、情报检索等多种功能。一般按图书馆工作程序划分成若干模块或子系统。建立图书馆集成系统须要全面规划，以使各子系统既有良好的局部功能，又能互相联系、密切配合，发挥最佳的总体效益，实现集成系统规则时，可以根据图书馆的具体条件和工作需要、系统实施的难易程度等，先使用几个子系统进行测试，然后再全面铺开。图书馆自动

化管理软件在图书馆的普遍使用，大大加快了图书馆工作效率，而且方便读者迅速、准确地了解图书馆馆藏。此外，这个系统的日趋完善，已经引入了资源共享的理念，许多优秀的图书馆集成系统已经预留了与其他数据库和自动化系统的接口，方便了资源共建、共享。而且可以很方便地实现馆际互借和文献传递等功能，有利于文献信息资源保障体系发挥作用。

馆际互借是图书情报机构之间根据事前订立并保证恪守的互借规则，相互利用对方的藏书，以满足读者需要的服务方式。是文献资源共享的一种方式。而馆际互借系统正是利用现代网络技术条件而开发的用于馆际互借的软件，它的开发和完善，使得文献信息资源保障体系的范围不断扩大，使得不同地域的资源可以通过馆际互借。而文献传递服务是对本馆没有的文献（如期刊论文、学位论文或书籍等），在本馆用户需要的情况下，由图书馆馆员向国内其他图书馆发送文献传送请求，由文献传递系统完成文献请求的服务。这种方式使图书馆跳出了全部依靠收藏整本刊物为用户提供文献的巢穴，能在一定程度上解决图书馆经费有限而用户需求无限的矛盾，提高了图书馆的文献保障能力。因此，文献传递是一种大范围的资源共享方式。在这里，文献传递系统是各图书馆文献传递的中介，它承担文献请求的发送、文献的传送、文献传递费用的计算和统计、文献传递费用的支付等功能，是文献保障体系中一个非常重要的资源共享软件，它和馆际互借软件的开发使得异地文献可以真正共享、共用。

文献资源的共享，首先要建立一个有统一加工标准的书刊联合目录的数据库，才能保证公共检索服务功能的实现。各图书馆、各资料室的文献信息的加工标准不一，很多既不规范，字段选取也各不相同，那么这就会给不同地域的用户检索带来极大麻烦，所以有必要成立一个联机编目系统来对资源进行统一编目，这样编目的结果才能最优地保证书目质量，而且编目之后的数据可以共享，减少了各图书馆的重复工作，简化了编目流程，加快了编目速度。而联合编目软件的选择成为了保证编目质量的关键，同样是文献信息资源保障体系中一个非常重要的因素。

四、人才梯队建设

21 世纪的竞争归根结底是人才的竞争，对于图书馆来说也不例外。知识经济时代，图书馆与经济活动的联系日益密切，图书馆自动化、网络化、数字化、信息化等高科技手段，以馆藏资源和网上资源作为生产资料，通过图书馆员自己的业务技能对其进行深度开发、利用，为用户提供所需信息，并不断对信息进行加工、创新，产生新的信息，直接作用于经济，对经济活动进行指导、决策、反馈、调整，形成新的生产力，从而促进经济的发展。在知识经济社会，知识经济开发、创新和传播、应用，从意识形态转化为物质形态，需要经过图书馆这个“中间阶段”、“中间环节”的。图书馆能否担当这个“中介”角色，人才起着决定性作用。一个图书馆拥有人才的数量和质量，成为了图书馆在激烈的竞争中立于不败之地的重要保证。知识经济时代中，经济的竞争已经转化为知识的对抗和智慧的比拼，任何因循守旧和不思进取的传统观念在激烈的竞争中被无情地淘汰。知识、信息的来源广泛，更新速度快，而且精华和瑕疵共存，所以就必须要有高素质的信息人才，对这些信息进行收集、辨别、加工、传播和利用。这正是保证文献信息资源保障体系得以完备和完美的重要条件。

另外，知识经济时代的图书馆已经跨越了传统“藏书楼”模式，而网络化、数字化、信息化趋势要求，使得传统的图书馆员知识结构已不能适应时代需求。再加上学科日益分化，图书馆集各类信息于一体，这就客观上要求图书馆员必须掌握图书情报专业知识，又必须掌握其他专业背景知识，掌握一门或多门学科专业知识，具备较强的计算机网络知识、信息采集知识、信息管理知识和一定的外语水平，具有知识面广、适应性强的文化素质和完善的知识结构。只有这样才能干好图书馆工作，促进图书馆事业的发展，也只有这样，图书馆的文献信息资源保障体系的建设才能得以保证。

众所周知，信息社会中经济的基本原则是优胜劣汰的竞争机制。既然图书馆参与到信息市场、技术市场的活动中，必然带来竞争的意识和观念，只有在竞争中才能不断完善，从而更好地生存和发展。图书馆拥有丰富的信息资源，如何利用这一得天独厚的优势进行发展是每一个图书馆员都应该思考的问题。而要把这一丰富的信息资源加工成信息产品，推向市场加以传播、利用，对于图书馆员来说又是一项挑战。它要求图书馆员具有把握信息的意识，具有创新精神和冒险意识。有良好的竞争意识，懂经营、善管理、熟悉市场经济，才能把握知识经济的主旋律。而这一切对于以文献信息资源建设为基础的文献信息资源保障体系的建设来说，也是重中之重的一个条件。

第三节　农业文献信息资源保障体系建设的原则和模式

一、农业文献信息资源保障体系建设的原则

目前，高校图书馆普遍存在信息资源共享面太窄的问题。由于缺乏统一的

协调管理，各图书馆的馆藏资源收集和文献信息服务方式过于保守，甚至脱离读者的需求。经费短缺造成各馆馆藏严重不足，同时各馆自成一体，期刊重订率较高，而且地区分布不平衡，大量有价值的文献闲置与文献资源匮乏并存，共享性差，利用率低。硬件设备选型、系统设计和网络结构选择等方面不配套，用巨资购买的设备成了摆设，白白浪费原本紧张的经费。基于此，文献信息资源保障体系的建设极为必要。但是在建立的过程中，必须确定一些原则和要求，以便有章可循，共同遵守。具体到农业文献信息资源保障体系来说，主要有如下几个方面。

（一）农业文献信息资源保障体系建设必须和我国农业经济发展目标相适应

人们常说“图书馆是搜集、整理、保存和利用书刊资料，为一定社会的政治、经济服务的文化教育机构”，这里似乎过多地关注图书馆对社会经济、政治的作用，是一种对图书馆工作程序的图解，是一种被动、消极的描述，而对其能动、积极的一面揭示得不够。尤其在知识经济时代，图书馆不再是孤立存在的，社会的发展、技术的进步同样也在影响着图书馆的发展进程。图书馆在今日的社会发展中，与经济在某一时间内并存，有着互为依赖、互为因果的关系。图书馆的产生和发展主要取决于人类社会经济的需求，图书馆作为一种传递和保存人类文化遗产的机构，归根结底是物质生产和社会经济发展的产物。经济的繁荣奠定了图书馆发展的基础，历史上经济发达所带来的藏书繁荣不是个别现象。社会经济的发展影响着图书投资力度及投资增长比例；其次，社会经济发展水平，影响着图书馆技术和设备的水平，从纸的发明到印刷术推广，再到电子计算机的发明及广泛应用，图书馆发展经历了一次次深刻的变革。

正因为社会经济发展对图书馆发展具有这么大的影响作用，它的发展既促进了图书馆的发展，也同样制约着图书馆的发展水平，图书馆不能超越社会经济发展水平而独立发展。图书馆文献信息资源保障体系建立的最终目的是通过资源共享的模式，缓解我国文献信息资源紧张的问题，尽可能满足用户信息需求，以促进教学、科研发展，并最终促进经济的发展。因此它的建立必须以经济的发展作为依照，它必须从经济要求出发来开展工作。这个体系的建立既要考虑经济社会现在的需要，同时又要注意将来的需要；既要顾全大局，又要适当照顾各馆藏书的基础，做到尽量不重复浪费，使有限资金发挥更大作用。此外，文献资源保障体系与今后建立电子计算机网络有着十分密切的关系，在建立保障体系的时候，应好好考虑这个因素，做好编目协调工作。

农业文献信息资源保障体系的建立对于满足用户农业信息需求具有极其重要的作用，因此它的建立也是一件非常慎重的事情，它必须与我国农业经济发展目标相适应。21世纪是中华民族兴旺发达的世纪，21世纪也是我国农业实现现代化、农村走向全面繁荣、整个农业迈上一个新的台阶的世纪。我国农业和农村经济发展的战略目标是：到2000年，实现粮棉油等基本农产品稳定增长。粮食产量达到4.9亿~5亿吨，棉花450万吨，油料2 500万吨，糖料11 000万吨，肉类5 850万吨，水产品3 200万吨；农业增加值每年平均增长速度保持在4%左右；农民收入有较多的增加，生活达到小康水平；全国平均每人主要营养供给量达到世界平均水平，其中热量2 600千卡，蛋白质72克（其中优质蛋白占1/3），脂肪72克；在农村初步建立社会主义市场经济体制。

21世纪的第一个十年，即到2010年，建设有中国特色的社会主义新农村的目标是：（1）在经济上，坚持以公有制为主体、多种所有制经济共同发展，不断解放和发展农村生产力。基本建立以家庭承包经营为基础，以农业社会化服务体系和国家对农业的支持保护体系为支撑，适应发展社会主义市场经济要求的农村经济体制；农业科技装备水平和综合生产能力有显著提高，农产品更好地满足国民经济发展和人口增长、生活改善的需求，全国平均每人每日主要营养素供给量接近世界中等发达国家的平均水平，其中热量2 600千卡，蛋白质80克，脂肪80克；农业综合生产能力再上一个新台阶，粮食产量达到5.6亿吨，棉花500万吨，肉类7 000万吨，水产品4 200万吨；农村产业结构进一步优化，城镇化水平有较大提高；农民收入不断增加，农村全面实现小康，并逐步向更高的水平前进。（2）在政治上，坚持中国共产党的领导，加强农村社会主义民主政治建设，进一步扩大基层民主，保证农民依法直接行使民主权利。全面推进村民自治，完善乡镇人民代表大会制度；乡镇机构精干，以党支部为核心的村级组织健全，干群关系密切；加强法治，保持农村良好的社会秩序和治安环境。（3）在文化上，坚持全面推进农村社会主义精神文明建设，培养有理想、有道德、有文化、有纪律的新型农民。加强思想道德教育，倡导健康文明的社会风尚；发展教育事业，普及科学技术知识；发展农村卫生、体育事业，使农民享有初级卫生保健；建设农村文化设施，丰富农民的精神文化生活。

21世纪的第二个十年，即到2020年，使农业和农村经济更加发展，基本实现农业生产的商品化，区域化和专业化，农村工业化和城市化达到较高水平，农民收入大幅度提高，生活比较富裕；农村的社会主义市场经济体制及各项配套制度更加完善。

到2050年，基本实现农业现代化，农业的物质装备、科学技术、经营管理水平显著提高；农村工业化和城市化水平极大提高；农民生活达到富裕；建成富强民主文明的社会主义新农村。

要实现这个目标是一件任重而道远的事情，需要全国人民全力以赴，不断努力，需要国家扶持和经费支持，需要海外援助和国际环境，需要信息技术发展和科技、教育的进步。而农业文献信息资源保障体系的建立必须以这个目标为指南，必须围绕这个目标而开展。如果脱离这个目标，其建立就失去了价值所在。

（二）农业文献信息资源保障体系的建立必须与我国的科学技术、教育文化事业发展相适应

农业文献信息资源保障体系建立的目的是为了促进教学、科研的发展，并最终促进整个农业经济的发展，因此它的建立必须与教学、科研发展相适应。否则，就会与我国教学、科研的发展背道而驰，到头来，不但不能促进教学、科研的发展，反而会延缓或者阻碍教学、科研的发展。我国目前的科研和教学已经走入了高速发展的时期，高校数量和质量都已经有了大幅度改善，尤其这几年教育领域的连续扩招，使得学生数量成倍增长，当然对信息的需求也就更加迫切。因此，作为高校教学、科研的支柱之一的图书馆在信息供给方面担当着重要的不可或缺的角色。而目前高校图书馆面临的困境使得各图书馆都不能充分地满足用户信息需求，为了解决这一供需矛盾，我们必须充分利用现代网络条件，实现资源的共建、共享，建立一个相对完备、覆盖面广、使用方便的文献信息资源保障体系。而对于农业院校来说，由于基础薄弱、国家投入力度不够，这种文献信息资源体系的建设更是刻不容缓。

（三）要对参加农业文献信息资源保障体系的农业图书情报单位进行资格审查

尽管我们的目的是要建立一个覆盖面广、相对完备的文献信息资源保障体系，但是由于目前经济、财力有限，再加上文献信息保障体系事业的发展还刚刚起步，许多东西还需要不断探索，如果真正地将所有机构都包容进来，系统就根本不可能负荷，其运作是不能正常进行，因此目前只能有选择地建立。具体对图书情报单位进行资格审查的时候，一是看其馆藏有无特色；二是看其是否具备较高的工作效率和服务水平；三是看其是否具备开发文献信息资源的条件和是否具有开发文献信息资源的能力。这3个条件是图书情报单位参加文献信息资源保障体系的基本条件，具备了以上3个条件的可以先行参加保障体系，开展工作，并摸索建立文献保障体系的经验。而不具备条件的图书情报单位可以不断努力，创造条件，等条件成熟了，再加入保障体系，这样就能使保障体系真正发挥作用。

（四）农业文献信息资源保障体系的建立要坚持整体性原则

农业文献信息资源保障体系是一个覆盖范围广泛的系统，系统中各成员以共享的模式紧密地联系在一起，信息沟通和交流成为系统中的日常操作。因此，系统中成员要克服各自为政的管理模式，从信息资源的建设到使用的整个过程，都要按照资源共建共享的原则来规划和建设信息资源，避免重复和遗漏。全局观念和整体规划成为统领系统建设的重要原则，如果缺乏这一原则，那么系统中的各成员只会是散沙一盘，不能真正发挥整体效应，也就达不到建立信息资源保障体系的目的，这样就浪费了大量人力物力。因此，我们在建立文献信息资源保障体系的过程中要在统一规划、分工协作、统一管理下进行文献信息资源整体化建设，从整体上形成科学、有效的、实力雄厚的保障体系，实现资源共享，以适应科技、经济和社会发展需要。体系内各成员，应该在总体建设目标之下，发挥各自专业学科文献的优势，从整体出发，根据用户需求和条件，将信息资源的社会布局、系统建设、网络组织以及技术、人员、设备配置等统筹考虑、全盘规划，以确定最佳方案，发挥社会网络整体效能和系统的最佳效益，力求以最小投入产生最大回报。

文献信息保障体系的核心要素是资源、设施、人才、管理的建设。我国农业文献信息资源保障体系建设必须在充分论证信息资源学科构成、文献形态结构调整、网络设施合理布局的基础上，积极出台文献信息保障体系的整体建设规划。在资源建设方面，集中财力扩大引进电子出版物和重组导航网络数字信息资源，重点建设具有院校学科专业特色的数字化学术信息资源，整合集成适合院校用户需求的数字化教学信息资源；加紧网络设施的建设，并合理布局网络节点。盘点疏通各方运行需求，按需配置和分配昂贵设备设施；重点培养网络信息技术人员和系统开发维护人员，不断吸收原生数字化信息的采集管理人才、指导用户利用现代信息技术检索的信息服务人才；在管理建设方面，根据国家有关法律法规，制定相应的规章制度，并在实践中不断完善和充实。

在建设农业文献信息资源保障体系时要坚持整体性原则，必须建立一个统一的文献信息协调机构进行领导。在整个系统中，协调机构应该理顺上下隶属关系，协调左右合作关系。在设施建设方面，理清自我保障与联合保障的关系，解体院系之间的各自为政，实现由重复建设、个体完善向优化配置、整体共用的转变；在资源建设方面，澄清馆藏拥有与网上拥有的关系，改变馆际之间的封闭状态，实现由重复购置、自成体系向统筹规划、共建共享的转变；在

人才使用方面，区分局部利益与全局利益的关系，更新单位之间的用人观念，实现由制约人才、节制流动向发挥特长、相互支援的转变；在读者服务方面，扩大部门之间的职责功能，实现由书刊借阅、简单咨询向载体多样、深层挖掘的转变。

为了充分发挥文献信息保障体系的整体优势和规模效益，针对文献信息资源保障体系管理运作中出现的主要矛盾，我们应该制定校园网完善与信息资源建设的实施方案，并对文献信息环境进行集中整治。

建设文献信息资源保障体系是在共同开发、共同享用、共同受益的基础上进行的。在调查各情报单位的资源布局与经费的基础上，统一制定整个文献保障体系的文献采集计划，确定收集任务，统一制定各协作机构的重点收藏与范围，协调采购，避免重复购入，提高整个系统的农业文献入藏率。形成各收藏单位功能互补的完善保障体系和藏书结构，同时也考虑了各单位的收藏特色，构成了合理有效的藏书体系，既满足了各情报单位本单位用户的需要，又能兼顾系统文献布局的需要。随着知识经济的到来，知识作为一种经济产品已经成为了一种必然趋势，作为情报用户要求获得情报线索与提供原始文献的重要程度是一样的，甚至后者重要性超过了前者。因此，各情报单位应该协同合作，充分共享彼此资源才能满足用户需要。

（五）农业文献信息资源保障体系的建立要坚持标准化原则

标准化是文献信息资源共建共享的先决条件，当然也是建立农业文献信息资源保障体系的先决条件。标准化包括文献信息加工标准化、文献信息标引标准化、文献信息记录标准化、文献信息著录标准化、文献信息检索标准化、文献信息传递标准化、描述语言和标引语言标准化、通信协议标准化、安全保障技术标准化，以及数据管理软件、硬件的标准化。当今时代，计算机技术和网络通信技术迅猛发展，许多新技术也在图书馆全面应用，但是其标准不一。再加上各图书馆各自为政，所以重复建库、重复建网比比皆是，此外，还有大部分资源虽然已经入库，可是因为制作过程中采用的标准不一样，结果使得共享起来非常困难，甚至根本不能共享。因此，不建立一套统一的标准，文献信息资源保障体系的建立就达不到预期效果，也发挥不了其作用。

（六）农业文献信息资源保障体系的建立要坚持便利性的原则

在当今网络时代，文献信息资源突破了本馆实际拥有信息资源实体的范围，通过网络可利用的虚拟资源同样是图书馆信息资源的重要组成部分。虚拟资源中也存在着不同的获取方式、不同系统平台、不同的检索结构和途径等。同时，复杂多样的信息类型也必须得到足够重视，因为不同的信息类型正好满足了不同用户信息需求。在信息使用过程中，用户是上帝，我们的一切工作都要围绕用户的需求展开。并且要尽可能方便地为用户提供服务，使得服务不仅完备，而且尽量人性化。

（七）农业文献信息资源保障体系的建立要坚持安全性的原则

网络的普遍和在图书馆中的广泛应用，给图书馆的工作带来了极大地便利，但是也使得图书馆的资源暴露在整个网络之中，如果不加紧防范，加强网络安全意识就会给图书馆的工作带来极大的不便。网络安全的威胁主要来自于计算机病毒、黑客、软件炸弹、信息垃圾、存储设备故障和信息威胁等。网络环境下，网络病毒比单机病毒具有更大的危害性，它一旦感染网络上的一个终端就能迅速波及整个网络，而其破坏性是不可估量的。而与传统的文献信息资源的防火、防盗、防潮、防虫等安全防范措施相比，网络安全防范措施要更加复杂、困难、隐秘。因此，我们要建立一个广泛的文献信息资源保障体系，并使其正常运作，就必须认真研究这些网络安全技术，并妥善处理信息的安全问题。一方面，在采集数据时，必须严格筛选，过滤掉无用、有害的垃圾信息，最重要的是要过滤掉病毒信息。另外一方面，要加强自身系统的保护。网络中自身计算机终端必须安装专业正版的杀毒软件和防火墙，并要采取虚拟专用网技术、加密技术、网络病毒防治技术、访问控制技术、跟踪检测技术、数据备份技术等技术手段，在信息资源的制作和管理以提供利用的过程中，加强安全的保护。除了这些可见的网络安全技术的发展之外，要防范网络的攻击，一个至关重要的就是网络管理人员必须具有网络安全的意识，必须从思想上重视网络的安全，经常关注网络病毒的发展情况，经常关注系统漏洞的发布情况，随时更新病毒库和系统补丁，另外对于系统应该设置管理密码，并经常更新管理密码。而且管理密码不要轻易外泄，管理密码不要设置过于简单容易破解的密码。网络上的计算机终端不要轻易设置共享目录。此外，图书馆网络管理人员应该经常接受网络安全的培训，这样就不仅使他们从意识上认识到了网络安全的重要性，而且掌握了最新网络安全防范技术。

二、国内建立农业文献信息资源保障体系的模式研究

我国的文献信息资源保障体系自开展以来，已经积累了丰富的经验，纵观全国各省文献信息保障体系，主要有如下几种模式。

（一）共建共享模式

就是通过对地区范围文献资源进行统筹规划、协调建设，使分散、无序的文献资源构成一个有机整体，以充分保障地区高校及社会的文献需求。传统意

义上的馆藏文献信息资源已经远远不能满足读者的需求。网络环境下，要求图书馆馆藏资源数字化，社会资源馆藏化，图书馆向读者提供的已不仅仅是本馆收藏的文献信息，还应包括提供通过网络信息化技术向馆外“获取”的文献信息资源。各图书馆应充分开展和利用馆际互借业务协调关系，进行信息资源的采访，明确各自的馆藏结构和馆藏重点，加强采访工作的针对性，实用性和适应性，努力构建图书馆文献信息资源共建共享体系。图书馆开展文献信息资源共建共享既能避免重复采集和收藏，造成人力和财力资源的浪费，也有利于调动各图书馆参与的积极性，有利于提高馆藏文献质量的保障率和馆藏文献信息资源的利用率；更重要的是能满足读者对文献信息资源多元化服务的需求，同时，在网络环境下，要加强各图书馆数据库标准化建设，在结构化，模块化方面要充分考虑数据的集约性、通用性和社会性，建立起更加科学合理的文献信息资源保障体系。此种合作模式对地区资源的优化组合、协调互补以及成员馆文献资源的整体布局都有着积极的作用，但对各成员馆提出了更高的要求，需要共同克服经费、决策、组织等方面的诸多障碍。此外，还要增加法律法规的约束，才能渐进地实现共建共享的目标。

（二）会员制模式

它是依托网络化、数字化的统一服务平台，通过数字化手段整合教育信息资源，以供网络中的图书馆使用，网络中的图书馆采用会员制的方式。教育系统的任何成员或者单位，通过签订《信息服务协议书》，每年交纳适量的信息费，就可成为网络图书馆的会员，网络图书馆根据会员提供的 IP 地址范围开展数据库的服务工作，会员单位的读者直接上网访问共享数据库和有关的信息服务。此种合作模式形式较为松散，会员单位之间依靠协议书进行约束，适合地区间的馆际互借和文献传递。这种模式涉及会员授权认证管理和会员资源访问控制管理，文献信息资源保障系统资源管理中心根据文献信息资源保障系统内成员合作机制，按需设置资源访问级别，系统针对用户请求命令类别采用不同的安全控制。发布资源通过用户授权认证实现安全管理；查询和调用通过用户授权认证和访问控制权限两级安全管理；数据库信息资源和文件资源分为访问和不可访问。

（三）联合办馆模式

是各高校图书馆组成协作组织，采取联合办馆的方式，在联合借阅、协调采购、书刊、情报交流和交换、现代技术及学术研究等方面进行全面的合作。这种方式的成员馆之间合作较为密切，不仅在文献资源方面，甚至在认识、岗位及经费的管理、使用上都要进行协调，并注重成员馆间人员情感的交流。此种合作模式适合区域性、小范围的高校合作，要求成员馆间就各项合作事宜达成一致。

高校图书馆是高教事业的重要组成部分，应主动适应高校管理体制改革的新形势，高校图书馆不仅要为学校的教学科研服务，同样也要面向社会，积极为地方经济建设服务。所以，我们应与时俱进，开拓思路，勇于创新，改进办馆形式，拓宽服务渠道，扩大服务范围。与地方单位联姻联合办馆，是高校图书馆适应改革形势，面向社会，为地方经济建设提供服务的好途径。高校图书馆要依托地方经济优势，充分容纳本地企业的资金来投入到本地文献信息资源保障体系建设中来，然后利用建立的文献信息资源服务于社会，向协办单位提供技术专业资料，并向协作单位科技人员发放借阅证，以便他们很好地利用自己协办的图书馆的资源。

当前社会形势发展很快，知识经济方兴未艾，网络化浪潮滚滚而来，科学技术的发展日新月异，各种新理论、新学科、新概念不断涌现，层出不穷，令人眼花缭乱。飞速发展的市场经济使得社会上各行各业都百舸争先，你追我赶，市场竞争也日趋激烈。面对如此激烈的市场竞争，图书馆和企业都面临着相当大的挑战，联合办馆的模式既符合当前市场经济发展规律的需要，也适应了社会发展变革的需要，从而不断地推动了图书馆事业发展。

第四节　农业文献信息资源保障体系建设的现状分析及存在的问题

一、农业文献信息资源保障体系建设的现状分析

（一）我国文献信息保障体系建设的历史进程

早在20世纪50年代我国就开始考虑文献信息资源的共建共享问题。1957年，周恩来总理就指示国家科学规划委员会拟订《全国同事协调方案》，于1957年9月经国务院第57次会议批准执行。

20世纪80年代以来，信息化进程不断加快，信息时代挑战日益严峻，文献资源的共建共享问题受到图书馆的日益关注。1983年4月，高等学校图书馆工作委员会主持召开了“成都藏书建设预备会议”，1984年9月召开了“大连藏书建设研讨会”。在会议上，明确提出了文献资源和文献资源建设的概念，成为文献资源共建共享的开端。此后，建立全国范围的文献信息资源保障体系和全国文献资源的合理布局便成为了我国图书情报界的热点讨论问题。

1986年11月中国图书馆学会学术工作委员会在南宁召开了全国文献资源

布局研讨会，使得研究更加深入。1988 年，这一协调委员会又组建了“全国文献资源调查”课题组，开展了跨部门、跨系统的全国文献资源调查。到 1990 年底，基本上结束了全国各地区、各系统的文献资源调研工作，开始准备进入实践阶段，但图书馆体制和我国的经济发展以及各方面的体制，使得各部门条块分割，领导不统一。因此，给全国范围的文献信息资源保障体系建设设置了重重障碍，大大阻碍了其进程。只有单个系统的文献信息资源保障体系获得了生存的机会。

从理论上分析，当今时代的信息总量足以满足每个人的需求，但现实社会中，人们获得信息和知识的手段和途径却非常有限。那么究竟在信息总量和信息获取方式都已经足够丰富的今天，人们如何最大限度地获取到自己所需要的信息正是人们非常关注的一个问题。正是在这样一种背景下面，在 1997 年，全国信息工作会议上便提出了国家信息化建设的 24 字指导方针，即“统筹规划，国家主导，统一标准，联合建设，互联互通，资源共享”。这一方针充分体现了国家宏观指导、分工合作的精神，也成为了我们探讨建立多级国家文献保障体系的指导方针。而在当时，要建立全国文献信息保障体系，还仅仅是一定数量的文献情报单位若干有识之士的个体意识，尚未形成全行业全社会的群体意识，具有个体行为和个别行为的色彩，尚未形成全国图书、情报单位的共识和全社会的整体行为以及持续性的事业行为。

1998 年政府机构改革，原国家科委科技信息司、文化部图书馆司被取消和改组，而信息产业部又没有设立专门主管信息资源开发利用的部门，就进一步弱化了信息资源建设的宏观管理和协调。因此，应当成立一个独立的实体来直接领导全国文献信息资源建设，明确建设的目标，制定规划，合理进行分工布局，规定全国各个图书馆的权利和义务以及各馆内部的运行规则和机制，并制定相关的法律、法规，同时有效地进行资金调配来约束和协调各个方面的工作。从体制上保证对人、财、物的统筹协调；保证各种规章制度和义务条例相一致；保证文献资源共建共享渠道的畅通。因此，经国务院批准，于 1998 年 11 月由国家发展计划委员会拨款 6 000万元，正式启动中国高等教育文献保障体系（CALIS）一期工程，使得我国文献资源建设登上一个新的台阶，大大改善了高校图书馆服务手段，初步形成了整体化发展模式。

1999 年 1 月，领导小组在北京召开了 CALIS 建设工作会议，部署开展 CALIS 的各项建设，召开了专家组会议，讨论研究了建设过程中的一些问题及下一步发展设想；7 月，在南京大学召开了 CALIS 建设现场会，推广江苏省教委组织建设江苏省高等教育文献保障系统的经验。这几次会议对 CALIS 的建设起了重要的促进作用。

根据项目领导小组的要求，CALIS 管理中心组织专家组于 2000 年 1 月 9 ~ 20 日对项目的建设情况进行了一次中期检查。检查结果表明，CALIS 的建设思路是正确的，进展也是顺利的，为我国网络环境下文献信息资源共享的开展初步摸索了有益的经验，探索了可行的道路。它的成功，为“211”高校的教学、科研人员营造了一个与国际接轨的信息网络环境，为“211”高校提供了丰富的文献信息资源，先进的技术手段和便利的服务体系，也为非“211”高校文献保障体系建设提供了范例。

CALIS 一期工程完成之后，根据国家教育部的精神，在二期工程启动的同时，要求各省建立 CALIS 省级分中心，铺通共享全国高校信息资源的通道。到目前为止，已建成或正在建设的高等教育文献保障体系的省、市有江苏、浙江、安徽、上海、天津、陕西、广东、四川、湖南、湖北等。江苏高校文献保障体系是由江苏省人民政府教育委员会投入数千万元建成的；上海市已把全市所有的高校图书馆联网，通过统一系统平台，实现了资源共享和馆际互借功能；天津市由市教委牵头，统一规划实施，架设了天津高校主干网，公网的出口达到 2G，确保了文献信息保障体系的建设。

根据 CALIS 工程中心（清华大学图书馆）和 CALIS 文理中心（北京大学图书馆）提供的资料统计，截止到 2005 年 5 月，已有 600 多个高校图书馆参加了 CALIS 各中心组织的国外文献数据库的集团购买，若加上自行购买和购买国内数据库产品的图书馆，相信不低于 800 个高校馆。

早在 2000 年以前，一些实力雄厚的高校图书馆便组织人力开展了数字图书馆的研究，探索数字图书馆建设的思路。随着我国“211 工程”把“中国高等教育数字图书馆”立为“十五”重点建设项目以来，各“211”高校都在各校的“十五”“211 工程”中，把数字图书馆建设列为一项重要内容，作为提升学校综合实力的一项重要举措。这就大大推动了我国高校数字图书馆建设的规模和步伐，成为高校图书馆界最为热门的话题。

在高校数字图书馆建设中最有影响力的当推教育部“十五”“211 工程”建设的公共服务体系重点项目“中国高等教育数字图书馆”（简称 CADLIS）。它由两部分组成，一部分就是“九五”开始建设的 CALIS 二期工程；二是基于“中美百万册图书计划”（简称 CADAL）的文献数字化工程；前者是 CADLIS 的主体工程，后者的主要任务是以扫描加工的方式给 CADLIS 提供百万册量级的扫描版中外文图书文献，丰富 CALIS 及其成员馆现有的数字资源体系。数字资源体系与第一期工程比较，规模进一步扩大，软硬件平台进一步升级，

运行服务体系也在原来的全国中心、地区中心基础上增加了15个省级文献中心、数字图书馆基地、文献传递服务网、联合虚拟参考咨询网等，核心服务馆从原有12个图书馆增加到30多个，一般成员馆则超过了700家，极大地提高了CALIS的文献保障服务能力。

2004年11月上旬，高等教育数字图书馆工程在北京大学通过验收，标志着中国高等教育文献保障体系正式进入应用阶段。

2005年6月22~24日，由中国科学院文献情报中心主办在北京召开了“科学信息开放获取战略与政策国际研讨会”，在国内图书馆界引起了对“Open Access”的热烈关注，可以预见，这将成为高校数字图书馆建设的一个新的热点，这也将成为新时期一种新的信息保障方式。

（二）我国文献信息保障体系建设的现状分析

从上面我国文献信息保障体系建设的发展历程来看，我国的文献信息保障体系在网络信息飞速发展的背景下，取得了迅猛的发展，到目前为止我国已经基本上建立了一个覆盖面广、保障程度相当完备的文献信息保障体系。以“211”高校牵头，以CERNET网络为基础的中国高等教育文献信息保障系统（CALIS）二期工程继续发展，而以中英文图书建设为标志的“中国数字图书馆”工程也已经通过验收，并进一步发展。而另一方面，在网络化环境下，如何建立符合我国高校实际的文献信息资源保障体系的研究也在进一步深化。因此，无论是技术的实现上、思想认识的高度上、国家政策的支持上，还是从保障体系建设的动力因素——高校读者群日益丰富的高层次、多方位、快捷、便利、高效的文献信息服务需求上，保障体系建设都获得了长足发展。

虽然在全国范围内的文献资源合理布局并未正式启动，但地区和系统的文献资源协调建设却取得了一定的成绩，如高校系统依托中国教育科研网（CERNET）建设的“中国高等教育文献保障体系（CALIS）”建设项目正在实施中。CALIS系统的目的在于使资源网与信息网协调发展，建立起整体化、自动化、网络化、数字化的现代文献信息保障体系，推动高校图书馆向数字化、网络化方向发展，实现高校图书馆从传统向现代化的转变，使高校图书馆系统特别是其中的骨干高校图书馆的技术设施和服务接近和达到国际先进水平，在国内社会信息化进程中处于领先地位，以增强高校图书馆在信息社会的生存能力和综合发展实力，为我国高等教育和科学研究提供全方位、高水平的文献保障服务。它已在全国建立了4个中心，即文理中心（北京大学）、工程中心（清华大学）、农业中心（中国农业大学）、医学中心（北京医科大学）；7个地区中心（华北地区中心不包括在内），即华北地区，不设地区中心，由CA-

LIS 全国管理中心代行管理及书目服务职能，各院校经校园网通过 CERNET 主要节点与管理中心相连，有北京大学、清华大学等 16 校图书馆，涵盖重点学科 110 个；华南地区，中心设在上海交通大学，连接复旦大学等 8 校图书馆，涵盖重点学科 63 个；华东地区，中心设在南京大学，连接河海大学等 7 校图书馆，涵盖重点学科 44 个；华中地区，中心设在武汉大学，连接华中理工大学、湖南大学等 5 校图书馆，涵盖重点学科 7 个；华南地区，中心设中山大学，连接华南理工大学，涵盖重点学科 16 个；西南地区，中心设在四川联合大学，连接西南交通大学等 5 个图书馆，涵盖重点学科 29 个；西北地区，中心设在西安交通大学，连接西北工业大学等 5 校图书馆，涵盖重点学科 35 个；东北地区中心设在吉林大学，连接哈尔滨工业大学等校图书馆，涵盖重点学科 42 个。“CALIS”已经形成一个以“211 工程”院校为主体的高校书刊联合目录数据库和 7 个地区级书刊联合目录数据库，初步实现系统的公共检索、馆际互借文献传递、协调采购、联机合作编目、中文现刊目次库和高校学位论文数据库等自建数据库的建设，统一引进了硬件设备。应该说，在计算机、网络和信息技术飞速发展的今天，“CALIS”建设的起点很高，但是在管理体制和运行机制方面，还存在一些需要共同探讨的方面。

（1）“CALIS”中心设在北京大学，CERNET 中心设在清华大学，借助两所高校的人才资源和技术力量，推动整个“CALIS”系统的建设。但是，“CALIS”项目是长期的，甚至是永久的事业，将不断发展、扩大，需要足够的人力、物力和财力的保障。所以，应当成立一个独立的实体，隶属于教育部，来直接领导“CALIS”项目。国家财政每年设立预算，有计划地投入资金，保障这一事业的持续发展。

（2）“CALIS”的建设必须依托 CERNET，前者是资源，后者是网络，前者是车，后者是路，前者是数据应用，后者是硬件基础，两者的关系是密不可分的。我国的“CALIS”和 CERNET 的建设不同步，又分开管理，缺乏统一的规划和协调。现已经出现整体设计、线路带宽和实际运行中的问题，如此长期下去，矛盾将更突出。所以，应该将信息网和资源网的建设统一起来，由一套机构组织实施、运行和管理，有计划地加大网络建设的经费投入，争取在各省建立主干网的节点，扩展带宽。逐步改善普通高校的网络环境，才能保障“CALIS”建设的持续发展。

（3）从数据库整体建设看，考虑到我国目前的网络条件和各校的财力，应慎重引进数据库，尽快改善网络环境，提高网速，使全国各院校都能充分利用引进的数据库，发挥经济和社会效益，避免资源利用不平衡的问题。“CA-

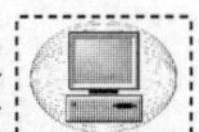

LIS”应考虑集中资金引进价格昂贵，利用率高，多数高校无力引进的数据库，提供全国高校利用，可以限制使用权限，适当收费。另外，也可以引进国内部分数据库，避免重复建设。

（4）在数据库的建设中，应侧重于自建数据库，在联合目录、中文现刊目次和高校学位论文数据库顺利开展服务的基础上，第二期工程应建设全国高校系统科研成果数据库、科研课题数据库等能反映我国高校科研前沿动态的数据库，制定相应的政策，调动各大学、科研机构和学术协会的积极性，建立有价值的数据库，为教学、科研人员提供有效信息。

此外地方上的文献信息保障体系也获得了很大发展，如1980年成立的“全军医学文献共享网络”，经过近20年的发展，先后进行了文献采购协调、资源共享等活动，目前还建立了该网的小型卫星数据通讯主导网络及通过微机联网的地面通讯网络。1994年，“上海地区文献资源共享网”成立，在短短几年时间里，将公共、科研、高校等系统的图书情报机构联合起来，开展了文献采购协调、馆际互借等工作，成效显著。1996年，中国科学院文献情报中心、北京大学图书馆、清华大学图书馆共同建成了“中关村地区书目文献信息共享系统（APTLIN）”。1998年中国科学院网上文献信息共享系统第一期工程通过了验收。1998年科技部开始实施“科技文献信息资源共建共享系统”，其目标是国内出版的文献满足率达95%，国外出版的文献满足率达到70%。

近年来，国内文献资源保障体系的研究转向了国内文献信息网的建设。文献信息资源建设的最终目标是建立全国文献资源保障系统，而文献资源保障系统的最佳模式是文献信息的网络化，这一观点已成为人们的共识。目前，此领域的局部研究较多，整体研究较少，尚存在一定空白点，未形成一个完整的理论体系，仍需进一步加强，以指导实践。

二、我国农业文献信息保障体系建设存在的问题

我国农业文献信息保障体系建设取得了巨大成绩，以中国农业大学图书馆（CALIS农学中心）为全国农业信息文献中心，各省、市、地区纷纷成立省级、地区农业文献信息保障体系。但是，文献信息保障体系建设中仍然存在不少问题。

（一）条块分割、各自为政的观念问题

多年以来，尽管各图书馆都认识到了自己图书购买经费不足，需要通过资源共享的形式解决这个难题，来缓解经费压力。但是由于传统思想的影响和长期以来中国形成的条块分割、各自为政的官本位思想，致使各图书馆在进行文

献信息资源保障体系建设的过程中犯了严重的地方保护主义错误，而没有办法在资源共享方面达成一种共识，严重阻碍了我国农业信息化进程，影响了图书馆事业发展。

（二）信息识别系统统一问题

多年来，人们普遍认为馆际资源共享成效甚微的根源在于没有建立一个具有权威性的，能担当得起负责资源共享的调控机构。这种观点有正确的一面，也存在着一定程度的片面性，它只反映了事物的表面现象，并没能深层次地揭示资源共享的实质。

而信息能否相互识别是实现文献资源共享的基本条件，而长期以来，我国图书馆在编目标准、格式、已经采用的自动化系统等方面都没有统一，数据也没有形成统一接口，故资源在共享过程中根本无法实现，这是影响文献信息资源建设的一个重要因素。故应建立一个强制的、全面的文献资源共享标准化体系，使文献揭示、报导、传递、存储各方面均在规范化的环境下有序流动。文献的著录格式、检索途径力求推行标准化，达到不同书目相互识别，使其传递方式趋于统一，避免各自为政造成的传递混乱。同时要实现计算机系统的软硬件与设备的标准化，避免互不兼容而造成文献信息无法在网上传递。

（三）经费问题

长期以来，经费是困扰文献信息资源保障体系建设的最重要的问题之一。无论是网络建设，还是保障文献资源的引入、保障体系平台的建设还是保障体系所需软硬件的购进，都是需要花费大量的经费的事情。而我国目前经济并不发达，而人口又众多。因此，经费短缺是高校一个非常棘手的问题，当然投入文献信息资源保障体系建设的资金也就有些紧张了。如 CALIS 地区中心建设的主要经费来源是国家 CALIS 项目，因为地区中心是为其属下各省服务，所以很难得到所在省地方政府的经费支持，而这样庞大的工程，不依托地方经济支持是很难得到足够的经费的。

（四）技术问题

文献信息保障体系的建立需要一定技术基础作为保障，其首要的技术就是自动化和网络化。虽然现行网络还存在一些需要改进之处，但是其技术问题已基本解决了。目前，各馆的自动化还存在较大问题，这一问题就是中国还没有一个功能完备，标准统一的图书馆自动化应用软件。由于采用不统一的自动化软件所形成的数据库无法直接与保障系统内部成员联网共用。这无疑给保障体系的可行性设置了障碍。尤其是在新一轮图书馆自动化网络化建设中，仍然有不少馆各行其是，搞盲目的自动化网络化建设，投入大量资金却无益于图书馆

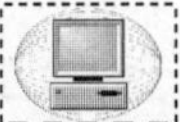

自身发展和馆际合作。这是目前图书馆文献信息保障体系建设中一个相当突出的问题，它的解决与否直接关系到图书馆信息保障体系建设的成功与否。

文献信息保障体系是基于网络的一种资源共享，因此网络带宽的好坏将直接影响文献信息保障的程度。而我国网络尽管获得了飞速发展，但是跟世界发达国家相比，还是有一段距离，离文献信息保障体系的要求也还有一段距离。尤其是农村网络发展极其落后，而作为为农村、农业服务的农业信息保障体系的完备就更加需要一段时间的发展，它要在农村网络基本发展的基础上才能获得长足发展。

（五）文献资源的共建共享问题

文献资源的共建共享是建立文献信息资源保障体系主要内容之一，只有真正做好这项工作，才能使网络运行成本下降，才能调整出一部分资金来加强文献资源的采购，从而有利于网络的发展。以北京地区为例：北京大学图书馆外文原版期刊约为1 200种。其中约1/3与北京图书馆重复；清华大学图书馆外文期刊与北京图书馆重复的约占1/2；中国科学院图书馆900多种外文期刊，与北京图书馆重复的达2/3。这种同地区文献资源严重重复的现象全国各地都有，特别是经济和文化发达地区更是如此，异地图书馆间也存在着这种现象，如：北京冶金信息标准研究院文献网络中心现有原版刊约500余种，其中2/5与沈阳东北大学图书馆重复。大型图书馆中，图书经费约有一半以上用于期刊的订购，如以重复率1/3计算（考虑到资源分布的区域合理性而不计多种重复现象），实行文献资源共建共享，全国各高校院所图书馆图书经费总和的1/6可节约下来，可见其效果之大。然而在两大工程馆际合作中，有的还没有触及此问题，没有触及此问题的合作多是强馆与弱小馆的合作，也是无基础的不稳定合作。由于强馆间的合作才对两大工程最有意义，所以解决文献资源共建共享是合作中不可回避的问题。这一问题的解决需要双方都能认识到：无论从图书馆的自然条件和经费保障上看，由一馆来保证其所需馆藏甚至某些专业方向的文献收藏都是不可能的，要将其全部加工上网也是不可能的。即便是两大工程的主要负责馆也要对此有一定的认识。在资源共建共享时，还要考虑到网络运行的区域性要求，要使区域内所收文献资源与相应的专业读者群相适应。如不具有相应的读者群，就要做出相应可能的文献结构全局调整，以利于将来网络使用者查阅。如果同一区域的两大合作馆都有专业文献的连续完整收藏，同时又有自己特定的读者群，合作初期又都不愿削去这方面的文献收藏，此时合作双方就要以大局为重，采取务实的方法进行合作，从而促进两大广域网的形成和发展。那种不考虑国家投资两大工程真正目的，不愿调整自己馆藏结构的做法是不可取的。

（六）标准问题

文献信息资源保障体系是建立在网络平台基础上的一种文献信息资源共建共享系统，网络既是这个体系的基点，同时又是这个体系的中介，是体系中的一座桥梁。而网络是用来传递电子信息的，由于网络的开放性和本身的不规范性，致使网络上的信息是杂乱无序的，而文献信息保障体系的最终目标是为了实现共享。因此，传递的信息要是彼此都能理解的信息，要建立一个共同的平台和统一的标准。但是，过去的图书馆是一个个独立的机构，他们有自己的运行标准和规范，他们有自己的运作模式，尽管在新的形式面前，他们进行了必要的调整，但是目前我国仍然没有办法制定一个完全统一的标准来规范和约束信息的传递和利用，这也就成为了长期制约文献信息保障体系建设进程的一个重要因素。

（七）法律法规问题

信息资源共享必然涉及知识版权保护的问题，再加上目前我国已经加入WTO，版权保护就变得尤为重要。尽管我国已经有了著作权法来保证对版权的保护，但是在新的信息环境下，信息传播的方式已经发生了改变，利用文献的途径也日益丰富，原来的著作权法中的有关规定已经不能适应新的要求。例如：图书馆能否扩大“合理使用”的范围，图书馆保存复制或替换复制能否包括以数字形式保存作品，著作权法能否将图书馆在一定范围内对作品的使用列入“法定许可”的范围等，这些都必须做出修改，否则对于文献信息资源的共建共享必然是一个极大的障碍。文献信息资源保障体系是一个广义的范畴，它不仅面对国内，并最终面向国外。因此，我国目前这种法律法规不健全的状况不好好解决，必然将我国文献信息资源保障体系的建立带入恼人的法律纠纷之中。

第五节　文献保障率及馆藏评价体系

一、文献保障率

文献保障率是指图书馆对读者的文献需求在单位时间里的满足程度，是判断一个图书馆文献资源建设成果优劣的重要指标，也是衡量文献信息资源保障体系完备程度的一个重要指标，它反映了图书馆馆藏和读者需求之间的关系。

图书馆馆藏也就是收集的各种类型文献资料的总和，是图书馆赖以存在的物质基础，是满足读者需求的根本保证。图书馆馆藏是与一定时期的文献生产

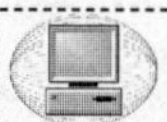

和使用方式紧密联系的。现代图书馆收藏的文献资料包括图书、期刊、政府出版物、小册子、学位论文、报告、照片、电影片、幻灯片、唱片、录音磁带、美术作品、缩微文献、计算机可读资料等。在这些资料中，虽然图书数量最多，但由于20世纪科学技术的发展，期刊以及其他多种形式的非书资料的比重也日益增加。各类型文献资料以不同的方式和载体记录了人类所积累和创造的知识信息，每个图书馆都为满足其读者对特定知识的需求或为实现特定目标来选择、收集和积累文献资料。因此，一个图书馆的馆藏并不是各类型资料的随意堆积，而是经过精心选择和组织的具有特定功能的知识体系。

二、馆藏评价体系

（一）传统馆藏评价体系

图书馆对文献采集和入藏情况、馆藏满足读者需求情况及馆藏物理状态等进行调查研究并做出评价的过程，是馆藏建设的基本内容之一。通过馆藏评价，可以了解馆藏是否符合本馆的任务与目的，是否能满足本馆读者的需求，馆藏有哪些特点和不足等，为制订馆藏建设方针和文献选择原则、预算文献采购经费及经费分配提供依据，并有助于改进文献收集和开展馆藏清点、藏书剔除、文献保管等工作。

古代的图书馆因侧重于收藏和保存文献，评价馆藏往往只依据收藏数量和珍本的多寡。现代图书馆由重收藏发展到重使用，馆藏能否最大限度地满足读者需求，便成为评价馆藏的重要标准之一。馆藏评价的方法主要有比较法（与类型、规模相近的图书馆比较）、统计分析法和定性分析法等，其中统计分析法运用最为广泛。

图书馆必须经常地、有计划地开展馆藏评价。但进行全面系统的馆藏评价需要动用大量的人力、时间和经费，一般只能5~10年开展一次。平时所作的评价多是对馆藏的一个方面或一个部分的评价。

藏书评价的重点是对馆藏质量的评价。一般可从文献采选和入藏情况、馆藏满足读者需求情况和馆藏的物理状态3个方面进行。

从文献采选和入藏方面进行的评价，主要有下列几种方法：

①根据数量评价馆藏。馆藏数量包括馆藏总量及年增加量，各类型文献、各学科或主题的文献、各文种文献的馆藏量（均区分品种数和复本数）等。虽然馆藏质量不一定与数量成正比，馆藏量大的图书馆不一定藏书质量就高，但一定数量的馆藏是图书馆满足读者需求的物质基础。前苏联和欧美各国对不同类型和规模的图书馆的基本馆藏数都做出了规定。例如，1975年美国学院

和研究图书馆协会（ACRL）制定的《学院图书馆标准》提出了馆藏量的计算公式，并根据达到该公式要求的百分数来确定某一图书馆馆藏的级别（有A、B、C、D 4级）。不少国家都用文献保障率（册/人）表示一个图书馆或一个地区内若干图书馆所收藏的文献满足读者或居民需要的潜在能力。

②利用标准馆藏目录评价馆藏。一些国家往往编有标准馆藏目录，向图书馆推荐必备的、基本的文献。这些目录一般由有经验的专家精心选定，具有一定权威性。例如，美国出版有《标准目录丛书》，包括《公共图书馆目录》、《学院图书馆目录》、《高中图书馆目录》等。美国图书馆协会对这几种目录定期进行更新。对这些目录中所列“必备文献”的收藏情况可以反映一个图书馆文献采选的质量。因此，可利用标准馆藏目录来核对某一图书馆馆藏，根据入藏文献占标准馆藏目录的比例来评价馆藏质量。但由于标准馆藏目录收录范围和数量有限，各馆的读者和任务又不尽相同，所以用这种方法仍有一定局限性。由于核对工作量较大，费工费时，一般只在某一特定范围（学科、主题、藏书水平等）以内进行，例如，可以从收藏不足而不能满足读者需要的那一部分馆藏着手进行核对和评价。

③应用引文分析的方法。根据图书馆入藏核心期刊的情况来评价期刊收藏质量。核心期刊是根据期刊所载论文被引用次数的多少来确定的，被引用较多的期刊称为核心期刊。美国E. 加菲尔德利用《科学引文索引》（见引文索引）研究表明，被引用次数较高的500种期刊即包括了被引文献数的70%，这与S. C. 布拉德福的文献分散规律相符。美国的科学情报研究所（ISI）还出版有《期刊引用报告》（JCR）。收藏核心期刊既经济又实用，如一般综合性公共图书馆只要收藏500～1 000种科技核心期刊，即可满足读者对科技期刊的大部分需求。但运用这种方法评价馆藏期刊有一定的局限性，因为引文分析主要反映文献作者引用文献情况，而不能反映全部读者的需求；一些普及性期刊虽较少被引用，但它们在图书馆的利用率较高；各学科期刊在被引用方面存在很大差异，如科学技术期刊被引用较多而文学艺术期刊被引用较少；同一学科期刊也因容量、篇幅和出版周期的不同，被引用机会也有所不同。评价期刊收藏需考虑本馆任务、服务对象和服务内容，并综合运用多种方法，其中常用的还有期刊利用率等。

④请图书馆读者和有关专家评审。请读者评价馆藏可采用访问、召开读者座谈会和发调查表等方式。参加评价的人员可以是全体读者，也可以是某一特定范围（职业、专业、年龄等）的读者，调查内容主要是对图书馆馆藏满足其需求的程度，馆藏中不同文献类型、文种、出版年代、学科的文献的利用情

况等。图书馆还可邀请有关专家，或利用图书馆分类目录及主题目录，或直接到文献库房（书库）中查看分类排架的书刊来进行评价，也可请专家开列一个其所熟悉的学科范围内应入藏书刊的目录，对照馆藏实际来评价。请读者或专家评价简单易行，但主观性、随意性较大，而且仅凭印象做出的评价缺乏数据依据。

从馆藏满足读者需求方面进行的评价，主要通过读者调查和利用各种文献流通统计来进行。通过读者调查可获得定性评价，通过文献流通统计则可获得一系列数据。流通统计可对全部馆藏来进行，也可分学科、文种、文献类型、出版年代等进行，还可针对某一书刊进行。流通统计可反映馆藏的实际使用情况，一个图书馆馆藏质量高低要根据馆藏中究竟有多少文献能真正为读者所用来判断。但流通统计只能反映已有的馆藏满足来馆读者需求的情况，对没有来馆的潜在读者以及虽来馆但图书馆未藏有其所求文献的读者需求情况却不能反映。

可用于馆藏评价的文献流通统计主要有馆藏利用率、流通－藏书比、流通册次－流通种次比、文献拒借率、馆际互借满足率等。

①馆藏利用率。指被读者借阅的文献数量占全部馆藏或某一书库（阅览室）藏书数量的百分比。馆藏利用率低的主要原因之一就是馆藏质量低（复本率高、陈旧过时的文献多等），可通过调整馆藏文献的结构、加强藏书剔除等加以改进（见文献流通统计指标）。

②流通－藏书比。即某类藏书流通量占全部馆藏流通量的百分比与某类藏书占全部藏书的百分比之间的比率。流通－藏书比的理想值为1∶1，即某类文献的流通量与其在馆藏中所占份额相当。如果这一比例远大于或远小于1时就需要对馆藏作一些调整。例如，某图书馆某类藏书的流通－藏书比为5∶1，则表明该类藏书太少，需要增加；如果比例为1∶5，则表明呆滞书太多而需要进行剔除。

③流通册次－流通种次比。某类图书流通量可以分别用流通册次和流通种次数来统计。流通册次－流通种次比可反映读者对某类文献复本的需求，该比例可用于评价馆藏复本是否合理。例如，某图书馆某类藏书某年流通1.8万册次、3 000种次，二者比例为6，因此该类图书需配5个复本。

④文献拒借率。拒借率可反映读者文献需求的未满足情况。拒借率高的原因，属于藏书方面的有未入藏、复本过少以及排架中的错架（乱架）等。可通过补购、增加复本、开展预约借书和完善书库管理等加以改进。

⑤馆际互借满足率。即表示读者对馆际互借（包括提供复制件）的需求

获得满足的程度的一种百分比。满足率的高低可反映一定范围（一个馆、一个地区若干图书馆）内文献资源的完备性和可得性。可用以对各馆馆藏建设或文献资源建设进行评价。一般对本国出版物的馆际互借需求应100%地在国内得到满足，而对外文文献则以70%在国内满足，30%通过国际互借来满足为宜。

从馆藏物理状态方面进行的评价，主要指对文献的保管状态、遗失及破损情况的调查和评价。一般在馆藏清点和日常书库管理、文献流通过程中积累材料并进行评价。

（二）新的信息环境下馆藏文献评价体系

对于电子文献数量的评估，不少图书馆同仁认为应将其折算为印刷型文献，但不管采用什么方法，其科学性都是值得疑虑的。因为同样多的经费购置的纸质文献与电子文献的数量相差甚远，而且电子文献的保障与利用功能都迥异于纸质文献。譬如，同样内容的1份纸质文献和电子文献对读者的需求满足率是无法比拟的，前者在特定时间内只能满足单个读者的需求，而后者一旦上网运行，可以同一时间内供多人使用，满足甚至100%的读者的需求。在对电子文献的信息资源保障能力进行评估时，可设立与纸质文献并重的独立的指标，再从其专业覆盖范围、信息类型和容量、更新周期、网络用户数、利用能力和程度等多种因素加以考虑，分别附以合适的比重系数。

从网络上传送到图书馆的文献信息，图书馆没有所有权，但通过网络可以有偿或无偿获得使用的信息资源。网络信息资源保障能力的评估可以考虑以下几个因素：利用网络资源的设备及布局、允许上网进行远程查询信息资源的用户范围、收费标准、上网时间（网络开通时间）、网络带宽及速率等。

此外，通过馆际互借获得的文献资源，也是图书馆信息资源保障能力的评价标准之一。对馆际互借获得的文献资源的评价可从以下几个因素考虑：每年通过馆际互借获得的文献数量、文献传递方式、文献互借申请得到满足的时间及收费标准等。

评估藏书不应只对数量做出要求，还要强调质的评价，量与质的统一才是评价藏书的准确标准。因为一定数量的藏书量是满足读者需求的物质基础，但满足读者需求的程度则主要由藏书质量，特别是馆藏所包含的情报含量所决定的。同时，网络环境下，文献资源共享不断发展，特色文献资源建设将成为文献保障体系的自然分工。因此，文献的学科特色也是图书馆藏书质量的一个重要方面。

虚拟馆藏质量评价。如何从浩如烟海的文献信息中筛选出对读者有用的信

息，已成为新环境下图书馆信息服务工作的难点，同时也是新环境下图书馆信息服务工作的重点。网络信息资源的选择是开发利用网络信息资源的关键，因此信息选择能力应当成为评价图书馆信息服务工作的重要指标。网络信息资源要成为图书馆的虚拟馆藏，必须经过图书馆的技术加工，知识经济新时代呼唤图书馆把服务重点放在网络信息的深层次加工之上，充分利用网络信息检索的特点，根据用户的特定需求，将网上各种分散的信息收集并加以分类、鉴别和深加工，形成方便读者使用的二次、三次文献。因此信息加工能力应当成为衡量网络环境下图书馆信息服务水平的标准之一。网络信息资源质量可从信息选择质量、信息组织水平和信息加工能力等方面加以评价。

第六节　建立农业文献信息资源体系的重要举措

农业文献信息保障体系的建设是一项长期的战略任务，其总体目标是以国家级中心和地区中心为依托，通过计算机技术、高密度存储技术和数据通讯技术在图书馆中的应用，建立起整体化、自动化、网络化、数字化的创新文献保障体系。按照“结合创新，整体规划，集中采购，资源共享，标准通用”的原则，初步建成文献保障体系的基本框架。主要建设任务是：通过地区中心与国家级中心在文献资源建设上的整合，初步实现系统的公共检索、馆际互借、文献传递、协调采购、统一编目等功能。

一、深化理论研究，转换观念，积极运作

目前，要建立全国文献信息保障体系，还仅仅是一定数量的文献情报单位若干有识之士的个体意识，尚未形成全行业全社会的群体意识，具有个体行为和个别行为的色彩，尚未形成全国图书、情报事业全面行为和全社会的整体行为以及持续性的事业行为。因此，必须深化理论研究，要以面向世界、面向未来、面向现代化的理论气魄，从文献资源共建共享事业与人类文化、人类文明和社会信息化历史进程的关系角度，为文献信息资源共建共享事业奠定系统而坚实的理论基础。在研究中，应将文献信息资源的共建共享作为一个现代社会的社会现象和社会问题来研究，而非仅作为一个行业问题、业务问题来研究。让全体国民知道，我们所要建的国家文献信息保障体系应是一个开放的、外向型的、与社会相互作用、协调发展的社会系统，而非封闭的、内向的、与社会整体发展相游离的业务系统。

此外，目前许多机构，尤其是高校更多地把高校文献信息资源保障体系建设的重点放在积极等待上级审批自己成为本地区文献信息中心之上，而忽略了其真实的重点是文献信息资源的建设，实际上是犯了本末倒置的错误。因此，包括"211 高校"在内的所有学校都应该好好思索一下文献信息建设的本质工作，尽快结束文献信息资源保障体系建设停留在方案论证和地区中心报批的不利局面，而走上积极建设、实际运作的轨道。

1997 年底，在清华大学召开的"工科文献保障体系工作研讨会上，与会代表形成一种共识：以 CERNET 为依托，根据工科的特点，围绕'211 工程'的重点学科建设，不等不靠，CERNET 的节点高校先携手合作，开展文献信息共建，并制定了近期合作计划，如开展外文期刊的联合服务，学位论文数据库建设，1998 年内在有条件的地区建立镜像点，合作建设联合网页等。这是一个实实在在的共建、共知、共享的实施计划，从而结束了两年多来的方案论证"，坐等上面批准再启动的局面，迈出了实际运作的步伐。

另外，各高校要建立一个统一协调的文献信息保障体系，还必须改变过去条块分割、各自为政的局面，从整体上去协调和建立文献信息资源。只有这样才能建立起一个相对完备、整体协调的文献保障系统。

二、组建高层次宏观调控机构，进行整体规划

要建立一个国家范围的文献信息保障体系，必须有政府的参与和管理，因为要建设一个跨地区、跨行业的巨大信息资源网络不是单一的图书馆、情报行业能够担当的。我国现行的文献情报事业管理体制是分属文化、教育、科研等多系统领导，条块分割，各自为政，缺乏统一管理，宏观控制薄弱，各系统内和系统间缺乏协作，但基本上又是以行政隶属领导关系为主的既不集中、又不分散的管理体系，理想的全国文献资源建设模式应该是在国家统筹规划下，协调组织各系统、各地区自下而上地进行建设。实际中却是自上而下地逆向发展，这就导致了"大而全"、"小而全"、各自为政，低层次大量重复建设等问题的出现，因此，组建跨系统、地区的宏观调控机构迫在眉睫。过去我国也成立了一些有关协调机构，但缺乏实际的约束力和强制力。在 1998 年政府机构改革中，原国家科委科技信息司、文化部图书馆司被取消和改组，而信息产业部又没有设立专门主管信息资源开发利用的部门，进一步弱化了文献信息资源建设的宏观管理和协调。因此，应当成立一个独立的实体，来直接领导全国的文献信息资源建设，明确建设的目标，制定规划，合理进行分工布局，规定全国各个图书馆的权利和义务以及各馆内部的运行规则和机制，制订出全国文献

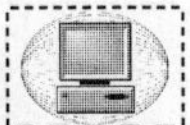

资源保障系统建设的总体战略目标，战略步骤和重点，完善、执行有关政策、法规和标准，推动标准化、规范化和现代化建设。同时有效地进行资金调配来约束和协调各个方面的工作，从体制上保证对人、财、物的统筹和调配；保证各种规章制度和业务条例相一致；保证文献资源共建共享渠道的畅通。这样，才能真正实现国家信息化建设的24字指导方针，即："统筹规划，国家主导；统一标准，联合建设；互联互通，资源共享"。

整体规划是在健全宏观调控机构的前提下，对本地区的文献信息保障体系建设的步骤、时间进行系统、全面地规划，并向宏观调控机构提出可行性报告，经专家反复论证之后，以条文形式下发，使其具有权威性。

规划制定过程中，要特别注意文献信息保障体系"三级网络保障服务环境"的建设和"文献信息资源及数字化"的建设。前者为硬件——设备的建设，要考虑资金和财力状况；后者为软件——数据库的建设，要考虑各馆专业人才的不平衡状况，提前安排一些有实力的大馆牵头，进行地区性的数据库建设。

文献信息保障体系的建设、完善及运行等需要资金，但要作可持续性发展，一个更重要的问题是需要建立起一个良好的运行机制，制定共享章程，使所有参与的成员馆互利互惠且有章可循，这是文献信息保障体系运行的动力，是它可持续性发展的重要保证。反之，如果没有建立一个良好的运行机制，一旦政府的投入不足或停止，这一项目也就宣告终结，这类事例在国内外都有案可查的，所以如何建立良好的运行机制也是制定文献信息保障体系建设规划时需要重点考虑的问题。

三、拓宽渠道，积极融资，共同进行文献信息保障体系建设

经费短缺始终是高校图书馆事业发展的老大难问题，而文献信息保障体系的建设是一个庞大的系统工程，它要耗费大量的人力、物力、财力资源才能达到目的，因此，对经费需求就格外紧迫。而我国经济相对落后，长期以来，国家投入图书馆的经费相对有限，这严重制约了图书馆事业的发展。文献保障体系建设需要的大量资金，也不能只靠国家投入，还要多方融资，积极吸引地方和民间"资本"投入进来。尤其对于地区文献信息中心的建设来说，就更要利用地方各种媒体平台，积极宣传，让社会各界都来了解和规划地方文献工作。不仅仅提供珍贵的文献资料，还要提供必要的经费支持。文献信息部门也要积极开拓思路，进行各种形式的集资，以便对经费实行自我支持和援助。

此外，在数字化、网络化的信息环境下，图书馆同新闻出版部门、数据信

息生产中心等信息部门一样，成为社会信息系统的一个个节点和信息资源的集散地、管理站。信息生产和消费的社会化、市场化趋势迫切要求我们自觉地把自己纳入本地区、系统、全国乃至全球信息网络中，在国家宏观调控下，面对用户，以信息市场为导向，开展广泛的调查研究、充分利用、开发文献资源。在图书馆这个公益性事业中引入市场机制，也是解决目前图书馆发展经费严重短缺的一个重要途径。例如：北成高新技术信息产业集团投资了3亿元与国家专利局合作建设拥有200亿汉字的中文版世界专利数据库，清华光盘中心和人大书报资料社等文献信息资源开发机构企业化经营成功等实例都表明，文献信息市场正走向成熟，规模在迅速扩大，图书馆有必要也完全可能参与其中。况且在信息时代，获取文献信息已成为个人和企业投资的一个重要组成部分。因此，图书馆文献信息无偿服务的单一模式和国家作为唯一或主要的投资主体的传统机制不能适应社会发展。因此，用利益机制调动各行各业参与文献资源共享的积极性，才是实现文献资源共享的根本出路。

资金筹措固然重要，但如何管理、使用资金也很有学问。所以，文献体系保障体系建设中要建立“基金管理委员会”，对资金从筹集到管理、分配、使用、监督、资金效益评估等，建立起一套科学管理制度，增加“透明度”，进行系统的科学管理。只有这样才能使得有限的经费使用在最合理的地方。

四、制定和完善文献保障体系建设的有关政策、法规和标准

政策和法规在数字文献资源保障系统建设和文献资源共享中具有指导、调节、干预、规范作用。统一的政策、法规是文献资源保障系统建设的行为指南和准则。数字文献资源保障系统是一个需要多个文献信息机构参与和协作的系统工程。为了协调各个成员馆之间的利益和职责，确保数字文献资源保障系统和文献信息资源共享系统的正常运行，需要政府出面制定相应完善的政策、法规体系包括全国文献资源建设的发展方向、资金倾斜政策、重点扶持政策、需求导引政策、人才教育政策、市场管理政策、国际合作政策，对文献资源共建共享的社会地位、经费保证、各成员单位的权利和义务，以及信息资源建设的体制和运行机制、总体布局等做出明确规定。对资源共建共享引起的一系列新的问题，如文献信息下载、版权保护、书目工作、联机检索、外借服务等进行明确的规范。通过政策法规的制定，保证公众能够充分利用数字文献资源保障系统的信息资源，保护所有公众以能够承受的价格及时、平等、公平地利用文献信息产品和服务，使公众都能分享到数字文献资源保障系统所开展的各项信息服务。通过政策的制定，能够加强协调与协作的组织工作，使各馆的资源配

置更趋合理，更趋全面，使本地区的资源利用呈网络化。由文献保障中心的职能机构负责制定地区中心文献协调原则和文献布局规划，制定文献协调布局的实施方案，确定各成员馆重点藏书的范围，合理布局采购区域，制定联合目录，以便各馆能对中心内所有文献共知，了解情况，达到共建的目的。网络环境中信息资源配置的目标，即在由多个信息系统相互连接而形成的信息网络中，从网络整体需要出发，进行信息资源配置，通过网络中各信息系统的协调合作，逐步形成一个互通有无、互相补充、方便用户的信息资源体系结构，利用群体优势，以尽可能小的投入发挥尽可能大的信息资源的整体效益。

法律法规的制定能够约束文献信息资源建设行为，能够充分保证参与文献信息资源建设的人员应该享有的权利和承担的义务。目前我国已颁布了计算机信息系统安全法、产权法、著作权法、网络国际联网安全保护法等法规。今后还应针对建设过程中诸如电子复制等实际问题，制定图书馆法、数据保护法、网上资源有效产权法等法律法规，进一步加以具体规范。只有依据明确的政策法规，各级调控机构才能落实各项目标计划，指导协调各方面关系。同时，各图书馆也有章可循、有法可依、统一行动、共同建设。

文献信息标准化也是构建文献资源保障系统的基本条件之一，也是网上数据库质量的核心。文献信息保障体系是基于 Web 的分布式，超大规模海量的综合应用系统。其信息异质、平台异构使得保障体系中的数字信息描述、传输、检索、利用的标准各异。而要实现资源共享，则统一标准、统一格式是实现海量数据存储和传输的关键。它规定了文本、图像以及多媒体等类型文献数据的规范和定义，可用于中文文献的数据处理，文献信息保障体系建设应以此通用格式为标准，使数据描述标准化、统一化、支持通用技术标准，建立标准兼容，可升级、扩充的多级系统。文献信息标准包括文献揭示、报道传输的标准化和工作设备的标准化。20 世纪 80 年代以来，我国制定了一系列文献著录工作标准，在计算机编目、在版编目等方面的标准化上取得了许多成就。但是由于执行不力等人为原因造成了我国大多数文献数据库标准不一、规范性差、无法联网、资源共享性差等问题。为此首先应尽早推广使用统一的自动化集成系统（如 ILASⅡ）及相应的硬件设备，为联网打下基础。其次，严格推行有关标准，填补空白，并努力向国际标准靠拢，为接入国际互联网络做好准备。按照资源共享目标选择开发计算机硬件、软件与网络系统，实施统一的网络技术环境，在联网的基础上各成员单位要统一配置计算机硬件和软件的配置标准。各成员单位选用的软件，必须是开放系统，是 INTERNET 体系，要能支撑各种网络协议和标准。一些馆藏量较小的成员单位，可将自己的数据库放在其他单位的主机上，而把自己作为其他单位的一个终端，以节省购置图书馆管理软件的经费。硬件配置一定要与软件匹配，尽量统一计算机及其他硬件配置的标准或型号。

五、利用有限经费建立特色化的藏书体系

特色化是提高一般高校文献收藏质量的有效手段，这就要求每个图书馆对入藏的文献主体必须有所选择，使馆藏文献具有本馆特色。只有具有特色的馆藏，才能最大限度地接近读者实际需要和现实使用水平，才能真正具有实际价值。文献信息资源保障体系建设的基础是各个具有个性和特色的图书馆的建设，只有在每个图书馆都形成各自特色的基础上，才有利于开展地区性乃至全国性的馆际协作，从而实现更合理的文献信息资源共建共享。因此，图书馆在藏书建设中必须遵循特色化原则，并据此调整采编策略。首先着重抓好重点学科的教学和重点科研方向的文献资源配置，这些学科的中文文献的收藏力求达到研究级以上，并适当收藏部分外文核心文献，藏书特色将主要体现在这部分重点藏书中。同时注意处理好重点与一般、品种与复本、基础与提高的关系，科学合理地确定各类文献的收藏等级，逐步形成各馆特色化藏书体系。其次，努力提高新书在藏书中所占的比例（“新书”的范畴可根据不同学科文献的半衰期来确定）。这样才能保持藏书利用的活力，使馆藏特色经得起时间的考验。随着现代科技的不断进步，图书馆走向电子化和网络化，非印刷型出版物将在文献资源建设中占据越来越大的比重与地位。因此，可根据学院的教学科研需要适当引进较成熟的光盘数据库和全文数据库中部分针对性强的专辑，在校园网上供用户检索。

特色化藏书体系还体现图书馆个性藏书方面。由于个性化读者所需文献的专业性强，阅读人员范围狭窄，应该根据个性化读者的需求和习惯单向配置资源，避免重复配置。即根据个性化的读者的喜好配置相应的文献类型。这是特色藏书体系的一个基本建设内容，目的是合理配置同一区域内的文献资源，利用群体优势，以尽可能小的投入发挥尽可能大的信息资源的整体效益。具体来说：（1）规划数字资源购置方案。对本单位对口专业性强的数据库可自购。综合性、普读性强的数据库可联合购置，存放到一处服务器上，共同使用，无需各自为营。上面提到的两种大型数据库就可实行此办法。这样既可节省资金、又可节省服务器的空间，从而节省了设备的重复投资、管理人员的重复投资；（2）规划外文原版购置方案。①实行区域外文文献联合采购；②实行区域外文文献联编；③建立区域外文书刊联合目录数据库，提供网上查询；④建

设网上资源导航。根据有关成员单位专题建设的需要或高校重点学科建设的需要，进行统筹规划和分工，对网上的电子资源按图书馆学的原理和方法进行搜集、加工和整序，形成虚拟图书馆资源，补充和扩大区域外文文献资源，提供用户浏览和查询；⑤外文全文数字化。将各成员单位的印刷型外文文献整合，剔除重复，选择具有高价值的、高利用率的和具有特色的印刷型外文文献数字化，储存在中心服务器上，供本地的读者检索和利用。

六、建立特色化的自建数据库，完善馆藏体系

随着计算机网络的发展，电子信息资源建设将成为文献信息资源保障体系建设的重要内容。电子信息资源的方便、快捷，越来越成为人们青睐的对象。因此电子信息资源的建设和引入便成为了文献信息保障体系的重要议程。但是，电子信息资源建设不应该是盲目的建设，而应该从整体文献信息保障体系建设上考虑，而应该针对目前市场上数据库存在不尽全面和完善的情况，根据学校重点学科的建设需要，充分利用特色文献资源优势，开发和建设若干具有本校特色和地方特色的文献信息数据库，并积极提供对外服务；网上资源导航库建设方面，应根据重点学科建设和重点科研需要，建设为了解各学科世界发展前沿、学术机构、学术活动、电子文献等信息服务的网上学科（专业）资源导航库，以此补充和扩大有限的文献资源；另外，还应积极向文献新保障中心提供本馆的中外文书刊目录数据库，并根据实际条件，参与“高校研究生学位论文”、“高校学术会议论文”、“中文现刊目次报导”等数据库的建设。

此外，地方特色文献数据库也是完善文献信息资源保障体系建设的重要途径，图书馆独具特色的地方文献数据库能够赢得用户较高的网络访问频率。这是一种以最小投入换取最大效益的文献信息共享服务模式。目前许多图书馆在地方文献的专题数据库建设方面做了一些大胆的尝试，取得了丰硕的成果，积累了宝贵的经验。山东曲阜师范大学图书馆利用本地区独特的人文环境，于1996年秋创建了国内首家“儒家文献资料室”，开始特色资源收藏和特色服务工作，同时又开展儒家文献数字化工作，目前已建成13个数据库。沈阳市图书馆开发建成“沈阳文学艺术文库数据库”；广西桂林图书馆成功开发“桂林地方资源图文数据库”；辽宁省图书馆开发“辽宁籍当代作家作品数据库”；汕头大学图书馆承担建设“潮汕文献数据库”；洛阳师范学院图书馆承担建设“河洛文化文献专题数据库”；国家图书馆开发建成“中国现代地方志人物传记资料索引”等。

七、建立联合保障的评估体系

建立全国性的文献信息的联合保障体系，涉及全国包括图书馆、情报部门在内的多个系统、多个行业，各个工作环节更是数不胜数。在这个联合保障的体系内，各个单位之间又要分工合作、协调发展，各方面工作可以说千头万绪，那么具体各个单位怎样才能做好本职工作，进而推动整个联合保障体系的健康发展，必须由国家权威部门制定出各个工作方面的评估细则，包括评估的工作方面、评估方法、评估标准、评估制度和组织方法，应有一批人定期检查、监督实施。这样文献信息资源的质量及保障水平通过评估就可以比较优劣，提出进一步的改进措施，建设更好的文献信息资源保障体系。

八、提高科技情报服务水平，创造经济效益和社会效益

文献保障体系要能够以一种主动的姿态和超前意识向读者提供多维的、动态的信息服务，包括对网络信息在内的各类信息进行系统化、逻辑化的分析和深加工，不断激活静态信息并挖掘其潜在价值，主动为信息寻找最合适的读者，提供增值信息服务，如二、三次文献的开发利用、数据库服务、系统集成服务、专题咨询、定题服务、用户能力培训、文献传递、馆际互借等，以满足网络环境下日益增长的多方位社会信息需求。图书情报机构，随着时间和空间的变化，不管其机构名称如何变动，行政隶属关系如何调整，“保存人类文化遗产、进行社会教育、传递科技情报、开发智力资源”的“藏”、“用”基本职能不会也不应改变。随着社会的进步，科学的发展，不断改变的是“藏”、“用”的内容和形式。“藏”、“用”矛盾的对立统一发展，推动了图书馆从古代的藏书楼到近代图书馆的演变。在现代网络和数字化图书馆的信息环境下，传统的“藏”、“用”内容和形式已经并且正在继续发生着革命性的变化。图书情报机构生存发展的动力将源于对“用”的深层认识和实践，信息服务是新的“用”的观念的核心。研究认识现代信息环境的特点，明确信息服务产品使用价值的特征，了解本行业的发展主线，分析掌握用户群体的需求内容和形式，是专业图书情报机构进行符合现代社会发展需要，适应现代信息环境变化，开展高质量信息服务的几个需要综合考虑的重要因素。

高校图书馆是高校的重要组成部分，是学校的重要文献信息中心，是为教学和科学研究服务的学术机构，是学校信息化和社会信息化的重要基地，它履行搜集、加工、存储和传播文献信息的职能。随着信息技术的飞速发展，计算机、网络、光纤通讯技术在图书馆中的应用，网络环境下信息资源的日益增

多，使得教师的教学和科研急需图书馆相应的改变以往的服务方式，由信息导航者为其提供对口及针对性的服务，解除他们在利用文献资源过程中的疑虑。因此高校图书馆应开展深层次的信息加工，从各种信息资源中系统地摘录、挖掘有关信息，运用信息重组技术，编制新颖独特的各学科专题数据库和专题索引等二次文献，提供全方位、高层次的科技情报服务，创造良好的经济效益和社会效益。而且作为非物质资料生产部门的图书馆，衡量其效益的尺度不应是它本身的直接赢利状况，即经济效益，而应是它为读者所提供文献服务的状况，即所产生的社会效益。图书馆的经济效益应当体现在通过文献资料和情报信息为科学研究和社会生产所提供的服务，更应将其放在整个社会发展的过程中去考察。

九、研究读者需求，加强读者教育与培训等高校信息服务

以人为本，读者至上是图书馆服务的宗旨，读者的满意程度是衡量图书馆服务质量的基础标准，读者的需求与满足是图书馆活动的出发点和归宿。高校图书馆的服务对象主要是教师和学生。这些读者的文化程度比较整齐，需求也有明显的规律性，主要表现在读者需要的稳定性、读者需要的集中性、读者需要的阶段性 3 个方面。研究读者需求是非常必要的，只有急读者之所急，想读者之所想，才能更好地为读者服务。而读者满意程度是衡量文献信息保障体系的完备程度一个重要指标。因此，研究读者信息需求，也是建立文献信息保障体系的一个必要途径。

应根据读者的需求，对某一领域的信息资源进行挖掘、采集、加工、整理和有序化重组，为读者提供专门服务，以提高他们寻找信息的速度和质量。其形式主要有专题咨询、定题服务、信息跟踪服务、特色或虚拟数据库创建、成果查新、信息导航等。基于网络的文献信息服务系统也只有在读者熟知并掌握其使用方法的基础上，才能充分发挥效用。读者对基于网络的各种检索工具的使用方法还不熟悉，图书馆应对他们进行多样化的培训，并建立读者培训数据库，以便更有针对性地为他们提供服务，提高高校图书馆的综合社会效益。通过上述措施，建立起整体化、自动化、网络化、数字化的现代高校文献信息服务系统，为高校教学、科研人员创造与国际互通的网络环境。提供高水平、高效率的文献信息服务，这是高校图书馆的当务之急和发展需要。

当然，针对读者需求开展的这些信息服务还必须要能够让读者很好的享受。但是这些信息服务里面蕴含信息技术，是时代发展的产物，使用起来需要一定的信息技能。因此，图书馆在这个时候义不容辞地担当了信息技术传播者

的角色。图书馆必须尽一切可能对读者进行信息技能的教育和培训，以便读者能熟练自如地使用图书馆的信息服务，从而满足读者信息需求，也就完善了文献信息保障体系。

十、加强网络信息化建设，完善文献信息保障体系的物质基础

一个完备的文献信息保障体系的建设归根结底最终要靠图书馆的计算机化和网络化去实现。多年来高校图书馆在这方面投入了不少人力物力，取得了很大成绩，但作为欠发达地区，其投入必定是有限的。要加速实现完备的文献信息保障体系就必需采取行之有效的符合自己实际的办法。

首先从网络硬件方面来看，这一方面需要相当的资金投入，目前处于高等院校高速发展的非常时期，方方面面都需要投入，一般很难设想各校一下就在图书馆网络方面有很大比例的投入。因此，应充分认识到文献信息保障体系对促进高校教育乃至社会、经济的重大作用，把它列为重点工作之一。在思想上、经费上加以支持；同时还要树立全局观念，破除统属观念，认识到只要是参加者就是对文献信息保障体系建设做出了贡献，就应该给予支持。但这种支持必须制定一些鼓励政策，充分调动各高校的投入积极性，鼓励一些积极支持文献信息保障体系建设的图书馆和学校，对不参加、不支持文献信息保障体系的图书馆及学校就不给予支持。同时个别经费较紧张的图书馆应改变“小而全”观念，学习美国西弗吉尼亚州中一些小图书馆的做法，把自已作为附近的大馆用户终端，挂靠上去，与他馆共享软、硬件资源，这样只需若干台终端和相应的设施，就可以在校园网或地区网络环境下实现资源共享，这样更符合实际而且可以使小馆的自动化管理和服务进入高层次水平。

至于在软件方面，文献信息保障体系建设有另外的要求。软件是实现资源共享的必要条件之一，鉴于我国国情，完全有必要进行强制统一。但在这方面，各高校馆都已投入了相当的人力物力，如果要再次对此进行资金投入，这会造成很大的困难，这种困难不但表现为资金方面而且也会表现于人文方面。这一方面美国 OCLC 和广东高校图工委的做法很值得借鉴。文献信息保障体系建设在认真考察的基础上，选定 1 ~ 2 种符合标准化要求、各方面功能较为齐全、较为稳定的开放式系统加以强制性推广。统一了软件，数据库的规范化、标准化的问题及共享等一系列问题从形式上来说也就迎刃而解了，至于操作人员技术问题就可以通过培训加以解决。实际上一种技术或管理模式的引进可以使图书馆超越技术发展阶段而实现跳跃式的发展。

总之，文献信息保障体系既是一个目标，同时也是出发点。它的建立必然

带动图书馆整个事业的发展，但是要建立也不是一蹴而就的事情，它需要经历长期发展，需要图书馆所有工作人员共同努力，还需要国家的大力支持，但是无论如何，这是一种必然趋势。

参考文献

[1] 白德良．对建设东北地区科技文献资源保障体系的设想．辽宁科技,1996，1
[2] 蔡金钟，向毓轩，陈滨，戴鹭涛．福建省高校图书馆读者文献信息需求与文献信息资源保障系统与服务机制研究．文献信息论坛，2004，(3)
[3] 陈碧叶．构建多层次的外文文献保障体系．东北大学学报,2003，(6)
[4] 陈德芳．雏形复合图书馆与区域文献保障体系的建立．现代情报，2004，(10)
[5] 陈国南．“资源文献保障体系”的探索与实践．图书情报工作动态,1993，(3)
[6] 戴龙基．关于 CALIS 的建设现状．河北科技图苑,1999，(4)
[7] 黄权才．高校图书馆因应高等教育大众化的对策．图书馆界，2000，(6)
[8] 霍文杰．关于 CALIS 三级系统建设的思考．情报科学,2000，(1)
[9] 李洁，余广海．创建现代网络环境下的教学文献信息保障体系．信息管理导刊,2002，(2)
[10] 李伟红，马旭．CALIS 及其对高校图书馆的影响．哈尔滨师专学报,2000，(9)
[11] 李晓明．从 CALIS 到 CADLIS －“中国高度教育数字化图书馆”建设项目正式启动．大学图书馆学报，2004，5
[12] 李子丰．高校数字文献保障体系的建设．中华医学图书情报杂志，2003，(11)
[13] 梁家兴．关于高等学校文献资源保障体系的探讨．大学图书馆学报,1998，(4)
[14] 潘艳，成悦．高校文献保障体系建立的必要性和可行性．闽江学院学报,2003，(8)
[15] 绍晶．加强中国高等教育文献保障系统建设之探讨．图书情报档案工作,2000，(1)
[16] 施江滨，王刚．高校图书馆与科研单位图书馆协调共建文献资源保障体系的设想．云南图书馆季刊，1995，(3)
[17] 苏榕丽．高校图书馆在实现文献保障体系中的障碍探析．福州师专学报,2002，(8)
[18] 汪涛，肖希明．新信息环境下的文献资源保障系统建设．图书与情报，1999，(1)
[19] 王春霞，付玉俊．共建内蒙古自治区农业文献信息资源体系的思考．农业图书情报学刊,2003，5
[20] 王翠萍，杨沛超．国家文献信息资源保障体系建设论纲．图书馆学研究,2000，(2)
[21] 王欣欣．地区高校图书馆文献资源保障系统建设．津图学刊，2002，(2)
[22] 谢复青．加强广西高等教育文献保障体系建设初探．图书馆界,2000，(12)
[23] 许俊达．继续推进安徽省高校文献信息保障体系建设．大学图书情报学刊，2005，(6)
[24] 杨巧云．采取措施，加强高校图书馆 CALIS 工作．情报探索，2002，(6)

[25] 余鹏 . HALIS 与我院图书馆文献资源建设 . 河南职业技术师范学院学报,2002，(9)
[26] 曾文武，刘东红 . 海南省高校文献信息保障体系建设的历史现状分析 . 农业图书情报学刊,2003，(5)
[27] 张文德 . 刍议文献保障系统的资源共享 . 情报科学，2002，(8)
[28] 赵晓莅 . CALIS 与农业院校图书馆文献资源建设 . 农业图书情报学刊,2003，(3)
[29] 朱建伟 . CALIS 与高校数字图书馆网络化的发展模式 . 邵阳学院学报,2003，(3)
[30] 朱强 . CALIS 的数字资源建设及发展 . 河北科技图苑，2001，(2)

第五章
网络化农业文献信息资源建设的实践

目前，方兴未艾的信息网络化浪潮给农业文献信息资源建设带来了广泛而深刻的影响，人类社会向信息化和网络化迈进，农业文献信息资源建设在结构、类型、载体、手段等方面都发生了很大变化，愈来愈多的农业图书情报信息单位在努力开展网络环境下文献信息资源建设，付出艰辛的劳动，不但在文献信息资源建设理论方法研究方面有所突破，在付诸实践中也有很多成功的经验。

本章将对“金农工程”、“中国高等教育文献保障系统”（CALIS）、国家科技图书文献中心 NSTL 等一一予以介绍。目的旨在说明，网络化农业文献信息资源建设的可行性和必要性。实践证明，人们向往已久的文献资源共享、文献资源保障体系都将在网络信息环境下得以实现。

第一节　金农工程

金农工程是 1994 年 12 月在“国家经济信息化联席会议”第三次会议上提出的，目的是加速和推进农业和农村信息化，建立“农业综合管理和服务信息系统。”目标是建立信息应用系统，构筑农业信息网络，造就信息服务队伍。

金农工程由农业部牵头，国家计委、国家粮食局、中农办等部门配合。具体的建设任务：开发 4 个系统、整合三类资源、建设两支队伍、完善一个服务网络。

开发 4 个系统：①初步建成农产品市场预警系统。②完善农村市场服务系统。③启动农业科技信息联合服务系统。④推进农业管理服务系统。

开发与整合三类信息资源：整合内部信息资源，建立稳定的涉农信息收集、沟通渠道。建立起与海关总署、粮食局、供销总社、国家计委、外经贸部等涉农部门的信息支持协作机制。开发国际农产品生产贸易信息资源。

建立两支信息服务队伍：一支是高素质的农业信息管理服务队伍。计划用

3 年时间，完成 3 万人的培训任务。另一支是农村信息员队伍。计划用 3 年时间，在全国建立起至少 15 万人的农村信息员队伍。

推进农业管理服务系统。

“九五”期间，金农工程启动。金农工程第一阶段（1995 ~ 2000 年），1995 年农业部建立了“中国农业信息网”，并通过 DDN 方式接入国际互联网。该网现已具备一定规模，农业部与地方政府联合，在 31 个省（区、市）建立了省级农业信息网络平台，全国已有 1 000多个市县入网。并建成“科技教育信息网”、“畜牧兽医信息网”、“菜篮子信息网”、“花卉信息网”、“果业信息网”、“包装信息网”等子网络。中国农业信息网实现了与国际和国内各省、市的网上信息交换，每天向全国发布电子信息快讯、市场动态分析和农业气象通报等重要信息。已成为农业综合信息发布的权威网站。1997 年 10 月“中国农业科技信息网”由中国农业科学院建立并启动运行。目前，大部分农业高校已经进入中国教育科研网（CERNET）。

金农工程第二阶段（2000 ~ 2010 年）建设的主要内容是扩大信息采集点的规模，总数达到 3 000个；完善省级农业综合信息传输和处理中心，与金农国家中心的网络互联至少要达到 64K 以上速率；将第一阶段的中心建设内容扩展至省级。

金农工程建设至今，取得了明显进展：

①农业网络建设初具规模。构建了以农业部为中心，连接 31 个省（区、市）农业厅局的信息网络平台，形成了初具规模的全国农业信息网络。

②农业信息资源得到一定程度的开发利用。如：国家农业科学数据共享平台（http://www.agridata.cn/Tbshome2/default.asp）重点整合作物科学、动物科学和动物医学，农业科技基础数据、农业资源与环境、农业生物技术与生物安全、农业信息与科技发展、水产科学、热作科学等科学数据。已整合和链接的数据库 65 个，数据量 27GB，这些数据库已全部实现网络化共享。

③面向社会和农民的农业信息与技术服务取得一定进展。目前，省级农业部门和一些地、县已建立了农村综合经济信息中心和信息平台，基层信息服务站建设速度大大加快。金农工程第二阶段一期建设，从 2003 年开始，2005 年结束。其中 2002 年 10 月，农业部信息中心组织并通过的“农业综合数据采集系统解决方案”（建立中央系统和省、直辖市、自治区分系统）建设是本期重要任务。2004 年 5 月，农业部全国农业技术推广服务中心组织并通过的“农技推广实例数据库建库方案”，将开发农技推广实例软件系统，使实用技术信息更好地为农业生产服务，也列入本期建设项目。

第二节　CALIS 与 CALIS 农学中心

"CALIS"是中国高等教育文献保障体系（China Academic Library and Information System）的英文缩称。是一个广域网络环境下的文献信息共享的服务体系，以中国教育与科研网（CERNET）为依托，利用现代信息技术手段，建设全国性文献信息服务中心和地区性文献信息服务中心，连接进入"211 工程"的各高校图书馆，面向全国普通高校服务。

"CALIS"的具体建设项目包括三级服务框架建设、文献数据库建设、关键技术研究等。其中，"CALIS"的全国中心—地区中心—高校图书馆三级保障结构是 20 世纪 70 年代末期之后我国图书馆信息资源共享的第一个较为完备的全国性解决方案。"九五"期间设在北京大学的 CALIS 项目管理中心联合各参建单位，建设了文理、工程、农学、医学 4 个全国文献信息中心，华东北、华东南、华中、华南、西北、西南、东北 7 个地区中心和一个东北地区国防信息中心，发展了 152 个高校成员馆。

CALIS 全国农学中心作为 CALIS 与全国农业信息网的连接点，扩大文献共享的范围，同时又作为同类院校图书馆的协作牵头单位，开展相应的资源共享活动。全国农学中心是在中国农业大学原有文献资源和网络条件的基础上，通过 CALIS 项目建设，使其成为拥有相对较丰富的国内外农业文献数据库资源，建立良好的与农业系统图书情报机构网络连接，并能提供较强的网上检索与文献传递服务。全国农学中心建设目标和重点建设内容包括：重点引进一批国内外农业二次文献数据库，提供网上或代检服务；连接农业系统网络，充分利用农业系统图书情报机构的文献信息资源，为全国高校服务；建设书目、期刊目次、论文、会议等二次文献数据库，以现有农业特色收藏为基础，依靠农业院校重点学科，建立农业特色数据库，为全国农业教学、科研服务；在文献保障体系内提供快速、高效的文献传递与互借服务，为文献资源共享做贡献。

第三节　NSTL 农业图书馆

国家科技图书文献中心（NSTL）是科技部下属的虚拟型国家科技文献信息中心。NSTL 农业图书馆，即中国农业科学院科技文献信息中心，是国家科技图书文献中心理、工、农、医四大学科组成部分之一，承担全国农业中心图书馆的任务，是全国农业文献收藏、加工、检索和利用的中心、国际农业研究信息系统（AGRIS）国家中心。

该中心馆藏的主体是农业科学、农业经济及与农业关系密切的生物科学书刊。农业期刊是馆藏的重点。收集外文期刊达2 130种，占全国外文农业期刊总量4 000余种的50%以上，约占世界农业与相关学科连续出版物的14%，占世界农业期刊的20%左右。基本实现了可满足80%用户需求的文献信息存储。孤本刊1 086种，是我国农业科研、教育领域的唯一文献源。截止到2002年底，馆藏各类型文献总量30余万种208万余册，其中古农书、地方志等3 494种19 165册。国内外大型电子数据库20余种；农业声像及多媒体电子产品300余种1 000余份。近年来，自建的中国（中文）农业文献文摘及题录数据库已有数据60万余条，外文文摘数据库已有数据53万余条，年递增数据各16万条，中外文馆藏书（刊）目录数据10万条，年增新书刊记录4万条。它们是中国农业文献的重要数据资源。外文连续出版物目次数据约22 000页，可进行实时网络浏览。

科技部农业科技基础数据库建设投资400余万元，建立的农业科学研究信息数据库群包括27个续建库和5个新建库，如重点农业科研领域全文数据库、农业科技检索信息数据库、农业科学著作信息库、农业科研方法（工具）数据库、饲料信息数据库、植物保护信息数据库、农业基本资源与环境图形数据库、全国主要农作物节水灌溉基础数据库、全国土壤肥料基础数据库、食物与营养数据库、农村社会与经济数据库、世界农业科技动态与进展数据库等。此外，还引进了世界三大农业数据库——AGRICOLA、AGRIS和CABI以及数十种国内外电子数据库，在农业文献检索服务中发挥着十分重要的作用，并通过因特网与国外主要农业信息系统、国内ChinaInfo、ChinaNet等联网，进一步扩大了电子文献信息资源，构筑了国家级农业文献保障体系，强化了农业文献服务功能。

与全国30多个省农业科学院和60多所农业高校计算机网连接，形成一个覆盖全国的信息资源保障体系。2002年启动了“国家农业数字化图书馆研建项目”，由全国农业文献信息机构共同参与、联合共建数字化图书馆。

第四节 农村社区图书馆

农村社区图书馆是指建立在农村社区之内的，根据社区居民需要，通过对文献信息及其来源进行选择、收集、加工提供给社区居民使用的社区信息交流中心。根据2005年底开展的全国1%人口抽样调查的统计数据显示，至2005

年10月底止，全国31个省、自治区、直辖市和现役军人的总人口为130 628万人，其中居住在乡村的人口74 471万人，占总人口的57.01%。可见，我国的大部分人口还是生活在农村，他们构成了世界上规模最大的农村受教育群体，建设农村社区图书馆是满足农民文化需求、普及文化知识和提高全民素质的最直接也是最有效的途径之一。

但是，由于我国各地经济发展水平不平衡，农村社区图书馆建设情况也存在较大的差异。在全国范围来看，东南沿海地区因为经济基础较好，其农村社区图书馆的建设数量、规模、资金投入、藏书量等与西部地区特别是边远贫困地区有较大的差别，大大超前于全国的平均水平。例如：深圳市福田区皇岗村图书馆建设投资了800多万元，馆舍800多平方米，藏书15万册，全市达标的271家农村社区图书馆都安装了先进的图书馆自动化系统并制订了规范全市社区图书管理的《深圳市社区（村）图书馆业务规范》。这种比较正规的农村社区图书馆毕竟只是少数，很多农村社区图书馆的建设因为经济拮据，困难重重，停滞不前，甚至有相当一部分农村社区没有自己的社区图书馆（室）。因此，要大力发展农村社区图书馆，首先要提高政府对农村社区图书馆的重视程度，扩大政府对农村社区图书馆的投资，并在全社会范围内为农村社区图书馆寻找经费来源，从而建立适应农村社区图书馆发展的管理模式，有计划有步骤地逐步建立起农村社区图书馆的网络，解决好各种细化问题，如：农村社区图书馆文献信息资源采集、利用问题；农村社区图书馆的人员及组织结构的管理等，实现农村社区图书馆的繁荣与发展。

第五节　上海都市型“数字农业”

2000年，我国发布了《农业科技发展纲要》，将“数字农业”放在农业信息技术的首要位置。“数字农业”又叫精细农业或信息农业，它反映了农业现代化的大趋势，必将成为21世纪农业的崭新模式。我国农村对“数字农业”的认识尚处于初始阶段，但政府对此已予以高度重视。以上海市为例：上海市提出建设“数字城市”，上海市政府明确提出要求，上海应加快“数字农业”的研究和建设，目前，已建成上海农业网、上海科技网等网站；建成了菜篮子、食用菌、农业专家、农业科技期刊等一批公共数据库和专业数据库；“千村通”工程基本实现。据统计，2001年已完成1 157个行政村的光缆铺设；上海市各农业单位在市郊农场建立了用GPS和遥感控制农业机械操作的试验基地。上海市在网络建设、数据库建设、农业信息人才队伍建设方面均初具规模，为发展“数字农业”奠定了基础并取得一定的成效。

除上海市之外，我国还在新疆和北京等地分别建立了用 GPS 和遥感控制农业机械操作的试验地。尽管在实现“数字农业”模式方面需要大量投入，还有许多基础工作要做，但“数字农业”的概念，已预示着 21 世纪的中国农业将呈现出一个以数字化为特征的崭新面貌。

第六节　北京农业信息网络服务体系

“北京农业信息网络服务体系”是北京市农林科学院农业科技信息研究所通过反复研究比较、规划，并组织实施，先后建成了以“北京农业信息网”、“北京农村远程信息服务工程”现代化科技平台为主体，以编辑发行书、刊、报、科技资料等传统体系为补充的信息网络体系。

北京农业信息网（http://www. agri. ac. cn）是在原北京科教信息网“科教兴农”栏目基础上，于2000 年 8 月正式开通。主页上设置了 26 个一级栏目和 32 个二级栏目；构建了 14 个农业网络数据库；可查询链接到国内外 2 052个农业相关网站。网站发布的信息完整、更新及时，反映了当前的最新信息。信息来源权威性强，利用搜索引擎，网民能方便、快捷地进入“北京农业信息”网站，及时了解和获取有关信息，并与国外各大农业信息网站链接。通过搜索引擎与互联网上各网站实现资源共享，极大地丰富了农业信息资源的来源，促进了信息的交流和北京市农业科学技术传播和扩散。通过网站建设，建成了北京农业动态信息资源库，拥有网上信息量 10 万余条（包括多媒体信息、文本、图片等静态信息），100G 字节的数据量，日访问量 3 000人左右，其内容涉及到农业综合科学、生物技术、信息技术等 20 多个领域。其信息源包括：权威性农业机构、印刷型文献信息资源、电子型（数字化）文献信息资源、网络信息资源。实现了农业信息资源建设的两个转变：一是加速由传统的资料文献服务方式为主向现代化的电子信息服务方式为主转变；二是由封闭型向全方位开放型转变。网站的宗旨是“以市场需求为导向，立足北京，面向全球，充分利用首都农业科技资源，以服务农业、农村、增加农民收入为主线，为各级政府、科技人员及广大农民提供精品信息，强化信息的深度开发和综合利用，突出辅助决策，引导经营的功能。”以此为出发点，网站将北京的农业产品及相关产品推向全球，网站通过采集国内外的农业科教信息、市场信息和生产信息及国内外农贸价格信息等，为北京的农业生产、农业科技进步、农产品销售服务。同时向国内外宣传北京的农业发展信息，促进北京农产品在全球范

围内的销售。在2001年由中国—欧洲联盟农业技术中心、农业部信息中心和中国电子商务协会联合举办的“2001年国际农业信息研讨会暨中国优秀农业网站评选”活动中，荣获全国优秀农业教育网站奖。

除此之外，北京市农林科学院农业科技信息研究所还承建了“北京市农村远程教育及信息服务示范工程”，此项工程是在北京市政府大力支持下，经北京市科学技术委员会批准，同时是经国家科技部批准的“国家农业信息化工程技术研究中心的远程教育部”，是国内首家在农业领域中使用卫星开展远程信息服务和教育的组织，建立起较为完善的、基于传统与现代相结合的、现代化的农村信息服务体系。此项工程自2001年4月实施以来，现已在北京市14个区（县）建立了200个卫星接收小站，在京郊农村基层组织，完成了140个远程信息服务站点的建设，并在快速地增加站点。而且在全国部分省、市及北京各区（县）建立了200余个教育站点。

至2001年12月20日，北京农业信息网农业远程教育多媒体点播系统可向用户提供农业技术多媒体课件524项，涉及领域有：农药、生物、肥料、转基因动植物、水产技术、园林花卉、瓜果蔬菜、特种养殖等。该信息服务体系的建设和信息服务逐步成为农民学习农村实用技术信息的好帮手。形成了以北京市农林科学院信息所为龙头，由市、区（县）、乡镇、村为主体组成的四位一体的信息服务体系；基本搭建成“北京农业信息全方位服务体系的框架，造就了一支多学科、多专业、多层次的“网络体系”和“服务体系”建设的人才队伍，为京郊农业的跨越式发展提供了有效的信息支撑，为京郊农业现代化插上了腾飞的翅膀。

第七节 江苏农业信息化

江苏是我国经济发展最快的省份之一，为进一步提高农村信息化水平，提高农民整体素质，创造先进的信息化环境，力争达到率先实现农业现代化的目标，做了如下工作：

一、农业信息网络建设

江苏农业信息网络化建设始于20世纪90年代，21世纪进入快速发展时期，逐步形成了农业科技信息网、农业政务网、农村综合科技网、农业企业网四大农村信息网络体系。

（一）以农业科研院所、农业高等院校主办的农业科技教育类网站

由江苏省农业科学院主办、1997 年建成开通的江苏农业科技信息网目前已成为在全省内外有一定影响的省级农业科技网站，2004 年被评为全国农业百强网。其他涉农科教网站较有影响的还有南京农业大学等网站。

（二）以政府主导的农业行政机构主办的农业政务网

如：江苏省农林厅主办的江苏农业信息网于 1998 年建成，在江苏省“农业三项更新工程”建设项目的支持下，经过 5 年的建设，全省 13 个市级、75 个县、市、区级农业网站全面建成并联网，各市和大多数县（市）农业部门建立了农业信息工作机构，配备了工作人员，一半以上的乡镇建立了农业信息服务机构，已逐步形成从省级中心站到市（县）农业主管部门的农业信息网络体系。

（三）以省科技主管部门推动的农村科技信息网的建设

至目前，全省所有的市、县科技局及部分乡镇均建有科技信息网或科技信息站。

（四）以农业企业网站和各种地方特色产品为标志的专业类网站

已开通“江苏农产品大市场网”，实现了“江苏农产品大市场网”与全省 40 多家主要农产品批发交易市场，1 000多户涉农企业、农民营销大户、农村合作经济组织等的网上信息双向交流。据不完全统计，2004 年全省实现农产品网上销售额已超过 30 亿元。

二、农村科技信息服务体系建设

“十五”以来，以实施科技部“江苏省农村信息化建设与示范”项目为重点，截至目前，完成“中国星火计划·江苏”主网站建设和江苏省农业科学院、南京农业大学、南京林业大学及多个市、县分网站的建设，建成了 10 个农村科技信息化示范点及一些大型农业科技信息资源数据库、农业决策支持系统、农业专家系统、农产品市场信息采集发布系统、组建了农业咨询专家队伍和农村经纪人队伍。

三、现代农村远程教育工程建设

江苏省农业科学院于 2003 年 9 月正式启动“江苏省农村星火科技远程培训”建设项目，江苏成为全国第一批农村远程培训示范省份之一。江苏农村远程信息服务系统采用卫星 KU 波段 IP 信道为高速信息传输的星型主干网络，以江苏农村远程教育网为辅助教学网（http://www.jsrde.cn），进行专家咨询、

答疑、提供各种科技信息、视频点播及各种业务联系，实现中心站与遍布广大农村基层的单向接收站点之间的交互功能。目前，在部分县（市）建立了十多个远程培训示范点并开展技术培训活动。

2005 年，江苏省科技厅把农民远程教育列为促进农民增收的“51880”重大科技行动计划之内，重点在 10 个县市推广应用远程教育技术，开展农民科技培训，帮助农民应用先进农业实用技术，增加农民收入。

江苏农业信息化主要建设目标是：到 2007 年，建立起以信息技术为支撑、以信息资源开发、整合为基础，以省、市的信息服务网络为平台，以信息技术与农业专业有机融合为载体，以信息服务为核心，以农业和农村经济监测预警、市场监管和公共信息服务为主要功能的科学、完备、高效、权威的农业信息服务体系。

除上述外，我国的广东、湖南、云南、福建、吉林、天津、内蒙古等省（市）在农业信息网络建设与信息资源建设等方面都进行了很多有益的探索与实践，并积累了不少成功的经验。

参考文献

[1] 戴起伟，马剑凤，王支凤，邹立红．江苏农业信息化现状和“十一五”发展新思路．农业图书情报学刊，2006，(4)

[2] 潘淑春，马亚敏，金晨，牛离平，续玉红．全国农业文献资源发展与协调共享．农业图书情报学刊，2002，(5)

[3] 潘淑春，马亚敏．NSTL 农业图书馆信息资源建设与特色信息服务．农业图书情报学刊，2003，(4)

[4] 孙素芬，蔡世英，张峻峰．“北京农业信息网络服务体系”架构已形成“最后一公里”正在加紧连通．农业图书情报学刊，2003，(2)

[5] 肖迎，陈昊琳．农村社区图书馆建设初探．农业图书情报学刊，2007，(1)

[6] 俞菊生．上海都市型“数字农业”发展对策．农业图书情报学刊，2004，(2)

[7] 赵晓莅．CALIS 与农业院校图书馆文献资源建设，农业图书情报学刊，2003，(3)